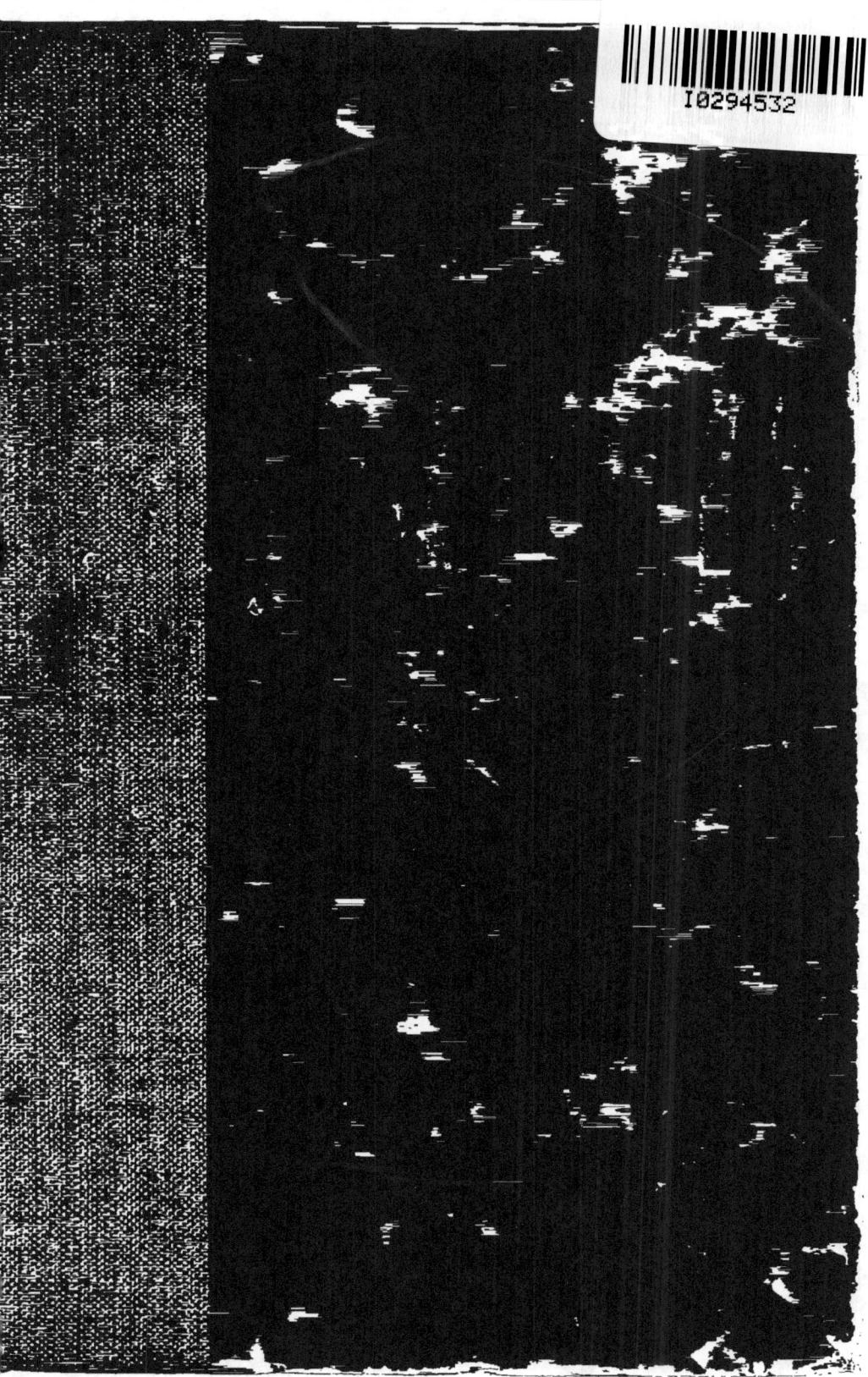

NOUVELLE BIBLIOTHÈQUE HISTORIQUE A 3 FR.

M. AUGUSTIN THIERRY
SON SYSTÈME HISTORIQUE
ET SES ERREURS

PAR

LÉON AUBINEAU

SECONDE ÉDITION.

SOCIÉTÉ GÉNÉRALE DE LIBRAIRIE CATHOLIQUE

Ancienne Maison VICTOR PALMÉ, *éditeur des Bollandistes*

PARIS	BRUXELLES
VICTOR PALMÉ, directeur général,	J. ALBANEL, direct. de la succurs.
25, rue de Grenelle 25.	29, rue des Paroissiens, 29.

1879

M. AUGUSTIN THIERRY

SON SYSTÈME HISTORIQUE ET SES ERREURS

OUVRAGES DE L'AUTEUR

Le saint homme de Tours. 1 vol. in-18.

La vie admirable du bienheureux mendiant et pèlerin Benoit - Joseph Labre. *Quatrième édition.* 1 vol. in-18.

Le même ouvrage. *Troisième édition.* 1 vol. in-8.

Les Serviteurs de Dieu. *Troisième édition.* 2 v. in-18.

Les Serviteurs de Dieu au dix-neuvième siècle. (*Extrait de l'ouvrage précédent*). 1 vol. grand in-8, illustré par M. G. Lavergne.

Vie de la *Vénérable* mère Emilie de Rodat, fondatrice des Sœurs de la Sainte-Famille de Villefranche de Rouergue. *Quatrième édition.* 1 vol. in-18.

Les Jésuites au bagne : Toulon, Brest, Rochefort et Cayenne. *Cinquième édition.* 1 vol. in-18.

Paray-le-Monial et son monastère de la Visitation. La bienheureuse Marguerite-Marie et le Sacré-Cœur. *Cinquième édition.* 1 vol. in-18.

Notices du dix-septième siècle. 1 vol. in-8.

De la révocation de l'édit de Nantes, 1 volume in-18.

Mémoires du R. P. Rapin, de la compagnie de Jésus, sur l'Eglise et la Société au dix-septième siècle, la cour, la ville et le jansénisme (1644-1669), publiés d'après le manuscrit autographe, avec notes et introduction par M. Léon Aubineau. 3 vol. in-8.

M. AUGUSTIN THIERRY

SON SYSTÈME HISTORIQUE

ET SES ERREURS

PAR

LÉON AUBINEAU

SECONDE ÉDITION.

SOCIÉTÉ GÉNÉRALE DE LIBRAIRIE CATHOLIQUE

Ancienne Maison VICTOR PALMÉ, Éditeur des Bollandistes

PARIS	BRUXELLES
VICTOR PALMÉ, Directeur général,	J. ALBANEL, Direct. de la Succurs.
25, rue de Grenelle, 25.	29, rue des Paroissiens, 29.

1879

PRÉFACE

I

Il y a trente ans bientôt que ce petit livre a été publié pour la première fois. M. Thierry étai à l'apogée de sa gloire. Son talent d'écrivain, de narrateur et de metteur en scène, sa science, comme aussi sa passion courant dans le sens du siècle, tout contribuait à lui faire une sorte d'auréole. Ses affreuses et précoces infirmités ajoutaient à son renom le « je ne sais quoi d'achevé » que donne le malheur ; et il n'était pas jusqu'au mécompte infligé par les événements de 1848 à ses théories historiques, rattachées avec complaisance à une moyenne de libertés bourgeoises dont le régime de 1830 lui semblait un admirable parangon, il n'était pas jusqu'à ce mécompte amer qui ne tendît à consacrer l'éloquent aveugle et à le rendre vénérable aux yeux de tous.

Aussi notre critique fit-elle scandale. Elle passa pour une de ces hardiesses inconvenantes, dont les rédacteurs de l'*Univers* pouvaient seuls être capables. La presse garda à peu près le silence. C'était, vers 1850, la tactique encore réputée la meilleure envers ceux qu'on soupçonnait tenir pour le parti catholique. On avait horreur d'eux. On s'appliquait par tous les moyens à rejeter dans l'ombre leurs réclamations et leurs travaux. Rien de plus facile à l'égard de notre petit volume. Signé d'un nom inconnu, il était à peine hors des presses que la *Bibliothèque nouvelle*, dont il ouvrait une des séries les plus importantes (*Réfutations et critiques*) arrêtait ses publications et liquidait tous ses papiers. Quelques-uns des ouvrages dont elle se composait, recommandés par le nom des auteurs, Donoso Cortès, Dom Pitra, Melchior Du Lac, furent recueillis par les grandes librairies catholiques qui se chargèrent de leur assurer une condition dans le commerce.

En dehors de l'amitié et de la bienveillance de M. Louis Veuillot, dont le crédit était encore bien jeune, rien ne pouvait recommander le critique de M. Aug. Thierry. Son livre, à peine venu au jour, tomba aux mains d'une de ces maisons qui détruisaient ou essayaient d'écouler à vil prix, on ne sait où, — pendant quelque temps ce fut en Amérique, — les déchets et les rebuts des imprimeries françaises. *Habent sua fata libelli.* Il faut avouer qu'un certain nombre des exemplaires du cher petit livre qui m'avait coûté tant de veilles, fut mis au pilon : l'édition avait été tirée à dix mille; le tiers environ périt ainsi tristement. Je me hâte d'ajouter que les bourreaux en furent aux regrets, quand ils virent les exemplaires réservés pour la vente disparaître rapidement. Au bout de quelques mois, en effet, il n'en restait plus un seul. Les séminaires et les presbytères de France avaient tout absorbé. Il y avait par là un public qui avait goûté et apprécié ce travail.

Est-il bien séant de raconter ainsi les aventures d'un opuscule qu'on remet en lumière? et les lecteurs d'aujourd'hui peuvent-ils prendre quelque intérêt à ces détails? J'insisterai cependant pour faire remarquer que le silence de la presse parisienne ne fut pas absolu. Outre l'*Univers* et divers recueils catholiques d'une publicité assez restreinte, une revue d'érudition fit mention de notre petit volume. La société, qui a fondé et qui dirige cette revue, se compose des anciens élèves de l'école des Chartes. Mais, le croirait-on? cette brève et bienveillante mention du travail d'un de ses membres, suscita presque un orage au sein de la paisible association. Critiquer M. Augustin Thierry ! c'était vraiment un crime abominable !

La Bibliothèque de l'Ecole des Chartes s'aguerrit néanmoins, et, à quelque temps de là, elle me vint même en aide en réfutant, au sujet des communes, une des plus célèbres fantaisies de l'illustre historien.

Cela n'arrêta pas le scandale. Un rédacteur du *Journal des Débats*, ayant maille à partir avec l'*Univers*, croyait tenir la plus solide argumentation du monde en rappelant que son contradicteur avait été le critique de M. Augustin Thierry. Ce stygmate lui paraissait fort propre à écarter un homme de toute discussion raisonnable.

II

M. Thierry était né vers 1794, à Blois. Son père, simple artisan, fut, après la réouverture des églises, chantre d'une des paroisses de la ville. Le fils eut une bourse au lycée d'où il passa à Paris, à l'Ecole normale. Au moment où il quittait cette école, aux environs de la vingtième année, la France était envahie ; il usa de son privilége de normalien pour s'abriter de tout danger. Il se réfugia à Compiègne « dans une humble fonction de l'enseignement. » M. Renan (1), qui donne ce détail, ajoute que les scènes de l'invasion, dont le futur historien des races vaincues fut ainsi le témoin passif, lui « apprirent les lois de la conquête. »

M. Renan n'imagine pas qu'il puisse y avoir une manière plus élevée, plus patriotique et plus généreuse d'éprouver et d'apprendre ces terribles lois. Il insiste sur le fruit poétique que dut recueillir le grand écrivain du spectacle des malheurs de la patrie. « La guerre de 1813 à 1815, dit-il, est

---

(1) Essais de morale et de critique, p. 124.

« la seule de notre siècle qui eut quelque chose
« d'épique. Peu d'années ont été aussi fécondes
« que celles-là, en grands enseignements et en
« soudaines ouvertures sur les choses de l'esprit. »

Les choses du dévouement à la patrie sont-elles absolument étrangères à ces amoureux de la liberté, et leur demeurent-elles fermées ? Si M. Thierry n'a été sensible aux désastres de la France que par « les ouvertures de l'esprit », n'aurait-il pas préludé à la tactique des radicaux que nous avons vus si agiles à tourner les talons aux Prussiens et si alertes à s'abriter dans les fonctions administratives ?

Lorsque la France fut délivrée, quand les fourgons de l'étranger eurent repassé nos frontières et que la paix régna partout, M. Thierry quitta ses humbles fonctions de l'enseignement, renonça à tout privilége et alla, sans péril, faire montre de patriotisme dans la presse libérale et les sociétés secrètes. Il devint *carbonaro* (1). Les engagements qu'il prit aux initiations de ces vilains et sots mystères, ne le gênèrent pas beaucoup après la victoire de 1830. Déjà infirme

(1) M. Renan, p. 124.

et aveugle alors, il ne quitta pas son labeur d'érudition et de littérature. Sans rôle public, sans fonctions administratives, purement voué aux commerces de l'esprit et de l'étude, il n'eut pas, comme plusieurs autres libéraux, à combattre ni à condamner ceux de ses anciens complices de la presse et des sociétés maçonniques, qui n'avaient pu ou voulu prendre du butin une part suffisante à les tirer du rang des mécontents. Malgré des liens anciens et de vives affections au *National*, M. Thierry s'était laissé ranger parmi les satisfaits. Les libertés frelatées du régime de Juillet comblaient les visées sociales de l'écrivain, et lui semblaient le véritable couronnement de tout son système historique. Nous avons remarqué, dans notre petit livre, comment la Révolution de 1848 avait troublé cette quiétude. Elle ne brouilla pas seulement les systèmes de M. Thierry; en confondant son esprit, elle atteignit l'intime de sa conscience. M. Renan note que, dans l'âme de l'historien, « s'étaient éveillés les « besoins religieux que l'âge et le spectacle des « révolutions font toujours naître (1). »

(1) M. Renan, p. 135.

La phraséologie fade et perfide de M. Renan tend souvent à trahir la vérité qu'elle constate. Avec ce mouvement religieux qu'il estime « singulier (1), » il reconnaît que, dans l'esprit de M. Thierry, s'était en même temps éveillé le dessein de corriger ses œuvres. Au fond de cette entreprise de révision, M. Renan ne veut voir qu'un travail de style, un scrupule d'artiste et le désir de faire disparaître « quelques inexactitudes (2) » inévitables dans des « ouvrages écrits d'abord sous le feu de la passion (3). »

Mais ce souci purement littéraire où « rien ne ressemblait à un désaveu » (4), insinue avec insistance M. Renan, ce souci littéraire se révélait ou se confondait avec une inquiétude plus sérieuse et plus solide. La pensée de la mort y était liée. M. Renan ne se refuse pas à l'avouer; et selon lui, « le goût délicat (5) » qui engageait M. Thierry à corriger ses livres, lui disait aussi « qu'il faut « mourir dans une religion. Or, le catholicisme

---

(1) M. Renan, p. 134. Comment ce mouvement religieux était-il « singulier » si « l'âge et le spectacle des révolutions en font toujours naître le besoin? » p. 135.

(2) Id., p. 137. — (3) Id., p. 138. — (4) Id., p. 138. — (5) Id., p. 135.

« lui apparaissait comme la plus complète des
« religions et surtout comme la religion de la
« France (1) ! »

Quel mal prend l'auteur de la *Vie de Jésus* pour expliquer et surtout pour brouiller les choses les plus simples du monde ! La vérité lui échappe néanmoins; il affirme que le célèbre historien s'attacha *sincèrement* (2) à la religion catholique. M. Renan voudrait reprendre ou diminuer sa proposition en assurant ensuite que cet attachement « sans prétention dogmatique (3) » n'avait « rien d'arrêté. »

Le perfide et onctueux écrivain n'a que trop raison d'ailleurs quand il ajoute que M. Thierry « ajourna les actes qui eussent supposé une foi « trop absolue (4); » et qu'il « écarta par des pré- « cautions habiles les sollicitations » que M. Renan traite d'importunes et que la vérité qualifiera de charitables (5).

Tout en triomphant de ce lamentable entêtement de M. Thierry à refuser l'acte qui eût témoigné de sa foi absolue à l'Église, M. Renan

---

(1) M. Renan, p. 135. — (2) Id., p. 135-136. — (3) Id., p. 136. — (4) Id., *Ibid.* — (5) Id., *Ibid.*

calomnie l'historien, sans s'inquiéter de se contredire dans ses paroles, lorsqu'il ne veut montrer dans l'attachement « sincère » de M. Thierry à la religion catholique qu' « un sentiment exquis « des convenances et une merveilleuse entente de « l'art de construire une belle vie (1). » L'art de construire une belle vie consiste-t-il à passer par le séminaire pour arriver à la *Vie de Jésus*? Il y a eu dans l'âme de M. Aug. Thierry, un combat que tous les chrétiens connaissent et dont un judaïsant seul pouvait médire. Saint Augustin a raconté cette histoire, il y a quatorze siècles. Les corruptions de l'intelligence sont, en effet, aussi difficiles à soumettre et à vaincre que les révoltes de la chair. L'homme perverti dans son esprit, comme celui qu'emportent les sens, peut longtemps avant de se décider à l'embrasser intégralement, entrevoir et même reconnaître spéculativement la vérité qui l'attire et qu'il fuit. Demain! demain! C'est le mot de tous les pécheurs, aussi bien des beaux-esprits que des libertins.

M. Renan a beau jeu, dans sa vilaine besogne, de soutenir que M. Thierry « prenait et laissait »

(1) M. Renan, p. 136.

parmi les dogmes de la théologie (1) ; que « ses moments de zèle étaient suivis de retour (2), » et qu'il était « suspendu entre le doute et la foi (3). » Le tort et la calomnie consistent à faire voir dans ces alternatives de faiblesses et de désirs un jeu et une hypocrisie, auxquels on applaudit d'ailleurs ; un habile « sentiment des convenances », une sage pratique de « l'art de construire une belle vie », une simple politesse enfin «portée jusque dans la mort (4) » qu'un goût délicat veut accueillir au sein d'une religion (5).

On comprend que M. Renan ne puisse être le témoin d'aucune sincérité. Il faut chercher d'autres preuves de la délicatesse des sentiments de M. Aug. Thierry.

III

En 1851, au mois de juillet, M. Hamon avait été installé curé de Saint-Sulpice. Un des premiers actes de son zèle fut la visite de toute sa paroisse. La paroisse de Saint-Sulpice est très-

---

(1) M. Renan, *Ibid.* — (2) Id., *Ibid.* — (3) Id., — (4) Id., *Ibid.* —(5) Id., p. 135.

populeuse ; et en 1851 elle était beaucoup plus étendue qu'aujourd'hui. M. Hamon, en parcourut toutes les rues, en visita toutes les maisons et chacun des habitants. Cette visite dura, je crois, environ dix-huit mois ou deux ans. Le bon pasteur disait qu'elle avait été fructueuse, et qu'il y avait trouvé de grandes consolations. Ce fut en accomplissant ce devoir que M. Hamon se présenta chez M. Aug. Thierry. L'historien habitait au milieu des jardins nombreux encore dans ce quartier, une modeste maison de la rue Notre-Dame-des-Champs. M. Aug. Thierry accueillit son curé avec effusion. M. Renan donne à entendre que ce fut avec ironie : « une fine et « douce ironie que les personnes d'un esprit « étroit et dogmatique n'apercevaient pas (1). » Le cœur sacerdotal de M. Hamon devait être touché des déclarations de M. Thierry. Celui-ci confessait, en effet, très-nettement la divinité de Jésus-Christ et l'autorité de l'Église : il détestait expressément l'erreur dont il avait été le jouet; et il trouvait que « le plus noble usage de la rai-

(1) M. Renan, p. 135-136.

« son est d'adhérer aux enseignements divins (1). »
M. Hamon aurait cru faire injure à son paroissien de supposer ces paroles énergiques uniquement dictées par « un genre de politesse exquise réservée « aux prêtres et aux femmes (2). » Les interprétations de M. Renan sont répugnantes ; elles témoignent d'un aiguisement d'esprit inconnu des honnêtes gens.

M. Hamon se fia à la sincérité de M. Thierry ; et, connaissant bien la faiblesse du pécheur qui a besoin d'être soutenu, il alla de l'avant, cultivant l'historien avec toute la charité du bon pasteur. Il tenait à l'éclairer ; il dut lui dire qu'il ne suffisait pas de croire et de confesser Jésus-Christ et son Église de bouche et même de cœur, qu'il fallait encore joindre aux sentiments les œuvres de la foi. M. Thierry ne reculait pas devant les conséquences de ses pensées et de ses désirs. Il était déjà membre honoraire des conférences de Saint-Vincent de Paul. « Je « viens en aide aux malheureux comme je peux,

---

(1) Allocution de M. Hamon aux obsèques de M. Thierry. *Vie de M. Hamon*, p. 246.
(2) M. Renan, p. 137.

« disait-il, mais je sens que Dieu me demande
« autre chose, qu'il faut me réconcilier avec lui
« par les Sacrements; je vous le promets, je me
« confesserai, je communierai (1). »

M. Renan veut en vain infirmer une telle déclaration et insinuer que M. Thierry, « moins réservé
« dans ses paroles que dans ses actes et ses écrits,
« dépassait quelquefois en conversation l'exacte
« mesure de sa pensée (2). » Le curé de St-Sulpice, expert en hommes, avait reconnu le cri de la conscience. Il ne se dissimulait pas d'ailleurs que les désirs peuvent être vains; et il souhaitait lever le dernier obstacle qui sevrait M. Thierry des sacrements.

Il avait été question entre eux des travaux de l'historien. M. Thierry s'était, à ce propos, entretenu des critiques dont ils avaient été l'objet; et tout en reconnaissant ses erreurs, s'était montré mécontent et scandalisé d'avoir été repris sans charité, disait-il, par un catholique qui avait imputé à une hostilité malveillante contre l'Eglise ce qui n'était qu'un effet de l'ignorance (3). Il ne se borna pas

(1) *Vie de M. Hamon*, p. 247.
(2) M. Renan, p. 137.
(3) *Vie de M. Hamon*, p. 236.

à s'épancher sur ce point dans le sein du bon curé de Saint-Sulpice et à le charger de m'exprimer sa peine et son grief; il saisit l'occasion d'en faire part au public en des termes mesurés et discrets, il est vrai, malgré leur énergie, mais tels que les peut tenir un personnage éminent à l'égard d'un inconnu.

En 1853, un humble curé de la Bresse, M. l'abbé Gorini avait publié sous le titre de *Défense de l'Église contre les erreurs historiques,* deux volumes qui furent comme un coup de justice. Ils réfutaient les écrivains les plus illustres de ce temps et aussi toute la troupe servile qui, à la suite de ces beaux-esprits, fourrageait le domaine de l'histoire. Il n'y eut qu'une voix sur cet ouvrage, exécuté de main de maître, d'une sûreté d'érudition et d'une fermeté de raisonnement imperturbables. Personne ne songea à répliquer. Le juge compétent et sagace, mais beaucoup trop modeste, qui se révélait de la sorte, voulait bien m'exciter à partager, il disait même à compléter sa grande entreprise. Il me demandait des travaux analogues à mon volume sur M. Thierry ; et après avoir signalé diverses énormités de cet his-

torien, il croyait utile de renvoyer ses lecteurs à mes pages. « Ce précieux travail sur l'historien
« de la conquête, disait-il, en désignant mon petit
« livre, je me permets de le recommander comme
« étant à la fois une introduction et un supplé-
« ment à ma *Défense de l'Église :* une introduc-
« tion par les questions générales qui y sont
« traitées ; un supplément par la justification si
« lumineuse qu'on y trouve de l'archevêque de
« Cantorbéry, Lanfranc (1). »

Le prix que M. Gorini voulait bien mettre à mon travail n'empêcha pas M. Thierry de s'honorer en félicitant l'auteur de la *Défense*. Il admirait qu'un ouvrage de recherches aussi considérable ait pu être exécuté dans un presbytère de village. Mais il tenait à distinguer et à séparer ce que M. Gorini avait voulu unir :

« Je fais à vos critiques, écrivait-il, une atten-
« tion d'autant plus sérieuse que pour la vraie
« science et la parfaite convenance, elles se dis-
« tinguent bien heureusement de la polémique
« soutenue dans la même cause par d'autres per-

---

(1) *Défense de l'Église*, t. I, p. 251. — Seconde édition, t. II, p. 538.

« sonnes (1). » La presse parlementaire, fusionniste et *cocardière* de ce temps s'empara de ces paroles et en tira un long chapelet d'aménités pour l'*Univers*. Elle ne cherchait pas d'ailleurs à distinguer entre les divers écrivains, ni à en viser l'un plus que l'autre. L'école entière recevait les coups.

En même temps qu'il jugeait aussi sommairement notre travail, M. Thierry confirmait un bruit public, et annonçait son entreprise déjà commencée de la correction de l'*Histoire de la conquête*. « Je soumets, disait-il à M. l'abbé Gorini,
« cet ouvrage bien des fois remanié partiellement
« à une révision d'ensemble, à une collation avec
« les textes originaux non dans une vue particu-
« lière, mais dans l'intérêt général de la vérité
« historique. Toutes les erreurs que j'ai pu com-
« mettre et qui m'ont été signalées consciencieu-
« sement seront corrigées par moi, selon ma
« conscience d'historien (2). »

Il faudrait examiner et éprouver de bien près

---

(1) M. l'abbé Gorini. *Défense de l'Eglise*. 2e édit., t. I. Avertissement. *Lettre* de M. Thierry : 1er septembre 1855.
(2) *Ibid*.

ces paroles pour y découvrir les interstices où M. Renan voudrait glisser le venin de ses doucereuses et mélancoliques interprétations. Mais comme le démon est subtil, et qu'il est fort ! comme il sait se jouer des pauvres âmes dénuées de la vertu des sacrements ! comme il les trompe et les leurre ! C'est dans « sa conscience d'historien » que M. Thierry trouvait des raisons de résister à la grâce qui le poursuivait et le pressait.

Il ne connaissait l'Église que par les spéculations de l'esprit : pouvait-il deviner la suavité et la légèreté de son joug ? Il croyait le respect de cette mère incompatible avec la liberté, et il tenait à lui faire honneur librement. Il estimait même qu'elle pouvait être intéressée à recevoir un hommage uniquement inspiré par « l'intérêt général de la vérité historique ; » et il supposait, sans se l'avouer peut-être, que l'intérêt catholique était une « vue particulière, » dont la vérité historique pouvait se désintéresser. C'est une commune folie des prétendus libres-penseurs que la liberté n'existe pas au sein de l'Église, comme s'il pouvait y avoir un bien ou une joie sur la terre, dont Jésus-Christ n'ait fait son épouse la dispensatrice privilégiée au milieu des hommes.

M. le curé de Saint-Sulpice, esprit dogmatique, comme dit M. Renan, c'est-à-dire solide et nourri des clartés de la théologie, n'eût rien compris à ces scrupules précieux ni à ces vagues réserves, s'il n'eût été, par son charitable et fructueux ministère, initié depuis longtemps aux subterfuges des pécheurs et aux illusions que le démon peut susciter dans les âmes livrées à ses puissances.

M. Hamon ne pouvait faire beaucoup de cas des objections contre l'Eglise, tirées de l'histoire; les témoignages humains ne s'évanouissent-ils pas en présence du témoignage divin? Et les scrupules de l'esprit sont-ils à considérer devant le besoin des âmes? M. Thierry était en mauvais état; sa vie, depuis près de trente ans, semblait tenir du prodige; la paralysie le gagnait tous les jours; elle l'avait privé, l'un après l'autre, de l'usage de tous ses membres; la suffocation l'étreignait à toute minute, son existence n'était qu'une agonie. M. Hamon ne pouvait pas ne pas presser ce pauvre malade. Mais M. Thierry était entiché de sa fantaisie; ses livres devaient être corrigés avant la réconciliation de l'auteur à l'Eglise, afin de mettre hors de soupçon l'indépendance de l'historien, et que ses désaveux ne puissent être attribués à l'influence du clergé, mais bien uniquement à une consciencieuse reconnaissance de la vérité. En résistant à la charité et à la vertu de l'Eglise, M. Thierry ne voulait cependant pas les refuser. Il en connaissait le prix, il en sentait même le besoin, il voulait s'en ménager le bienfait ; il s'agissait pour lui de gagner du temps. Demain ! demain !

IV

Je ne sais dans quelle circonstance ni à quel moment il avait noué des relations avec le P. Gratry. Mais le philosophe de l'Oratoire était l'un de ses familiers. Or, un jour que M. Hamon rendait visite à M. Thierry, il trouva près de lui le P. Gratry. En présence de deux témoins, que le P. Gratry ne nomme pas, M. Thierry, prenant la main de l'Oratorien, dit à M. Hamon d'un ton à la fois ému et souriant (1) : « Monsieur le curé, « je vous prends à témoin qu'aujourd'hui j'institue « et installe M. l'abbé comme mon directeur de « conscience. C'est lui qui maintenant répondra « de moi. » J'ignore si le P. Gratry qui rapporte ces paroles, était pleinement instruit des démarches et des instances de M. Hamon, et s'il a compris toute la portée de cette petite scène. M. Renan, qui envenime les choses, n'aurait pas absolument tort d'y signaler « l'habileté des précautions » de M. Thierry à « écarter des sollicitations » qu'il trouvait trop pressantes. M. Hamon parut du moins comprendre à peu près de cette sorte. Il vit là une manière de congé et l'expression du désir du malade de n'être plus sollicité pour sa conscience. Le bon curé ne cessa de visiter M. Thierry, à titre de paroissien ; il laissa au P. Gratry le soin de conduire et de diriger cette âme vers la vérité et la lumière qu'elle aimait et qu'elle redoutait tout à la fois, et dont elle se promettait de jouir un jour.

Malheureusement le P. Gratry, esprit brillant,

---

(1) Le P. Gratry. *Connaissance de Dieu*, note, p. 162.

délicat et subtil, philosophe de sentiment, habitué aux régions éthérées de l'imagination plutôt qu'aux solidités de la raison ou du dogme et surtout qu'aux énergies et aux ardeurs de la charité, le P. Gratry était plus qu'indécis et timide dans l'exercice du ministère sacerdotal. Il entretint avec l'âme qui s'était fiée à lui et dont il avait à répondre, un commerce d'esprit et de dévotion qui ne laissa pas d'être utile, si quelque chose peut être utile aux âmes en dehors des sacrements qui donnent la vie. M. Thierry s'épanchait volontiers avec son directeur, et avait avec lui ce qu'on pourrait appeler des effusions de piété. M. Hamon avait été surpris et ravi de trouver cet ancien carbonaro familier avec les plus belles prières de l'Eglise. On organisa pour le pauvre aveugle une manière de service religieux; les jeunes prêtres, postulants de l'Oratoire, allaient, tour à tour, lui lire, le dimanche, l'office divin et les prières de l'ordinaire de la messe. M. Thierry tenait extrêmement à cette pratique de piété, et il en témoignait la plus vive reconnaissance.

Le P. Gratry avait souvent sujet d'admirer le zèle et l'attachement à l'Eglise de ce néophyte. Il constate que la correction de ses ouvrages était la préocupation constante de son esprit, et qu'il s'y appliquait avec passion. M. Thierry, en effet, manifestait sa joie quand il pouvait se rendre le tétémoignage d'être parvenu à extraire de quelqu'une de ses pages ce qu'il en appelait lui-même le venin. Le temps se passait de la sorte. L'illusion du malade avait-elle gagné le directeur? L'esprit libéral, dont était féru ce dernier, se joignit-il à son inexpérience du ministère pour le détourner de tout ce qu'on aurait craint qui eût pu attenter à la liberté de conscience du moribond?

C'était un moribond cependant. « La vie de « l'esprit était la seule qui lui restât », dit M. Renan (1); de funestes symptômes faisaient pressentir une fin prochaine, et M. Thierry sembla plusieurs fois faire bon marché de cette liberté qu'on respectait si malheureusement à son égard. De plus en plus explicite dans ses déductions philosophiques, il déclarait, en effet, à ses derniers jours, et déclarait énergiquement que

---

(1) Page 138.

« tout était bon, raisonnable, salutaire dans l'Egli-
« se, tout, disait-il, jusqu'aux moindres pratiques !
« L'on ne peut en omettre aucune, précisait-il, sans
« avoir à le regretter. On a tort d'hésiter, insis-
« tait-il ; il faut en arriver là (1). » On a peine à
s'expliquer comment le directeur écoutait platoni-
quement de tels aveux, qu'il enregistre lui-même;
et comment le prêtre ne retournait pas contre ce
mourant et pour son salut, ces armes qu'il offrait,
pour ainsi dire lui-même, et dont il reconnaissait
son pressant besoin, si, selon la remarque de
M. Renan confirmée par le P. Gratry, M. Thierry
se préoccupait uniquement alors de la fragilité
de sa vie (2). Oh ! l'illusion de la liberté !

Quel réveil aussi, quelle douleur, quel effroi
quand on vint annoncer au P. Gratry que M. Thierry,
qui lui avait confié son âme, avait été pris de « ce
subit engourdissement (3) — c'est l'expression du
P. Gratry — dans lequel il s'est endormi. » Le directeur courut en toute hâte au lit de l'agonisant.

(1) Le P. Gratry, p. 164.
(2) « Une seule pensée le préoccupait. Aurait-il le temps
d'achever les corrections qu'il avait commencées ? » Renan,
p. 138.
(3) P. Gratry, p. 164.

Il le trouva sans voix. « Il n'avait plus, dit-il, qu'une « vague connaissance de ce qui se passait autour « de lui (1). » Eperdu, tourmenté, désolé, le P. Gratry provoqua et attendit vainement « un mo- « ment lucide. » Ne sachant que faire, il eut « la « pensée d'amener près du malade le P. Pété- « tot, qui a tant d'expérience du lit de mort, » dit-il. Le P. Pététot crut pouvoir donner l'absolution. M. le curé de Saint-Sulpice administra les Saintes-Huiles. M. Thierry mourut le surlendemain, sans avoir repris connaissance. A-t-il eu le sentiment des charitables secours qui lui ont été offerts ? Le P. Gratry croit pouvoir l'espérer (2). Il faut l'espérer avec lui. Mais que cette mort est douloureuse, et qu'elle semble terrible !

Un philosophe chrétien a pensé que le péché contre l'Esprit-Saint, ce péché qui ne se pardonne ni dans ce monde ni dans l'autre, pouvait être un mauvais livre. Ce n'est là qu'une pensée : elle est effroyable. L'exemple de la mort de M. Thierry

---

(1) Le P. Gratry, *Ibid.*
(2) Il remarque que, « très-agité avant la venue du curé, le malade parut très-calme pendant toute la cérémonie, » p. 195.

ne serait pas pour l'infirmer. Mais les jugements de Dieu sont impénétrables; et l'Eglise est la mère de l'espérance.

V

Les corrections, que M. Thierry se piquait d'achever avec l'autorité du libre-penseur, avaient été entreprises généreusement. « La critique « même peu sérieuse le trouvait docile et prêt « à se réformer », dit M. Renan (1). Nous ne nous attendions pas, néanmoins, à un acquiescement à nos observations aussi complet que nous l'avons trouvé en certains endroits. En comparant la nouvelle rédaction avec les anciennes, il semble évident que M. Thierry a travaillé sans se séparer de notre petit volume. Même quand il ne fait pas droit à nos remarques, on peut maintes fois sentir qu'il les avait présentes à l'esprit; il y répond parfois, parfois il regimbe; le plus souvent, il adhère absolument et autant qu'il

(1) Page 137.

peut. Il biffe des pages et des pages entières, il en modifie d'autres ; il complète ses récits conformément aux documents que j'avais cru pouvoir indiquer.

Malheureusement, ces corrections sont inachevées. M. Thierry, tout en travaillant avec passion, produisait peu. « Il dictait quinze à vingt « lignes par jour (1). » Le scrupule du littérateur et sa jalousie de la perfection se joignaient à ses infirmités pour lui imposer cette réserve. Dictait-il même, fixait-il quinze à vingt lignes tous les jours ? Il n'a corrigé que les deux premiers volumes de son *Histoire de la Conquête*. Il abordait le neuvième livre de cet ouvrage quand la mort l'a saisi.

Ces corrections ne sont pas seulement inachevées, elles sont encore parfois incomplètes ou insuffisantes. Dans sa lettre à l'abbé Gorini, il avait annoncé, on s'en souvient, qu'il les voulait faire « selon sa conscience d'historien, » dans l'intérêt général de la vérité historique, et non dans une vue particulière. En avançant en

---

(1) M. Renan, p. 132.

besogne, avait-il conquis une plus haute lumière ? Il se flattait de réformer ce qu'il avait pu écrire « contre la vérité dans tous les sens (1). » L'intention est admirable. L'étendait-il à tout ce qui pouvait blesser la foi et nuire aux âmes ? Les moyens lui faisaient défaut. S'il est bien vrai que, dans l'erreur même coupable, se mêlent divers éléments étrangers, pour ainsi dire, qui s'imposent jusqu'à un certain point à la volonté pervertie ; si les préjugés, par exemple, la passion et les déductions des faux principes admis antérieurement et dont l'esprit a été nourri, concourent souvent à entretenir une manière de fausse conscience et de prétendue bonne foi ; on doit reconnaître aussi que la conquête et la possession de la vérité ne sont pas uniquement l'affaire de la volonté ni de la puissance de l'œil de l'homme : il faut encore au moins l'élément de la lumière. La lumière est une grâce. En est-il de plus précieuse que la connaissance des erreurs où l'on a vécu ? Cette grâce comme toutes les grâces vient de Dieu. C'est un don où l'intervention des sacrements est néces-

---

(1) P. Gratry, p. 166.

saire. Ils communiquent les clartés surnaturelles qui font apparaître des monstruosités là où les lumières naturelles obstruées d'ailleurs par les préjugés et les passions, n'avaient vu que logique, enchaînement des faits ou simple interprétation des documents. M. Thierry, privé de l'amour et du respect que communiquent les sacrements, pouvait-il corriger complétement ses œuvres ? Il a beau vouloir extraire et poursuivre le venin, le venin persiste et se maintient en se cachant. L'historien en élague les monstrueuses efflorescences. Il ne laissera plus conclure de ses récits que saint Grégoire le Grand, saint Léon IX ou saint Grégoire VII sont des scélérats, des menteurs, des ambitieux uniquement remplis d'orgueil ; il leur accorde désormais et volontiers un certain bénéfice des bonnes intentions ; mais il accuse encore trop souvent leur peu de perspicacité, leur ignorance, les sacrifices qu'ils font de la justice à des intempérances de zèle et à de gratuites et déraisonnables exigences d'une discipline arbitraire.

Aussi, sans contester la bonne volonté de l'auteur, il faut avouer l'insuffisance de ses corrections aux yeux de l'histoire comme aux yeux de la foi.

Deux volumes seulement sur quatre dont se compose l'*Histoire de la Conquête de l'Angleterre*, ont pu être entièrement revus par M. Thierry. Ses autres ouvrages, — *Lettres sur l'Histoire de France, Récits des temps mérovingiens, Dix ans d'études historiques*, — demeurent « pleins de la passion qui les a dictés, » comme dit M. Renan.

Cependant le bruit de la conversion de M. Thierry, l'éclat de son entreprise de révision, la magnanimité de l'aveu de ses erreurs, ont ajouté aux charmes de son talent. La popularité de ses ouvrages s'en est accrue. Nous nous étions décidés à entreprendre notre critique, il y a trente ans, en rencontrant les livres de M. Aug. Thierry au seuil des maisons religieuses d'éducation. C'est de l'histoire, disait-on ! Combien ne le répète-t-on pas davantage aujourd'hui où l'esprit de libéralisme et de confusion est tellement répandu parmi les fidèles et jusqu'au sein même du clergé ! La mémoire de M. Thierry ne se montre pas seulement appuyée du témoignagne futile, bien qu'encore brillant du P. Gratry; elle est aussi protégée, en quelque sorte, par la charité du vénéré M. Hamon. Les esprits sont prompts : il est aisé, sinon raisonnable, surtout dans un temps troublé comme le nôtre, d'appliquer à des livres que M. Hamon n'avait jamais lus, les éloges que le saint et bon curé faisait du cœur et des intentions de l'auteur. Nous avons donc estimé qu'il n'était pas inutile aujourd'hui de reproduire notre travail de 1850.

Nous le reproduisons tel qu'il a paru jadis. Ce n'est pas pour en appeler du jugement sommaire qu'en a porté M. Thierry. Il eût été facile de corriger la diction de ce petit ouvrage, même sans prétendre en faire disparaître l'air de jeunesse. Mais il nous est avis que si M. Thierry, qui invoquait sa conscience d'historien, avait pu consulter aussi sa conscience de catholique, il aurait eu vraiment horreur de ses procédés envers la sainte mère Église, et qu'il eût compris l'indignation qu'ils devaient provoquer parmi les fidèles. Je ne veux pas chercher à excuser certaines vivacités de plume devant le scandale des assertions odieuses et gratuites d'un historien de talent. Il est des cas où l'indignation, à mon sens, ne messied pas, même à l'âge mûr. D'ailleurs, dans les essais de réfutaion, qui sont nécessaires de la part des catholiques, nous pouvons toujours compter sur l'aide du bon Dieu; et sa grâce est là pour réparer les légers excès où le zèle pourrait emporter nos phrases. Mon petit livre de 1850 en est un exemple. S'il a méconnu quelques convenances, il n'a pas du moins empêché le travail de la vérité dans l'âme de M. Thierry. Je tiens bien plutôt qu'il y a concouru, et je me crois fondé à réclamer, non sans complaisance, une certaine part, pour ma petite œuvre de jeunesse, dans l'entreprise généreuse de correction et de rétractation à laquelle M. Thierry a consacré ses dernières années.

VI

Les difficultés étaient innombrables et propres à rebuter une vulgaire énergie. Je laisse de côté les engagements intimes du succès, de la gloire et de la complaisance qu'on y trouve. Je ne parle pas de la débilité des forces ni des infirmités cruelles de l'historien, bien propres à conseiller et à imposer même le repos à la conscience la plus délicate.

Ces infirmités obligeaient M. Thierry à recourir à des aides. A l'époque où il entreprit la correction de ses ouvrages, il avait pour secrétaire, c'est-à-dire pour collaborateur subalterne et non sans influence, un écrivain qui se targuait du titre de catholique. C'est à ce catholique, sans doute, que M. Thierry devait son agrégation aux conférences de Saint-Vincent de Paul. Mais ce secrétaire était un catholique libéral; et, tout en s'intéressant à la conversion de M. Aug. Thierry, il ne semble pas avoir pu contribuer à lui faciliter volontiers la vraie lumière sur les points de critique historique où les décisions de l'Eglise, la puissance des Papes, leur renom d'honneur et de sainteté, se trouvent engagés. Poussant, en effet, à leurs justes conséquences les principes de son libéralisme, ce secrétaire de M. Aug. Thierry, après s'être fait l'organe affidé et l'interprète public des préjugés du second Empire contre Pie IX et le Concile du Vatican, est devenu le serviteur et l'instrument à gages du Gouvernement de Berne dans la persécution de l'Eglise de Bâle.

Que dire du P. Gratry? Les témoignages de son peu de consistance sont publics. Que serait-il arrivé du philosophe de l'Oratoire, si on avait gardé envers lui l'attitude expectative que le prétendu respect d'une fausse liberté de conscience lui imposa si malheureusement auprès de M. Thierry? On sait le dépit que lui avait causé la condamnation des détestables et frivoles ouvrages que lui inspirèrent les passions libérales, au moment du Concile. Sur les papes qui tiennent une si grande place dans les écrits de M. Thierry, et aussi sur la liturgie, quels conseils et quelles lumières pouvait apporter le futur calomniateur du pape Honorius et l'intempérant détracteur du bréviaire romain ?

Cependant il ne faut pas diminuer la part d'influence que ces deux catholiques libéraux ont pu et ont dû avoir auprès de M. Thierry, surtout en présence des autres amis de l'historien. Là était surtout le grand obstacle. Le commerce de l'amitié n'était pas pour l'aveugle un simple délassement de l'esprit; c'était plus qu'un aiguillon ou un encouragement; c'était presque un concours à l'œuvre, comme une préparation et une première élaboration. On discutait, autour du lit du paralytique, les textes qu'il invoquait et qu'il interprétait et les corrections qu'il en voulait déduire. Or les amis de M. Thierry étaient ceux que le courant des opinions de toute sa vie avait pu lui amener. Il les a signalés, stigmatisés, on pourrait dire, en faisant un choix au milieu d'eux. Préoccupé de la fragilité de sa vie, tandis qu'il remettait son effective réconciliation avec Dieu par les sacrements, il avait tenu à se mettre en règle vis-à-vis du public, au sujet de la correction de ses ouvrages; et il avait pris des mesures pour en protéger l'intégrité du texte. L'exécuteur testamentaire, à qui a été imposée cette mission de confiance, est M. Henri Martin.

Ce nom dit tout. M. Thierry ne pouvait se faire illusion. L'ineptie de M. H. Martin, en fait de religion, est avérée. En outre, au triple point de vue de la littérature, de l'érudition et de l'intelligence, ce sénateur n'est-il pas le dernier des humains? Celui qui cheville, comme disait plaisamment Alfred de Musset, passe encore avant lui.

La confiance, que M. Martin a inspirée à M. Thierry, ne prouve-t-elle pas le dénûment où se trouvait l'historien ? faudrait-il croire qu'il a voulu aller au-devant des soupçons qui auraient pu s'élever contre un exécuteur testamentaire plus croyant et plus intelligent ? L'infirmité religieuse et intellectuelle aurait-elle alors été un titre à ses yeux ?

L'édition posthume de l'*Histoire de la Conquête*, révèle un détail plus extraordinaire encore que le choix de M. H. Martin. C'est la collaboration de M. Renan. Les éditeurs ont pris soin en effet de donner un canevas de diverses corrections proposées à M. Thierry par M. Renan. Il s'agit de l'histoire de saint Thomas de Cantorbéry. On sait que M. Thierry a commis la grave erreur de faire de saint Thomas un Saxon, tandis qu'il était de race normande. L'historien mettait ainsi sur le compte de l'inspiration nationale, toute cette grande lutte de l'archevêque et du roi, qui a eu lieu au nom des prérogatives de l'Eglise et à l'honneur de la liberté des consciences.

Les corrections proposées par M. Renan sont vraiment naïves. Elles consistent à remplacer la qualification d'*Anglais*, toutes les fois que M. Thierry la donne à saint Thomas, par celle plus véridique de *Normand ;* et lorsque M. Thierry établissait que l'archevêque, dans sa lutte avec le roi normand, représentait les droits *des vaincus, parce qu'il était Saxon ;* M. Renan propose d'écrire : *parce que, bien qu'issu de la race normande, l'archevêque s'élevait contre les abus issus de la conquête.* Ce système de corrections faciles pourrait témoigner de la frivolité des thèses historiques. Nous ne prétendons pas l'examiner. Il suffit de constater cette collaboration. M. Renan, dans ses retouches, n'allait pas à rien désavouer ; mais s'il a préparé de la même manière les corrections que M. Thierry a fixées, ce n'est pas de lui que l'illustre historien a pu tirer le moindre secours ni la moindre lumière pour accomplir son désir de rétracter ce qu'il avait écrit contre la vérité dans tous les sens.

Ce désir cependant n'a pas été stérile. A travers l'hostilité flagrante ou l'ineptie absolue de ses intimes, livré à l'excessive discrétion de celui qui avait trop à la légère répondu de son âme, M. Thierry n'en a pas moins élevé un monument touchant, bien qu'imparfait, de son amour de la vérité. Pour n'être pas parvenu aux sources sacrées et lumineuses, il n'en fut pas moins énergique dans ses efforts. Tout en proscrivant ses livres qui restent dangereux, il faut rendre justice à sa mémoire et signaler sa volonté généreuse d'atteindre la vérité et de rendre hommage à l'Eglise, dont il ne lui a pas été donné de goûter ici-bas les inépuisables et miséricordieuses tendresses.

M. AUGUSTIN THIERRY

SON SYSTÈME HISTORIQUE ET SES ERREURS

LIVRE PREMIER.

CHAPITRE PREMIER

Introduction.

Selon la pensée de M. de Bonald, on ne peut pas avoir confiance dans l'écrivain qui, au moment de pénétrer dans les catacombes du passé, — qui sont l'histoire, — commence par éteindre le flambeau que Dieu a remis entre les mains de l'homme. Ce flambeau, c'est la Foi révélée. Nous voulons prouver aujourd'hui combien la défiance, recommandée par M. de Bonald, est judicieuse et nécessaire. Nous voulons établir, non par des raisonnements et des discours, mais par des faits et des exemples, qu'il n'y a pas d'historien véridique, sincère et estimable si la Foi ne le guide pas. L'étude et la science sont insuffisantes pour éclairer les faits du passé et pour en donner l'intelligence. La Foi est la grande lumière de l'esprit. Il n'y a, pour ainsi dire, que des lueurs en dehors de la Foi. C'est parce que les hommes ont prétendu trouver des clartés nouvelles par delà ses limites, qu'on a pu, dans ces derniers temps, accuser l'histoire d'être une conspiration contre la vérité.

Les absurdités débitées sur l'Eglise, les saints et leur mission dans le monde ne peuvent, il est vrai, attaquer les principes de la Foi. Cette Foi est surhumaine. Quand même des témoignages historiques, authentiques et incontestables révéleraient les turpitudes qu'on impute à nos docteurs, à nos Papes et à nos saints, sur les bases divines qui lui ont été données, la Foi ne serait pas atteinte. Elle ne saurait nous tromper; elle connaît la vérité, elle la possède intégralement, elle la voit et la proclame. Les témoignages historiques, au contraire, sont fragiles. Quelle que soit l'autorité que le monde leur accorde, ils ne reposent jamais que sur la parole humaine; elle ne peut être admise à contredire la parole de Dieu.

Si l'hypothèse que nous faisons se réalisait donc, si des témoignages authentiques accusaient en toutes circonstances l'Eglise et ses héros, il faudrait conclure, en dépit de la logique et du raisonnement, que toutes ces faiblesses et toutes ces hontes n'empêchent point la vérité de résider dans le sein de l'Eglise, d'y résider virtuellement et efficacement, de manière à procurer le salut des âmes, à produire la civilisation des peuples, à répandre sur les hommes la lumière et tous les trésors qu'elle contient. Cette conclusion répugne au bon sens. Il en est une autre bien compatible avec la fragilité de notre nature : c'est que les témoignages humains sont défectueux, et que, par une cause ou par une autre, ils sont plus ou moins entachés d'erreur.

Néanmoins, si, durant tout le cours des siècles, des accusations sérieuses s'élevaient contre l'Eglise, mettant toujours ses actions en contradiction avec ses doctrines, lui prêtant partout un rôle odieux et coupable, pour humains qu'en fussent les témoignages, ils constitueraient, il faut avouer, une redoutable tentation. La Providence n'y a pas soumis les hommes.

Les écrivains de ces derniers temps ont réussi à composer un corps d'histoire entièrement opposé à la raison divine : ils sont parvenus à présenter les Papes et les saints comme des instruments de tyrannie et des artisans de crimes : grâce à un concours de circonstances que nous n'avons pas à analyser, leurs appréciations se sont répandues partout ; elles se sont propagées dans ce qu'on appelle le monde savant ; elles y ont accumulé tant de ténèbres et de préjugés, que l'opinion contraire n'y a pas encore aujourd'hui droit de bourgeoisie ; et aller soutenir devant nos académies que les saints sont des saints est une hardiesse devant laquelle il est bien peu d'esprits qui ne s'effarent : je dis de ceux mêmes dont les cœurs s'inclinent devant les divins mystères (1).

On a tant raffiné sur la distinction du temporel et du spirituel, on a tant subtilisé pour chercher un domaine humain en dehors de la puissance de l'Eglise, qu'on est parvenu à dédoubler, pour ainsi dire, certains hommes : ils sont persuadés qu'on peut et même qu'on doit reléguer la Foi dans je ne sais quelle partie inférieure du cœur, d'où ses rayonnements n'atteignent point à la hauteur de l'esprit. Plusieurs, qui se disaient et se croyaient peut-être chrétiens et soumis à l'Eglise, n'ont pas hésité à condamner les actions des Papes et ont concouru de toute leur puissance à accuser ou à faire soupçonner les saints et les bienheureux des actions les plus coupables ou les plus honteuses. Les esprits sont si bien tournés sur cette matière, que les historiens qui gardent un peu de ménagement dans leurs calomnies, s'imaginent avoir droit à la recon-

---

(1) Au bout de trente ans, cette vérité, hélas ! est encore évidente aujourd'hui. Des catholiques avérés et notoires, qui visent aux couronnes et aux titres académiques, n'osent encore affirmer leur foi en toutes circonstances, et se gardent d'adhérer sans réserves à certains jugements de l'Église. Il serait inutile d'apporter ici des exemples.

naissance de l'Eglise et s'étonnent des anathèmes qui frappent leurs élucubrations.

Nous ne cherchons pas à nier la grandeur et l'établissement de cet édifice historique ; mais si bien fondé qu'il apparaisse, nous n'hésitons pas à dire que c'est un édifice de mensonge ; les théories irréligieuses qui le composent, n'ont pas d'autre base ni d'autre principe que l'erreur. Elles ne sont pas seulement contraires à la raison divine, elles sont contraires à la tradition humaine. Elles tendent à substituer à la tradition véritable, authentique et historique une tradition altérée, imaginaire et romanesque. Tous ceux qui acceptent cette fausse tradition et qui veulent l'étayer sur des témoignages véridiques, sont forcés de violenter les textes ; et leurs systèmes ne s'établissent qu'à l'aide de nombreuses falsifications.

Les ténèbres sont si épaisses, l'illusion si complète, les préjugés si forts à l'endroit de l'Eglise, qu'il pourrait bien se faire encore qu'on apportât une certaine candeur à ce travail de libre et violente interprétation : aussi n'entendons-nous accuser les intentions de personne. En laissant de côté les hommes, nous voulons essayer de montrer dans des exemples frappants les véritables bases de ces systèmes et de prouver que les historiens qui les soutiennent, sont conduits nécessairement et fatalement, pour ainsi dire, à interpréter les textes à leur fantaisie et à contredire formellement les autorités qu'ils invoquent.

Le but de nos travaux sera de confirmer les hommes de sain entendement dans cette défiance que M. de Bonald recommande à l'égard de ceux qui éteignent le flambeau divin. Il nous est absolument nécessaire sur toutes les routes, et, en dépit de notre orgueil, il peut seul nous conduire à la vérité. Heureux si nos recherches et nos veilles pouvaient contribuer à faire naître certains scrupules dans quelques esprits ! Heureux et curieux par-dessus tout de confirmer quelques-uns des faibles, de les prémunir à l'avance, de leur apprendre à ne pas s'étonner du rôle singulier, bizarre et honteux quelquefois, que l'histoire et la science font jouer aux personnages que l'Eglise enseigne à révérer, à honorer et à prier !

Pour arriver à un tel but, il n'est pas nécessaire de s'adresser à tous les historiens contemporains. L'esprit de dénigrement et d'injure envers l'Eglise est général : presque tout travail historique en est plus ou moins imprégné, quelquefois même en dépit de la bonne intention de l'auteur. On ne respire pas impunément une atmosphère empestée ; et depuis longtemps déjà, l'atmosphère où se meut, raisonne et discute la science historique, est irréligieuse et en contradiction manifeste avec la piété et la Foi. Reprendre une à une chacune des erreurs qui ont cours, ce serait refaire une histoire du monde, nous ne nous sentons ni la force ni le courage d'une pareille entreprise. Nos petits volumes (1), d'ailleurs, n'y suffiraient pas ; ils ne se prêtent qu'à des discussions et à des examens partiels ; aussi voulons-nous simplement montrer quelques exemplaires des erreurs de la science contemporaine. Nous les choisirons naturellement parmi les hommes les plus recommandables et dans des ouvrages dont le succès est consacré.

Parmi les maîtres de la science actuelle, il n'en est pas beaucoup de plus populaire ou de plus considéré que M. Augustin Thierry. Il s'est produit au milieu de circonstances heureuses ; il a pu mettre au service de ses études et de ses systèmes un talent assez souple, assez délié et assez fort pour procurer un succès de vogue à d'arides travaux de critique et à un grand ouvrage qui n'intéressait qu'indirectement notre histoire nationale. Ce succès, conquis au milieu du tumulte, n'a pas été contredit par l'expérience des années qui se sont écoulées. Neuf ou dix éditions successives ont donné à l'auteur le temps et la facilité de procurer à ses travaux la perfection à laquelle ils peuvent prétendre. En appelant dans son sein le jeune et pétulant novateur

(1) Ce volume sur M. Aug. Thierry ouvrait la série des réfutations historiques que se proposait la *Bibliothèque nouvelle*.

de 1820, l'Académie des inscriptions et belles-lettres a semblé reconnaître et proclamer la solidité de sa science et son bon aloi. L'Académie française, de son côté, a distingué un mérite littéraire reconnu de tout le monde, en donnant et en continuant depuis près de dix ans la palme de l'éloquence historique aux *Récits des temps mérovingiens*.

En les critiquant, nous ne chercherons pas à nier le mérite ni à contester la valeur de tous ces travaux. A Dieu ne plaise surtout que nous cherchions à diminuer l'estime qu'on doit faire du courage et de l'énergie morale que les derniers volumes indiquent chez leur auteur! Au milieu des chagrins de la vieillesse anticipée dont l'a depuis si longtemps frappé la Providence, il a su conserver la vivacité des affections de ses jeunes années. Ses infirmités, unies à un travail persévérant, revêtent quelque chose de si triste et de si respectable qu'on hésite à troubler le concert d'éloges auquel est habitué M. Thierry. Aussi tout en reconnaissant combien sont dangereuses ses illusions, on désirerait ne pas les réfuter, et on laisserait volontiers à d'autres le soin de rappeler à cette âme l'importance des enseignements qu'elle combat. On pourrait craindre encore de l'irriter plutôt que de la convertir. Mais la défense de la vérité n'est pas tenue à ces considérations personnelles, et elle n'a pas à s'enquérir des avantages qu'un auteur peut tirer de ses critiques.

Un seul point doit la toucher, c'est l'accueil fait aux doctrines et les dangers qu'elles contiennent. A ce titre, les ouvrages de M. Thierry méritent la considération la plus sévère. Soutenus par un talent de raconter et un art de bien dire tout à fait de premier ordre, ils ont fait leur chemin dans le monde, et, consacrés par un assentiment général, on les trouve aujourd'hui au seuil même des maisons religieuses. Ils vont là contredire dans de jeunes esprits les enseignements de la Foi, et glacer dans des cœurs encore naïfs les épanchements de la piété et de la tendresse filiale envers l'Eglise. Quels désordres ne font-ils pas naître ailleurs dans des esprits moins bien préparés, dans des âmes moins bien préservées? Les mauvaises théories et les fausses histoires ne sauraient entamer la Foi que possède une âme, elles peuvent au moins contribuer à éloigner des sources salutaires les cœurs qui ont rejeté son joug. Les combats de l'esprit sont, il est vrai, peu de chose ; c'est surtout avec les passions du cœur que les enseignements divins ont à lutter. Mais toutes ces histoires faussées ne laissent pas de composer des prétextes assez forts pour ajouter à la sécurité de l'âme égarée dans les désirs des sens. Elle y puise des arguments où elle se complaît secrètement et qui ajoutent des obstacles à ceux que la grâce a toujours à vaincre.

Voilà toute la raison de notre dessein. Nous n'aurions pas demandé mieux qu'un autre eût rempli la tâche que nous allons entreprendre. Mais il y a trente ans déjà que l'auteur de l'*Histoire de la conquête de l'Angleterre* a commencé ses publications historiques, et nous ne savons pas que ses doctrines et les faits qu'il raconte aient été l'objet d'une critique sérieuse et approfondie. Nous la croyons nécessaire cependant, à cause du talent de l'auteur et du dommage que ses principes peuvent causer. Si dans le courant de nos discussions, quelque vivacité échappait à notre plume, nous la désavouons à l'avance. Nous ne voulons ni offenser ni blesser; nous ne recherchons et ne désirons que la vérité; nous combattons pour elle en priant pour ses adversaires.

CHAPITRE DEUXIÈME.

Comment M. Thierry aborda l'histoire, et de la nouvelle école historique.

Pour apprécier les doctrines de M. Thierry et trouver le dernier mot de ses systèmes, il est utile de rappeler l'influence qu'il subissait en abordant le domaine de l'histoire, et sous quels auspices il y a débuté. Lui-même a reconnu l'importance de ce fait d'origine, et il a pris soin de le consigner.

C'est en qualité de publiciste et pour soutenir les intérêts d'une polémique passionnée, que M. Aug. Thierry a abordé les problèmes historiques. Mêlé à la jeunesse libérale de la Restauration, il a embrassé ses préjugés, soutenu ses théories, partagé ses batailles, et, déjà hors de combat, a néanmoins triomphé avec elle. En diverses circonstances, il a célébré cette victoire avec un accent auquel sa position personnelle prêtait quelque chose de singulier. Frappé par ses infirmités dès 1826 et, deux ans plus tard, privé même des forces nécessaires à conduire comme il l'entendait, les travaux historiques qu'il aimait avec passion, séparé désormais du commerce du monde et complétement isolé, il a toutefois ressenti le triomphe de 1830 avec une joie qu'aucune expérience, jusqu'à ces derniers jours, n'était venue tempérer. Il était curieux de voir un historien si lucide et si sagace parfois sur les choses du passé, ne rien connaître aux symptômes alarmants qui se manifestaient autour de lui : il exaltait toujours avec verve les perfections de ce qu'il appelait la liberté ; il retrouvait une passion juvénile et rétrospective, pour ainsi dire, afin de stigmatiser, après quinze ans, les erreurs et les coups d'Etat du gouvernement de la Restauration : il célébrait toujours, avec une fleur d'enthousiasme incomparable, la gloire éternelle et l'éternel triomphe de la Révolution de 1830, « merveilleuse par sa rapidité, mais plus encore « parce qu'elle n'a pas un seul instant dépassé son « but, et a rattaché *sans retour* notre ordre social au « grand mouvement de 1789. (1) » La Révolution de 1848, tout aussi merveilleuse par sa rapidité que celle de 1830 et cependant moins belle aux yeux de M. Thierry, vint inopinément témoigner qu'il pouvait y avoir encore *quelque retour*, qu'il ne suffisait pas d'atteindre le but, qu'il fallait encore s'y maintenir. Elle contraria la théorie du publiciste : elle rui-

---

(1) *Récits des temps mérovingiens*, tom. I, p. 249.

na complétement le système de l'historien, en y attachant des corollaires et des conclusions, dont, à toutes forces, il ne veut entendre parler. Il n'abandonne pas, néanmoins, les prémisses qu'il avait posées (1).

Ce qui distingue M. Thierry, en effet, ce qui est le cachet de son originalité, ce que nous retrouvons dans chacun de ses ouvrages, c'est la persévérance dans la passion. Amené en 1817 à étudier l'histoire pour y trouver un aliment à ses préventions politiques, la consultant pour y chercher des armes et des arguments, il aborda ses problèmes avec une idée préconçue. Cela n'est pas rare au temps de la jeunesse. Ce qui l'est infiniment, c'est que l'expérience n'ait point fait changer ce parti pris : c'est que la folie et la passion du jeune homme de vingt-cinq ans soient devenues la règle et la raison de l'homme mûr et du vieillard, que l'illusion ait persévéré au milieu des documents les plus contraires, qu'elle s'en soit nourrie, pour ainsi dire, qu'elle les ait traversés sans douter d'elle-même, sans fléchir un seul instant, et qu'il faille aujourd'hui aller chercher la clé du système où s'enferme l'érudit, dans les théories politiques du journaliste d'avant 1820.

On sait quelle était l'effervescence des discussions politiques de cette époque. On a pu depuis les dépasser en personnalités et en violences ; on ne les a pas

---

(1) *Du Tiers-État.*

surpassées en ardeur ni en entraînement. La jeunesse est toujours la même; les révolutions sont toujours identiques; l'orgueil de toutes les générations est impatient du frein. Les mêmes arguments sont mis au service du même intérêt qui, sous des noms divers et avec des masques plus ou moins bien composés, est toujours l'intérêt de l'orgueil révolté contre la discipline. En 1818, comme en 1848, on échangeait passionnément les noms de vainqueurs et de vaincus. On en formait des titres de gloire ou des sujets de récrimination. Les jeunes libéraux, en leur qualité de roturiers, s'enorgueillissaient de descendre des anciens Gaulois, d'appartenir à la race vaincue et de venir la venger après quinze siècles d'oppression. M. Proudhon a eu la même prétention. Au nom du prolétariat soulevé contre la bourgeoisie, il se dit issu du vrai sang celtique; et il réclame pour ses montagnes, en se trompant un peu, il est vrai, l'honneur d'avoir vu naître Vercingétorix (1), dont la révolution de 1848 et la banque du peuple (2) ont repris l'œuvre violemment interrompue sous les murs d'Alise par les légions de Jules-César. Nos révolutionnaires d'aujourd'hui se targuent donc d'une antiquité plus reculée encore que ceux du temps de la Restauration. M. Thierry se

(1) Proudhon était Franc-Comtois, et Vercingétorix Auvergnat.
(2) Société de crédit, dont le but était de suppléer et d'abolir l'intérêt du capital.

contentait de dire : « Les Gaules étaient avant la France (1). » M. Proudhon remonte au delà des Romains : toutefois, il se garde d'ériger son argument en système historique. M. Thierry n'a pas eu le goût aussi sûr.

Pour être juste à son égard, il faut reconnaître que tout alors le poussait à cette extrémité. Son cri en faveur des Gaules était dans toutes les bouches. Les deux partis se renvoyaient le même argument. Un livre de M. de Montlosier (2) avait fort maladroitement ravivé toutes ces questions de l'origine du droit royal, de celles de la noblesse et du tiers état, débattues par Montesquieu, Mably, l'abbé Dubos et Boulainvilliers, pendant les années qui préparèrent la convocation des Notables. On sait l'importance que leurs divers systèmes acquirent aux discussions des Notables, et ensuite à celles de l'assemblée constituante. Qu'est-ce que le tiers état ? demandait-on. C'est une nation par lui-même, répondait Sieyès, et une nation complète. M. de Montlosier accepta cette définition bizarre. En 1814, il proclama que, si le tiers était une nation, il y avait auprès de lui, sur le même sol, une autre nation meilleure, plus ancienne et tout aussi complète. « Deux peuples divers, disait-il, figurent dans l'E- « tat. » Il développa cette thèse avec une certaine

(1) *Cens. européen*, ann. 1818.
(2) *De la monarchie française*. 1814.

impétuosité de verve qui lui donna de l'éclat ou du moins du retentissement. Rempli de préjugés d'ailleurs et amoureux de l'indépendance uniquement pour lui-même, s'il disait que le vrai peuple de France était celui qu'il appelait l'*ancien peuple*, le peuple franc dont il se croyait issu, il frappait de ses reproches passionnés, l'autre peuple, le peuple nouveau, sorti au XIIᵉ siècle, à l'aide du mouvement des communes, d'une race jusqu'alors tributaire et esclave. Il n'épargnait pas la royauté unie au peuple *nouveau*, assurait-il, dans une complicité d'attaques, de violences et de ruses contre le peuple *ancien* ; et il tirait hardiment de la Révolution et de ses excès cette conclusion devenue une sorte d'axiome pour plusieurs esprits : « Le *peuple souverain* (qu'on ne « le blâme pas avec trop d'amertume) n'a fait que « consommer l'œuvre des *souverains ses prédéces-* « *seurs* ; il a suivi de point en point la route qui lui « était tracée depuis des siècles par les rois, par les « parlements, par les hommes de loi, par les sa- « vants (1). » Pour donner le dernier trait de cet esprit violent, il faut ajouter que cet accusateur des rois, des parlements et des hommes de loi fut un des plus ardents champions des prétendues prérogatives royales contre le droit de l'Eglise : cet ami de l'indépendance était opposé à toute liberté religieuse.

(1) *De la monarchie française*, tom. I, p. 209.

LIVRE I — CHAPITRE II.

Nous n'avons pas à expliquer ici comment ce détracteur ardent de la royauté était, sous la Restauration, compté parmi les royalistes, ni comment la responsabilité de pareilles théories retombait sur ce parti et était exploitée par l'école libérale. Le plus souvent ce sont des intérêts passagers et non des principes dogmatiques qui unissent les hommes : à quelques années de distance, on a peine à retrouver les liens qui serraient et formaient ce qu'on appelle un parti. Les théories de M. de Montlosier étaient acceptées par les jeunes libéraux avec une passion, qui ne cédait en rien à celle qui les avait produites. Le nom d'*esclaves affranchis* était accepté avec ivresse et proclamé comme une menace au nom de l'opposition. On renvoyait avec vivacité au peuple franc la dénomination de *peuple nouveau*, et, au nom des Gallo-Romains, on réclamait le titre de *peuple ancien*.

La manie de rechercher dans le passé des explications aux animosités du moment et des justifications aux actes du jour ne s'était pas seulement emparée des journalistes de cette époque, le gouvernement lui-même et sa chancellerie en étaient engoués : les excès des dernières années du xviiie siècle n'avaient pas suffisamment éclairé les hommes sur les dangers du méchant rationalisme qui prétendait, à l'aide de simples artifices de raisonnement, rendre un compte facile de toutes choses, résoudre avec une égale désinvolture les problèmes historiques et les mystères de la Foi, et tout réduire à de simples formules accessibles au pur bon sens.

Le préambule de la charte de 1815, qui jouait dans ces temps le rôle que la Constitution remplit aujourd'hui (1), comptait avec les divers systèmes historiques et cherchait à leur aide d'expliquer les pouvoirs que la Restauration instituait. M. Thierry a eu raison de signaler ce morceau comme un curieux aperçu d'histoire (2). Il était bizarre de produire dans le monde moderne la chambre des députés sous le prétexte des anciennes assemblées du champ de mars et du champ de mai. Napoléon avait déjà donné cet exemple aux Cent-Jours en convoquant l'assemblée extraordinaire du champ de mai (3). User de ces dénominations vieillies, dont le sens était perdu et dont l'abbé de Mably avait tant abusé, s'appelait alors renouer la chaîne des traditions. La tradition cependant ne consiste pas seulement dans les mots, le sens y est pour quelque chose, et on ne fut pas toujours heureux dans celui qu'on adopta. La pairie était désignée par la charte comme spécialement destinée à représenter les institutions passées, et le nom historique qu'on lui donna fit supposer qu'elle rappelait en quelque chose l'ancienne pairie féodale. Cette supposition a, plus que tout autre

(1) La Constitution de 1848.
(2) *Récits des temps mérovingiens*, tom. I, p. 201.
(3) Décret du 13 mars 1815.

prétexte, été cause de l'abolition de l'hérédité et ensuite de la suppression de ce qu'on était convenu d'appeler la Chambre haute. Louis XVIII qui, selon l'énergique expression de M. de Maistre, ne restaura pas le trône de saint Louis, mais monta sur celui de Bonaparte, Louis XVIII, comme il arrive toujours, en faisant des concessions au mauvais esprit du jour, lui fournissait des armes. Toutes les mains à l'envi les unes des autres se présentèrent pour les saisir. M. Guizot lui-même allait chercher dans cette phraséologie politico-historique des arguments à son opposition. Il les mettait en relief avec toute l'énergie de son éloquence : « Francs et Gaulois, seigneurs
« et paysans, nobles et roturiers, tous bien long-
« temps avant la Révolution s'appelaient également
« Français, avaient également la France pour patrie.
« Mais le temps qui féconde toutes choses, ne dé-
« truit rien de ce qui est ; il faut que les germes, une
« fois déposés dans son sein, portent tôt ou tard
« leurs fruits. Treize siècles se sont employés parmi
« nous à fondre dans une même nation la race con-
« quérante et la race conquise, les vainqueurs et les
« vaincus. La division primitive a traversé leur cours
« et résisté à leur action. La lutte a continué dans
« tous les âges, sous toutes les formes, avec toutes
« les armes; et lorsqu'en 1789 les députés de la
« France entière ont été réunis dans une seule as-
« semblée, les deux peuples se sont hâtés de repren-

« dre leur vieille querelle (1). » Il disait encore :
« C'est une chose déplorable que la guerre entre
« deux peuples qui portent le même nom, parlent
« la même langue, ont vécu treize siècles sur le
« même sol (2). » Au lieu de qualifier un tel fait de
déplorable, on eût pu le traiter d'impossible et de
fantastique. La raison le contredit aussi fortement
que le récit de nos annales elles-mêmes. Mais au milieu de l'effervescence du combat, personne n'est en
état d'écouter froidement le langage de la raison
non plus que celui de l'histoire. La conquête ! la
conquête ! c'était l'explication de toutes choses, le
mot de ralliement de chacune des troupes des combattants, leur cri de bataille à tous ; et quand on a
étudié le jeu des intelligences de cette époque, on
a peine à concevoir comment M. Thierry peut,
comme il le fait, s'attribuer l'honneur d'avoir le
premier posé ce problème et d'avoir dirigé sur ce
point l'opinion publique (3). Si petite que soit une
pareille gloire et si grand que soit l'aveuglement des
hommes sur eux-mêmes, on ne peut se rendre
compte de cette illusion.

Bien avant la révolution de 89, et dès les premières années du XVIIIe siècle, les théories de Boulainvilliers et celles de l'abbé Dubos tournaient au-

(1) M. Guizot. *Du Gouvernement de la France*, 1820.
(2) *Id. Ibid.*
(3) *Dix ans d'études historiques.* Préface.

tour de ce grand fait. Boulainvilliers en avait fait la clef de voûte de son système; et comme M. de Montlosier, comme M. Guizot et comme M. Thierry, il trouvait dans la conquête des Gaules le fondement de l'Etat français, et tirait aussi la conclusion que deux races d'hommes coexistaient dans le pays. Ce principe avait été déjà fortement accusé bien avant lui, mais on n'avait point cherché, à son occasion, de créer un système d'histoire et d'y voir l'explication et la raison de toute l'organisation de l'État français. L'abbé Dubos se préoccupa aussi de la conquête, mais pour la nier un peu trop crûment; dans un système habilement agencé de traités et de concordats, il fit doucement succéder dans les Gaules la domination des Francs à celle des Romains, voyant ensuite découler toute puissance et toute autorité de la personne royale. Montesquieu lui reproche de supposer éternellement ce qui est en question, de multiplier les probabilités à mesure qu'il manque de preuves, et de mettre en principes une infinité de conjectures pour en tirer comme conséquences d'autres conjectures. Nous n'avons pas à examiner jusqu'à quel point l'abbé Dubos, dont dom Bouquet ne parle jamais qu'avec une extrême considération (1), méritait toutes ces jolies épigrammes; mais on peut certainement les adresser à la

---

(1) *Recueil des historiens des Gaules et de la France.*

plupart des inventeurs des théories, dont le nom générique n'était pas encore trouvé au xviiie siècle et qu'on appelle aujourd'hui la philosophie de l'histoire. La façon, dont ces systèmes se contredisent et la facilité avec laquelle on les retourne, pour ainsi dire, les uns contre les autres et souvent contre eux-mêmes, prouvent beaucoup mieux que toutes les dissertations l'inanité et l'arbitraire de pareils travaux. Il est toujours facile de remuer les faits du temps passé, et d'en tirer les preuves d'une théorie quelconque. « Dans l'État et le gouvernement de la « France entre Clovis et Hugues Capet, dit M. Gui- « zot, le comte de Boulainvilliers a vu l'aristocratie « la plus exclusive et la plus fortement constituée ; « l'abbé Dubos y trouve la monarchie pure ; l'abbé « de Mably y reconnaît la république ou peu s'en « faut (1). » Tous apportent leurs preuves, et dans leur ensemble elles ne paraissent pas méprisables. Ce qui est odieux, c'est l'influence que de pareils travaux peuvent acquérir sur les esprits : le travestissement sous lequel ils présentent les faits, fausse non-seulement l'histoire ; il détruit l'enseignement qu'on doit puiser dans les annales du passé, et de l'expérience des temps écoulés, il compose un aliment pour les passions contemporaines. « Ces « chimères historiques, dit M. Thierry, ont con-

---

(1) *Essais historiques.*

« tribué à préparer l'ordre social qui règne de
« nos jours et à nous faire ce que nous sommes. »(1)
Nous n'avons garde d'en douter ; et c'est là une
grande raison de les qualifier de chimères. On doit
juger l'arbre à ses fruits : la vérité, la simple vérité historique ne saurait contribuer en rien à
conduire un peuple à la perturbation morale et politique qui règne de nos jours et qui est produite
par ce que nous sommes. Sous la plume de
M. Thierry, c'est une expression de triomphe ; et
il voit là une raison de tendresse pour les chimères historiques. On était encore en 1840 :
M. Thierry croyait que ces travaux d'histoire chimérique avaient servi à ce qu'il appelait sa cause. 1848
est venu prouver qu'ils avaient aussi servi autre
chose, et qu'il ne fallait pas mettre tant de réserve
à qualifier de « grandes extravagances historiques », ces rêves républicains de l'abbé de Mably
« qui ont eu de la puissance morale et qui ont
« infusé au tiers état cet orgueil politique, cette
« conviction de ses droits à une part du gouverne-
« ment qui jusque-là n'avaient apparu que chez la
« noblesse (2). » De bonne foi, l'historien trouve-t-il
encore qu'il y ait à se flatter beaucoup d'un pareil
résultat ? Cet orgueil politique était-il nécessaire au

---

(1) *Récits des temps mérov.*, tom. I, p. 130.
(2) *Récits des temps mérov.*, tom. I, p. 130.

repos de la France? Avait-il besoin d'être éveillé? Avant d'être animé comme nous le voyons depuis soixante ans, ne trouvait-il pas dans l'ancienne constitution française toutes les satisfactions légitimes? Y a-t-il beaucoup à louer et à remercier la philosophie du xviii° siècle d'avoir, à l'aide de théories morales et de chimères historiques, nourri ces prétentions et de les avoir surexcitées au point de ne plus supporter de supérieur, de ne plus reconnaître de Dieu et de n'avoir plus en somme de frein ni de règle d'aucune espèce? Nous ne toucherons pas à toutes ces questions; nous voulons seulement constater la tendresse, la faiblesse même qu'au déclin de sa carrière, M. Thierry conserve encore pour ces chimères historiques qu'il a peine à qualifier pour telles. Forcé de reconnaître que ce sont de *grandes extravagances*, il cherche à en excuser et à en exalter le but : le publiciste de 1817, l'homme du parti libéral, l'admirateur des principes de 1789 et de 1791, le sectateur de la philosophie et de la raison ne peut s'incliner tout à fait et laisser prononcer la sentence de l'historien : il fait des réserves et n'acquiesce pas au jugement. C'est ce qu'on peut à bon droit appeler de la persistance.

Dans un autre ordre d'idées, où s'engage non plus la passion politique mais la vanité personnelle, le même trait de caractère se manifeste, et M. Thierry témoigne la même opiniâtreté à conserver ses opinions préconçues. Nous avons signalé sa complaisance à s'ériger en novateur, et le secret chatouillement que son cœur ressent à ce titre. Le contrecoup est que l'historien a la faiblesse de ne pas croire aux travaux ni à l'érudition de ses devanciers. On comprend ce sentiment aux premiers jours où M. Thierry aborda les questions historiques. Il y était peu préparé; les documents originaux lui signalèrent tout à coup des questions qu'il n'avait pas même soupçonnées; des problèmes complexes et pleins d'intérêt se montrèrent à ses yeux. Saint Grégoire de Tours, dans des récits dont plus d'art altérerait peut-être la vérité, l'introduisait dans un monde étrange, bigarré et flottant, dont il n'avait eu jusqu'alors aucune idée : l'incohérence de la vie barbare, l'univers entier en fusion, pour ainsi dire, montrés à nu dans des détails saisissants et pittoresques, parlaient à son imagination autrement que la stérile simplicité des premiers enseignements. Il y eut là pour M. Thierry comme une illumination, comme une révélation. Ainsi qu'il arrive souvent aux natures jeunes, impérieuses et ardentes, son admiration se tourna en invectives. Se laissant aller à la fougue de son enthousiasme, au lieu de s'en prendre à lui-même de l'ignorance où il était resté jusqu'alors, au lieu de s'accuser tout seul de n'avoir pas dirigé ses études sur des matières aussi graves et aussi séduisantes, il s'en prit aux historiens qui l'avaient précédé. Dans sa candeur, il en vint à se persuader que les problèmes qui attiraient et fascinaient son intelligence, avaient été découverts par lui, qu'il en était le premier inventeur, que personne avant lui ne s'était préoccupé de ces questions ardues et pleines d'intérêt. Il ne lui vint pas à la pensée que tous les documents qu'il compulsait, recueillis et publiés par les Bénédictins des XVIIe et XVIIIe siècles, avaient été étudiés par eux, qu'ils en connaissaient le sens et l'interprétation. Passionné et ardent comme nous le connaissons, il prit possession du nouveau pays qu'il croyait avoir découvert avec l'orgueil d'un conquérant. C'était une joie, un trépignement, pour ainsi dire, et un saisissement de bonheur dont on se ferait difficilement une idée nette, et dont l'accent persévère encore et se retrouve dans les derniers ouvrages de M. Thierry. A l'en croire, l'histoire est une muse nouvelle, venue au monde seulement vers l'année 1820, à l'époque où le *Courrier français* publiait les premières *Lettres sur l'histoire de France*, celles-là mêmes que M. Thierry appelle encore le manifeste de la nouvelle école.

Nous n'examinerons pas cette fantaisie d'une nouvelle école; nous ne pouvons que répéter combien il est étrange de voir un auteur s'arrêter à soutenir une prétention aussi gratuite. Elle était naturelle et excusable en 1820; il est difficile aujourd'hui de lui trouver même un prétexte. Nous ne nions pas les travaux historiques contemporains; nous croyons seulement que ceux qui ont véritablement fait avancer la science ne se sont pas aventurés dans des voies nouvelles; ils se sont appliqués à suivre les traces et à marcher sur les pas de leurs devanciers. M. Thierry n'a pas fait autre chose. Les théories de Mably, de Dubos et de Boulainvilliers sont souvent plus décevantes que solides; néanmoins elles avaient donné bien des interprétations dont la science contemporaine ne s'est pas éloignée; Montesquieu, malgré son esprit systématique, avait aussi éclairé quelques-unes des questions de nos origines avec une lucidité et une force auxquelles la critique de nos jours n'a rien à ajouter. Bien d'autres, que nous ne pouvons nommer ici, avaient remué ce terrain, et la récolte que les contemporains y ont pu recueillir ne leur appartient pas à eux seuls. Les Bénédictins ont visé à des services plus certains; ils n'ont pas cherché à se jouer, au milieu de théories plus ou moins ingénieuses; mais en poursuivant un but plus sérieux, en s'appliquant à réunir les documents authentiques de notre histoire, ils ont élucidé dans leurs notes et leurs préfaces beaucoup de problèmes de nos annales avec une fermeté de critique et une conscience d'érudition que nos contemporains n'ont pas su dépasser. On doit citer comme des modèles achevés en ce genre les belles préfaces que Mabillon mettait en tête des *Acta sanctorum ordinis S. Bene-*

dicti. Les Jésuites faisaient comme les Bénédictins, et les préfaces des Bollandistes doivent être nommées à côté de celles de Mabillon. En 1820, lorsque M. Thierry s'en allait, selon ses propres paroles, planter le drapeau de la réforme historique (1), — ce qui était, il est vrai, une chose à quoi Mabillon n'eût jamais pensé, — le jeune publiciste libéral pouvait bien ignorer la valeur de ces travaux, et au milieu de l'espèce d'éblouissement, que les documents originaux avaient produit sur son esprit, on comprend que, de bonne foi, il se soit persuadé qu'il allait dire des choses nouvelles et que personne n'avait encore entrevues. Mais au déclin de sa carrière, après avoir eu le loisir d'étudier les livres de ses prédécesseurs, et après en avoir tiré son profit, qu'il s'imagine toujours avoir acquis une pareille gloire et qu'il y vise encore, cela paraît, nous le répétons, une prétention inexplicable.

En refusant aux historiens contemporains le titre de novateurs que M. Thierry réclame en leur nom, on ne tend pas à rabaisser leur gloire ni à nier leurs travaux. Leur manque de Foi est certainement une cause d'infériorité ; tout en ne professant qu'une estime fort restreinte pour les anciens narrateurs de nos annales complètes, on est en droit de demander de combien leur gloire est dépassée par celle des contemporains. Nous voulons bien croire à la sin-

(1) *Dix ans d'études hist.* Préf.

cérité des éloges donnés à l'*Histoire des Français* de M. de Sismondi, par exemple ; mais ce n'est pas notre faute si nous en sommes encore à chercher en quoi cet auteur l'emporte sur le Père Daniel ou sur Mézeray (1). Le seul progrès que l'histoire a su faire au XIXe siècle, consiste à l'entente de certains détails et à l'introduction dans le corps du récit de diverses curiosités qu'on avait jusqu'alors reléguées dans le domaine des dissertations. Cela prête de la vie et de l'agrément à la narration, et sert à y donner une physionomie plus animée et plus frappante ; malheureusement, c'est quelquefois au détriment de l'exactitude. En veut-on un exemple ? Dans ses *Lettres sur l'histoire de France*, M. Thierry raconte, d'après S. Grégoire de Tours, l'aventure d'un neveu de l'évêque de Langres, qui fut délivré de captivité par l'adresse et le dévouement d'un esclave (2). Saint Grégoire conclut son charmant récit en disant que l'évêque, en revoyant son neveu Attale, pleura sur son cou, et dans sa reconnaissance « affranchit l'es-

(1) Que penser de l'*Histoire de France* de M. H. Martin ? Ourliac disait jadis d'un écrivain léger, devenu aujourd'hui un gros personnage de la république des lettres, où il s'est acquis des rentes, qu'il était la fantaisie de l'idiotisme. M. H. Martin en est l'érudition. Il est sénateur, j'en conviens, lauréat de l'Institut, membre de l'Académie française et des inscriptions. Il a tous les suffrages. Je ne nie pas le succès de son livre. C'est purement l'œuvre d'un idiot halluciné.
   Cet oracle est plus sûr que celui de Calchas.
(2) *Lettres sur l'histoire de France,* p. 133.

« clave Léon et toute sa famille, lui donna des ter-
« res sur lesquelles, libre désormais, il vécut le
« reste de ses jours avec sa femme et ses enfants (1). »
Au lieu de cette brièveté, M. Thierry, raconte que
l'esclave fut « conduit en cérémonie à l'église, et là,
« toutes les portes étant ouvertes, » il fait intervenir
l'évêque de Langres en présence de l'archidiacre,
« gardien des rôles d'affranchissements. » Il analyse
la déclaration que dut faire l'évêque, et l'archidiacre, ajoute-t-il, dressa ensuite l'acte de manumission.
L'historien en donne le texte, qui est celui de la
cinquante-sixième formule de Marculfe (2). Nous
ne nions pas la vérité des détails de l'affranchissement que M. Thierry a voulu dramatiser de la sorte;
mais appliquer d'une façon directe à une circonstance déterminée la formule conservée par Marculfe,
et la compléter avec les noms de l'évêque de Langres et de son esclave Léon est une hardiesse que
l'ancienne école historique ne se serait jamais permise, et dont la nouvelle a tort d'user fréquemment.
Il y a dans ce procédé une inexactitude qui relève
du poète et non de l'historien.

L'histoire moderne a visé aussi à la popularité.
Elle a quitté définitivement la langue abstraite, et,
à la suite de Montesquieu, a recherché surtout les

---

(1) S. Grégoire, lib. III, c. XV.
(2) Dom Bouquet. *Hist. de la Fr.*, tom. IV.

formules et les agréments littéraires accessibles au grand nombre. Elle a produit des travaux qui, grâce à leur ordonnance et à l'art de bien dire avec lequel ils sont composés, pourront durer encore après le premier engouement de la mode. Elle a prétendu ne pas faire appel au mobile qui avait été à peu près l'unique cause du retentissement et du succès des diverses théories dont nous avons parlé ; tout en conservant des prévisions et des préférences politiques, elle a prétendu et peut-être a cru étayer ses systèmes sur un respect sérieux et un souci approfondi de la vérité. Elle a mêlé à des axiomes plus ou moins décevants d'intéressantes et claires analyses des documents anciens. De tels mérites ne sont pas ceux d'une école ; ils sont restés aujourd'hui comme autrefois le privilége exclusif de certaines mains plus habiles et ne sont transmis à aucun disciple. Aussi n'a-t-on pas à citer beaucoup de noms, et quand M. Thierry veut dresser le bilan de la nouvelle école et trouver un exemple, il n'a que M. Guizot à nommer (1).

Mais M. Guizot repousse tout à fait le titre de novateur. Bien différent de M. Thierry, il ne s'est pas produit dans le monde savant avec des allures de conquérant et de triomphateur. Il n'a jamais cru avoir le premier trouvé l'histoire et sa véritable in-

(1) *Récits des temps mér.*, tom. I, p. 240.

terprétation. Il n'a nullement affiché de mépris pour ses devanciers. Il a pris l'histoire et la science au point où les générations qui l'ont précédé, les avaient laissées ; il s'est appliqué à continuer ou à redresser les sillons que d'autres avaient tracés avant lui. C'est son mérite personnel d'avoir rendu accessibles au grand nombre des questions jusqu'alors réservées aux savants, et sur lesquelles la passion du moment seule pouvait attirer quelques instants les regards et l'attention de la foule. C'est la force et la vigueur de son esprit qui lui donnent cette puissance, et non pas l'inspiration des manifestes et des colères des adeptes de la nouvelle école. Les *Essais historiques*, ce petit volume si substantiel et si fort, qui contient et résume à peu près tout ce que les six volumes du *Cours d'histoire moderne* ont développé plus tard, ce petit volume a été publié modestement pour servir de complément aux *Observations sur l'Histoire de France* de l'abbé de Mably. Nous ne comparerons pas le travail de M. Guizot à celui de l'abbé philosophe et républicain du xviiie siècle. Il ne faut pas nier que de pareils compléments ne soient tout à fait funestes aux ouvrages auxquels ils s'adjoignent ; mais un pareil début n'offre rien qui permette à la nouvelle école d'en revendiquer la gloire : et il n'en va pas, depuis l'année 1820, autrement que du temps passé. Le renom des travaux de science reste dans un cercle restreint.

Les patientes études des contemporains prendront rang dans les recueils scientifiques et sur les rayons des bibliothèques. L'estime des gens compétents assignera à chacun sa place : la foule continuera à s'inquiéter peu des matières qu'ils élucident, les noms les plus recommandables parviendront à peine à ses oreilles ; si elle les entend nommer, elle ne songera pas à s'enquérir par elle-même de leur valeur.

Malgré tout le bruit des jeunes gens de 1820, le monde n'a pas changé d'axe, et les choses n'en sont pas au pire. C'est toujours le privilége exclusif et personnel des rares esprits de savoir intéresser la foule à des matières délicates et ardues. Nous ne nions pas que M. Thierry n'ait été doué de quelques-unes des brillantes qualités de ces esprits singuliers ; il a, plus que tout autre, ajouté à une curiosité et à un tact littéraires fort remarquables, un souci apparent de la vérité jusque dans les plus petits détails. Il s'est trompé quand il a cru avec cela constituer une école ; nous allons voir comment ses préjugés ont souvent rendu infructueuses ses recherches de la vérité, et comment même la passion l'a souvent entraîné à la nier ou à la déguiser.

CHAPITRE TROISIÈME.

Du récit historique et de la manière dont M. Thierry le compose.

La manie d'innover n'est en somme qu'une variété de l'amour-propre naturel aux gens de plume. Entre eux et la vérité, ils trouvent tous cet obstacle qui, formulé d'une manière ou d'une autre, s'oppose toujours à la sagacité de l'historien. De là découle naturellement une certaine raison pour le lecteur d'avoir plus de confiance dans l'écrivain qui s'applique le plus à diminuer et à abattre cet obstacle naturel. Une discipline exacte et une domination assurée de son propre cœur peuvent ainsi ajouter de grandes lumières à l'intelligence humaine. Très-certainement les observances monastiques ont été pour quelque chose dans cette lucidité du coup d'œil, cette fermeté de critique, cette grâce sereine, facile et éloquente qui ont distingué à un si haut degré le génie de Mabillon. C'était un homme modeste et laborieux, qui n'avait souci que de la vérité et se jouait au milieu des solutions les plus difficiles, avec une aisance où la préoccupation de lui-même n'apportait aucune contrainte. Dans la société que nos pères avaient fondée, les ordres monastiques n'avaient pas seuls le privilége de la Foi et de la mortification chrétiennes. Les pratiques religieuses observées par tout le monde communiquaient quelque chose de ces éminentes qualités de lucidité et d'impartialité, dont Mabillon nous semble une des plus heureuses expressions. Il en résultait, dans ce qu'on appelait alors la République des lettres, formée du commerce qu'avaient entre eux les savants des diverses parties du monde, une dignité et une haute convenance qui obligeaient à garder toujours le respect de soi-même et à ne produire son travail qu'avec une certaine réserve. On ne se permettait pas de se livrer à toutes les extravagances que peut conseiller l'amour-propre ; et la prudence qu'on apportait à publier ses propositions ne nuisait pas aux progrès de la science. Aujourd'hui, la pauvre République des lettres paraît abandonnée aux fourrageurs de tous les coins du monde. Ce n'est plus la solidité des preuves, la force des arguments ni la logique du discours qui donnent du crédit : chacun s'occupe de briller ; le succès ne s'acquiert pas laborieusement et patiemment, on le prend et même on le surprend en un tour de main. Il n'y a plus, ou il n'y a que très-peu de cette estime cordiale et réciproque que les savants d'autrefois se témoignaient les uns aux autres. Nous assistons à une véritable invasion de barbares : chacun rapporte tout à soi, s'occupe à piller et à faire du bruit, sans se soucier ni de dignité ni de critique ; on ne se fait pas scrupule de rompre ou de continuer les traditions de la science, de ruiner ses espérances, de répandre sur son domaine les paradoxes, la confusion et d'y évoquer tous les fantômes que les devanciers avaient chassés en reconnaissant et nettoyant le terrain au prix de tant de fatigues et de labeurs. Il faut se faire un nom ; il faut avoir du retentissement ; dût-on contester les solutions les plus certaines et les conclusions les plus solides, attaquer ou nier les réputations les plus pures ! Plus l'audace sera effrontée, plus l'étonnement du public sera grand, et plus aussi sera enviée la gloire, ce qu'on appelle la gloire aujourd'hui.

Nous ne reviendrons pas sur ce que nous avons dit à ce sujet ; nous n'examinerons pas en combien ces mœurs un peu singulières des adeptes de la science moderne ont contribué à exagérer les critiques que M. Thierry a fait subir à ses devanciers. Il faut considérer l'influence que toutes ces prétentions ont eue sur le récit historique. On a trouvé insipides la gravité et la sagesse d'autrefois. On a voulu les relever de quelques attraits, et nous n'avons pas nié qu'on y ait parfois réussi. Malheureusement, on est allé jusque dans l'excès : on s'est beaucoup plus inquiété de la composition du récit que de la vérité des événements dont on se faisait l'hitorien. Le but a été de plaire et non pas d'instruire. On a cherché avec ardeur les détails capables de prêter aux mouvements oratoires et aux artifices littéraires ; on a repoussé ce qui était simple et peu dramatique, sans se soucier de peser l'autorité des auteurs ou le décri où ils étaient tombés. On a remis ainsi en circulation des faits de mauvais aloi, dont une saine critique avait fait justice ; on a contribué à rendre droit de bourgeoisie à des noms justement condamnés ; on est allé plus loin : quand les détails pittoresques ont manqué, on les a ajoutés de sa pleine autorité. Toutes ces hypothèses, ces suppositions et ces rapsodies ont composé ce qu'on a appelé l'histoire.

M. Thierry a donné largement et abondamment dans ces travers des modernes. Il ne les a pas seulement mis en pratique, il a voulu les ériger en préceptes : après avoir livré durant deux volumes toute carrière à son imagination, il se félicite, estimant son travail « le meilleur genre de preuve, le plus
« capable de frapper et de convaincre tous les es-
« prits, celui qui permet le moins de défiance et qui
« laisse le moins de doutes ; » il se flatte d'avoir
« épuisé les textes, rassemblé les détails épars, re-
« cueilli jusqu'aux moindres indices des faits et des
« caractères, et de tout cela formé un corps auquel

« vient le souffle de vie par l'union de la science et
« de l'art (1). » C'est là une des grandes prétentions
de notre historien. « Toute composition historique,
« dit-il, est un travail d'art autant que d'érudition :
« le soin et la forme du style n'y est pas moins
« nécessaire que la critique et la recherche des
« faits (2). » Voilà le précepte : les devanciers de
M. Thierry n'ont pas songé à le nier ; tous se sont
appliqués à l'exécuter plus ou moins, selon la tournure de leur esprit plus ou moins piqué de littérature ; mais aucun avait-il songé à le formuler en
axiome ? Pour être véridique, il faut avouer que la
manière dont M. Thierry a mis ce précepte en pratique, n'est pas pour rallier à son avis ceux qui
seraient portés à ne le point admettre. La critique
des faits a été trop souvent, chez lui, subordonnée
à l'agrément du récit. Dans cette union de la science
et de l'art qu'il vante et dont il prétend donner l'exemple, si l'art est grand, on peut douter que la science
ait toujours été saine et bonne. Nous avons déjà
indiqué un des procédés employés par l'historien : on
le retrouve à chacune des pages de ses histoires, non
plus seulement, comme à l'occasion d'Attale, dans
le récit d'une simple anecdote, mais dans les plus
graves événements, où se mêlent les intérêts des

(1) *Récits des temps mérov.* Avert. à la 3e édit., 1830 ;
tom. II, p. 305.
(2) *Histoire de la conquête de l'Angleterre*, 4e éd., t. I, p. 3.

rois, des peuples et de l'Église. « Sous le souffle de « vie, qui vient de l'union de la science et de l'art, » l'auteur compose un seul corps avec les liturgies de l'Église, les formules de Marculfe, les protocoles des notaires ; il divise, il retranche, il unit, il ajoute à son gré ; et il faut avouer que le corps qui se forme au milieu de toutes ces opérations, ressemble parfois au corps d'un roman un peu plus qu'à celui d'une histoire.

Il ne faut pas chercher des preuves dans les premiers ouvrages de M. Thierry, alors que la pétulance de l'âge et la ferveur d'un travail encore nouveau pouvaient emporter son imagination au delà des bornes d'une saine et judicieuse critique. Les *Récits des temps mérovingiens*, composés durant la seconde période de la vie de notre auteur, avec une énergie et une patience que nous avons déjà indiquées et que nous ne saurions trop louer, sont cependant de tous ses ouvrages celui où l'écrivain a pris le plus de libertés : à chaque instant il suppose ou il interprète avec une facilité qui étonne. A chaque page, pour ainsi dire, ce sont des messages et des missives dont M. Thierry crée le texte sans avoir soin de prévenir le lecteur de l'intempérance de ses interprétations.

Saint Grégoire raconte que, dans les guerres qui suivirent le meurtre de Galsuinthe et qui eurent lieu entre les fils de Clothaire pour la possession des cités de Tours, Poitiers, Limoges, Bordeaux et Cahors, Chilpéric (que M. Thierry par une affectation de germanisme nomme toujours Hilpéric) s'était réfugié au château d'Avaloc, au pays chartrain (574). Sigebert l'y poursuivit, et, dit l'historien du vi⁰ siècle, *campum sibi preparari petiit* (1); l'historien du xix⁰ siècle traduit : « Un héraut de « l'armée austrasienne lui (Chilpéric) apporta le mes- « sage suivant : — « Si tu n'es pas un homme de rien, « prépare un champ de bataille et accepte le com- « bat. » Jamais pareil défi porté à un homme de « race franke ne restait sans réponse (2)... » Nous voudrions nous contenter de dire, à l'exemple des anciens maîtres lorsqu'ils relevaient quelques faits hasardés par un d'entre eux : « Cet historien ne nous dit pas où il a puisé ce détail, apparemment il ne l'a pas avancé sans preuves ; toutefois il nous eût fait plaisir de les indiquer (3). » Mais nous savons fort bien où M. Thierry puise ces détails, que Grégoire de Tours ne raconte pas, et à l'aide desquels les relations de l'historien de la Gaule franque sont développées et complétées de la sorte. M. Thierry a créé dans son imagination un monde des barbares ; dans les traditions et les poésies d'au delà du

(1) S. Grég., lib. IV, c. L.
(2) *Récits des temps mérov.*, tom. II, p. 33.
(3) Dom Martenne. *Histoire de Marmoutier*. (Manuscrits de la Bibliothèque de Tours.)

Rhin, il a rencontré des êtres imaginaires dont il veut retrouver la réalité à travers les récits de S. Grégoire de Tours; il a aussi, dans les prétentions de ses systèmes, à l'aide de conjectures, d'interprétations et de textes ramassés de toutes parts, créé et caressé dans son cerveau une Gaule franque et gallo-romaine du vi° siècle : il accommode à ses rêves les textes laissés par le judicieux et sage évêque de Tours. Le désir de préciser la narration et de rendre les caractères saillants entraîne encore l'écrivain dans une foule de suppositions, dont son récit entier des guerres de Chilpéric et de Sigebert est, entre autres, un curieux exemple. A chaque page on ne trouve que théories, imaginations et conjectures. Tout cela est agencé avec art, animé, vivant, charmant. Les faits racontés par saint Grégoire sont reproduits; on peut même, au bas des pages, en citer le texte; mais ils sont submergés, pour ainsi dire, sous le flot des détails et des interprétations. Ces interprétations sont libres.

Saint Grégoire raconte que Chilpéric, en rendant les villes dont il s'était emparé, demanda à Sigebert d'en épargner les habitants, qui n'avaient cédé qu'à la violence (1). Un historien simple verrait dans cette demande de Chilpéric un souci d'hu-

---

(1) « Deprecans ut nullo casu culparentur earum habitatores, quas ille injuste igni ferroque opprimens adquisierat. » S. Grég. Tur. V, c. L.

manité et de justice, peut-être une inspiration politique, puisque ce roi n'avait pas encore quitté toute pensée de domination sur les villes auxquelles il donnait ce dernier témoignage de protection. Mais M. Thierry a ses idées : il tient à faire voir le barbare ; il trouve dans cet action de Chilpéric, qu'il dit radouci comme un animal pris au piége, « un de ces accès de bonhomie qui, dans le carac-« tère germanique, semblait faire intermittence « avec la férocité la plus brutale et l'égoïsme le plus « rusé (1) ! » Pour donner à cet accès de bonhomie un accent goguenard, l'historien dramatise la prière de Chilpéric : « Pardonne-moi, dit-il à son « frère, et ne mets pas la faute sur eux, car s'ils ont « manqué à la foi qu'ils te devaient, c'est que je les « y ai contraints par le fer et par le feu. »

Avec les barbares, dont il aime à préciser le caractère, M. Thierry tient beaucoup à voir les Gallo-Romains. L'évêque de Tours rapporte que Sigebert voulut faire marcher contre Théodebert, fils de Chilpéric, les habitants des pays de Dun et de Touraine. Comme ils différaient d'obéir, le roi leur envoya pour chefs les ducs Godesigel et Gontran, qui, levant une armée, marchèrent contre Théodebert (2). M. Thierry commente : « Ses

---

(1) *Récits des temps mérov.*, tom. II, p. 34.
(2) « Mittens nuntios Dunensibus et Turonicis ut contra Theodebertum ire deberent. Quod illi dissimulantes, rex

« messagers allèrent de bourgade en bourgade,
« publiant une proclamation qui enjoignait à tout
« homme libre de se trouver au rendez-vous
« de guerre, équipé de son mieux d'armes quel-
« conques, depuis la cuirasse et la lance jus-
« qu'au bâton ferré et au simple couteau. Mais, ni
« dans les villes ni hors des villes, personne ne
« répondit à l'appel, et malgré l'amende de soixante
« sous d'or prononcée contre celui qui résistait aux
« ordonnances royales, les habitants de Châteaudun,
« de Vendôme et des environs de Tours ne s'ar-
« mèrent point et ne quittèrent pas leurs maisons.
« Ces gens savaient que leur pays était compris dans
« le partage de Sigebert et que les impôts levés
« chez eux se rendraient au fisc d'Austrasie ; mais
« c'était tout, et comme le roi dont ils dépendaient
« ne leur faisait sentir par aucun acte son autorité
« administrative, comme cet ordre était le premier
« qu'ils eussent jamais reçu de lui, ils y firent peu
« d'attention (1). » Il faudra revenir ultérieurement
sur la distinction des races, que ce passage peut
impliquer, et sur l'oubli de leur dépendance, dans
lequel M. Thierry dit que vivaient les populations
de la Gaule ; mais, franchement, l'historien eut fait
plaisir à ses lecteurs de leur dire où il a puisé tant

Godesigelum et Guntchramnum duces in capite dirigit, qui
commoventes exercitum.... » S. Greg., lib. IV, c. LI.
(1) *Récits des temps mérowing.*, tom. II, p. 42.

de renseignements sur la manière dont ont agi les messagers de Sigebert parmi les *Dunenses* et les *Turonici*; pour nous, nous ne connaissons sur ce fait que le passage de S. Grégoire que nous avons rapporté. M. Thierry invoque, il est vrai, en outre la loi des Ripuaires, tit. LXV, et celle des Visigoths, lib. IX. On serait curieux de savoir ce que vient faire en cette circonstance, au milieu des populations des rives de la Loire et du Loir, la législation des *Ripuaires*, qui condamne à soixante sous d'amende le *Ripuaire* qui n'obéissait pas aux injonctions royales (1). Quant à la loi des Visigoths, au titre invoqué, elle prive de tous ses biens et condamne à l'exil l'homme en dignité qui ne répond pas à l'appel de guerre : l'homme de condition inférieure recevait deux cents coups de fouet (2). On ne voit pas en quoi tout cela a rapport aux messagers de Sigebert et aux bourgades du Vendômois. Peut-être dans le fragment que nous avons reproduit, M. Thierry ne cite-t-il ce livre IX de la loi des Visigoths qu'en témoignage de l'énumération des armes qu'il a cru

(1) « Si quis legibus regis sive in hoste seu in reliquam utilitatem bannitus fuerit et minime adimpleverit... LX. sol. mulctetur. »

Le Romain n'était taxé qu'à la moitié : « Si autem Romanus... hoc fecerit... XXX sol. culp. jud... » Lex Ripuariorum. Tit. LXV.

(2) « Majoris loci persona... inferiores vilioresque personæ. » Lex Visigoth. Lib. IX.

pouvoir donner : et il y est question en effet d'épées, de boucliers, de lances, de flèches et de frondes, mais on n'y parle ni de bâtons ni de couteaux.

En insistant sur d'aussi petits détails, nous ne prétendons pas nier le mérite laborieux qui a rassemblé et étudié ces textes divers ; nous disons seulement que l'usage n'en est pas judicieux ; de tels procédés faussent l'histoire, trompent le lecteur et ne sont nullement conformes à la gravité de l'historien. Il ne lui convient pas davantage d'avancer des faits complétement dénués de preuves et de dire, comme M. Thierry l'affirme tout gratuitement, que l'armée rassemblée par Godesigel et Gontran était nombreuse et mal équipée. Pourquoi assurer ce qu'on ignore ? Si M. Thierry a des raisons de conjecturer de la sorte, que ne les développe-t-il ? La manière, dont cette troupe fut levée, ne doit faire rien conclure sur son nombre, ni sur ses équipements. Saint Grégoire nous apprend que les cités des Gaules, au temps des rois francs, levaient parfois des armées et se faisaient la guerre les unes aux autres. On ne doit pas attacher sans doute à tous ces faits une grande importance ; l'erreur ne vaudrait pas la peine d'être relevée ; mais chez M. Thierry ce n'est pas une erreur, c'est un système. Il a tant déclamé autrefois contre les récits pâles, incolores et insipides de ses devanciers qu'il veut à toute force donner de la physionomie à ses pages et y faire naître l'intérêt. Ce que les anciens ont laissé de vague et d'incomplet pourrait être languissant : M. Thierry complète et invente. Saint Grégoire dit que Clovis, fils de Chilpéric, chassé de Touraine, se retira à Bordeaux, d'où il fut chassé par un partisan de Sigebert (1) : M. Thierry qui apparemment a des mémoires particuliers sur cette époque, fixe la durée du jeune prince à Bordeaux ; il y résida près d'un mois, « prenant des airs de conquérant et affectant l'auto-« rité d'un vice-roi (2). » Ce sont les documents particuliers de M. Thierry qui ajoutent ces derniers détails.

Cette expédition du jeune Clovis en Aquitaine est racontée d'une manière fort succincte dans Grégoire de Tours. Dix lignes suffisent pour en enregistrer les succès et les revers. M. Thierry a trouvé le moyen d'en tirer plusieurs pages : il ne faut pas s'en plaindre ; les pages de M. Thierry sont toujours agréables à lire. Elles ne sont pas aussi sérieuses qu'agréables. Saint Grégoire dit que Chilpéric s'empara de Tours et de Poitiers, et que Sigebert, allié à Gontran, donna ses armées à conduire à Mummol.

---

(1) « De Turonico ejectus Burdegalam abiit. Denique cum apud Burgedalensem civitatem resideret, Sigulfus quidam a parte Sigeberti se super cum objecit ; quem fugientem... insequebatur : qui vix ad patrem regrediendi liberum habuit aditum. » S. Greg., lib. IV, c. XLVIII.

(2) *Réc. des temps mérov.*, tom. II, p. 17.

Celui-ci vint à Tours, en chassa Clovis, prit le serment des habitants et marcha sur Poitiers. Deux Poitevins, Basile et Sighaire, rassemblèrent une troupe pour lui résister. Il les enveloppa, les écrasa, les détruisit ; et, venant à Poitiers, exigea aussi un serment de cette ville (1). M. Thierry marque d'abord l'itinéraire de Mummol ; il partit de Châlon-sur-Saône, et se dirigea sur Tours *par la route de Nevers et de Bourges*; à son approche le jeune Clovis, qui s'était d'abord enfermé à Tours, *dans l'intention d'y soutenir un siége*, prit le parti de battre en retraite, et alla sur la route de Poitiers, *à peu de distance de cette ville, occuper une position favorable* (que pouvait-il faire de mieux en effet?), *et y attendre des renforts. Les citoyens de Tours accueillirent pacifiquement le général qui prit possession de la place au nom du roi Sigebert.*

M. Thierry explique ensuite la manière dont il pense que se prêta le serment exigé par Sigebert ; pour cette fois, il consent à marquer qu'il fait une hypothèse. Cependant, ajoute-t-il, en parlant des

---

(1) « Conjunctus rex ipse cum fratre Guntchramno Mumolum eligunt... Qui Turonis veniens, fugato exinde Chlodovecho filio Chilperici, exactis a populo ad partem regis Sigeberti sacramentis, Pictavos accessit. Sed Basilius ac Sigharius, Pictavi cives, collecta multitudine, resistere voluerunt ; quos de diversis partibus circumdatos oppressit, obruit, interemit, et sic Pictavos accedens sacramenta exigit. » S. Greg. Lib. IV, c. XLVI.

gens de Basile et de Sigbaire, *les renforts qu'attendait Clodowig arrivèrent à son camp près de Poitiers.* Cette troupe nombreuse, mais *sans discipline,* composée en *grande partie de colons et de paysans, forma l'avant-garde de l'armée neustrienne;* elle en vint aux mains avec Mummol. Attaquée à la fois en tête et par le flanc, cette troupe fut, *après une perte énorme, culbutée sur les Francs* de Clovis *qui lachèrent pied et se débandèrent presque aussitôt;* et le fils de Chilpéric, *n'ayant plus assez de monde pour défendre* Poitiers, s'enfuit par la route de Saintes (1).

Certainement l'historien a droit d'interpréter les textes que lui ont légués les âges écoulés : c'est son devoir de chercher à reconnaître, à travers les récits diffus ou concis des contemporains, les marches des armées : on peut soupçonner néanmoins que M. Thierry a outrepassé ce droit ; et tout ce récit de campement, de renforts, de culbutes et d'avant-garde ne constitue pas tout à fait une narration historique. L'auteur ne se déconcerte pas toutefois, et il continue gentiment son petit roman du fils de Chilpéric. Ce jeune prince donc se dirige sur Bordeaux : il arrive aux portes de cette grande cité *avec une poignée d'hommes en mauvais équipage, et à la première sommation qu'il fit au nom de son*

---

(1) *Temps mérov.*, tom. II, p. 15.

père, *les portes lui furent ouvertes.* « Fait bizarre !
« s'écrie M. Thierry, fait bizarre, où se révèle d'une
« manière frappante l'impuissance administrative
« de la royauté mérovingienne ! » Notre auteur est
naturellement trop curieux de tout ce qui peut
marquer les mœurs du temps passé pour ne pas
s'arrêter sur ce « fait bizarre. » Il insiste : « Il ne
« se trouvait donc pas, dans cette grande ville, assez
« de forces militaires pour défendre le droit de sou-
« veraineté du roi Sighebert contre une bande de
« fuyards harassés et dépaysés. Le fils de Hilpérik
« put librement s'y installer en maître (1) » et y
prendre ces « airs de conquérant et de vice-roi » que
nous avons déjà signalés. Que ce soit là « un fait
bizarre, » personne n'en doute ; mais que ce fait
prouve quelque chose sur la monarchie mérovingienne, voilà ce dont il est permis de douter ; car
saint Grégoire, qui est le seul historien qui ait parlé
de ces événements, saint Grégoire n'a garde de rien
dire de ce qui surprend si fort M. Thierry. Après
avoir, dans son chapitre 46 du livre IV, raconté
aussi succinctement que nous avons vu, la fuite de
Clovis, *fugato exinde Chlodovecho*, il reprend au
chapitre 48 la suite des événements, et, sans y parler en rien de bataille ni d'avant-garde, il se contente de dire que Clovis, fils de Chilpéric, chassé de

(1) *Temps mérov.*, tom. II, p. 17.

Touraine, s'en alla à Bordeaux et y résida jusqu'à ce que Sigulf se soit élevé contre lui (1). Dans quel état s'était-il présenté à Bordeaux? c'est ce que rien ne témoigne. Quelle sommation fit-il à la cité? c'est ce que rien ne nous apprend. Avait-il avec lui une armée? il est permis de le croire. Se rendait-il dans une ville précédemment conquise ou à conquérir? saint Grégoire s'en tait : et si M. Thierry n'a pas d'autres preuves pour établir l'impuissance administrative de la royauté mérovingienne, il semble que sa thèse est fort compromise.

Ce petit roman du fils de Chilpéric, sur lequel nous nous sommes étendu, marque bien les habitudes du récit historique de M. Thierry. Nous avons choisi cet exemple dans un ordre de faits étrangers à toute influence d'opinion et de système ; c'est de l'art historique que nous avons voulu nous occuper. On pourrait multiplier les citations. Nous recommandons spécialement à l'attention du lecteur le récit tout entier des guerres de Chilpéric et de Sigebert. C'est partout la même manière de mettre les personnages en scène. Les Francs de l'ancien royaume de Childebert envoyèrent, dit saint Grégoire, une ambassade à Sigebert pour qu'il vînt à eux et qu'ils

(1) « Chlodovecus Chilperici filius de Turonico ejectus Burdegalam abiit., etc... » S. Greg., liv. IV, c. XLVIII. (*Voir ci-dessus*, p. 46.)

l'établissent roi à la place de Chilpéric (1). M. Thierry après avoir parlé de la délibération des Francs, libelle ainsi le message qu'ils adressèrent, dit-il, à Sigebert : « Les Franks, qui autrefois regardaient du « côté du roi Hildebert, et qui depuis sont devenus « hommes liges du roi Hilpérik, veulent maintenant « se tourner vers toi et se proposent, si tu viens les « trouver, de t'établir roi sur eux. » M. Thierry remarque que ce langage était « tant soit peu bizarre. » Il y reconnaît la *politique germaine* et la manière dont les Franks exerçaient leur droit de quitter le prince qui les gouvernait, pour passer sous l'obéissance d'un autre descendant de Mérowig. Mais le scrupule qui, dans une autre circonstance, saisit M. Thierry est encore plus bizarre que ce langage.

Lorsque le jeune Mérovée, fils de Chilpéric, se réfugia dans la basilique de saint Martin, l'évêque de Tours, saint Grégoire, le judicieux et charmant historien de cette époque, célébrait la messe. Après les saints mystères, le jeune prince, dit l'historien, *petiit ut ei eulogiam dare deberemus* (2). M. Thierry, qui raconte ces faits avec beaucoup d'ornements selon sa coutume, selon sa coutume aussi fait parler directement les personnages et met une apostrophe

---

(1) « Ad Sigibertum legationem mittunt ut ad eos veniens, derelicto Chilperico, super seipsum regem stabilirent. » S. Greg., lib. IV, c. LII.

(2) Liv. V, c. XIV.

dans la bouche du Mérovingien : « Evêque, pourquoi « ne me donne-t-on pas des eulogies comme au reste « des fidèles ? » Toutefois, l'écrivain croit nécessaire d'ajouter ici une note pour prévenir le lecteur du changement apporté au récit de saint Grégoire et justifier le discours direct qu'il prête au jeune prince (1). Au récit d'une simple anecdote et dans un détail aussi peu important, un pareil scrupule a lieu de surprendre de la part d'un écrivain qui n'a pas craint, à chacune de ses pages, de faire parler les rois ou les peuples à son gré. Mais peut-être aussi ce scrupule est-il de l'art ? En voyant la préoccupation de l'historien dans un détail aussi mince, le lecteur sera porté à croire que les discours de Chilpéric, des Francs et de Sigebert ont quelque fondement.

C'est encore sur des fondements inconnus qu'est établie la description que donne M. Thierry de l'élection de Sigebert. Saint Grégoire dit qu'à l'arrivée du roi à Vitry « *collectus est ad eum omnis* « *exercitus impositumque super clypeo sibi regem* « *statuunt* (2). » M. Thierry sait que la cérémonie eut lieu « dans une plaine entourée de baraques. » Il connaît ceux qui accompagnaient le roi Sigebert, et il admire la vigueur de ses soldats (3). Il donne des détails sur les festins qui suivirent cette élec-

(1) *Temps mérov.*, tom. II, p. 99.
(2) S. Grég., liv. IV, c. LII.
(3) *Récits des temps mérov.*, tom. II, p. 57.

tion (1), il en donne sur les assassins envoyés par Frédégonde (2). C'est vraiment un historien précieux et qui connaît le secret des choses. Il sait que Hilpérik ne se rendait pas un compte exact de l'importance des cités des Gaules (3). Quand Brunehaut vint à Paris, M. Thierry sait qu'elle s'y montra « magnifique dans sa parure (4). » Il sait encore que les gens de Paris sortirent en foule à la rencontre de cette princesse (5); que le clergé des églises et les gens de famille sénatoriale s'empressèrent d'aller la saluer; et que l'évêque de Paris, saint Germain, n'y alla pas. Il était malade, « le découragement avait « altéré sa santé (6). » Cette maladie et cette abstention de saint Germain donnent occasion de supposer qu'il écrivit à la reine Brunehaut. M. Thierry cite alors de longs fragments d'une magnifique épître, que saint Germain adressa en effet à cette reine, lorsqu'elle était encore dans son royaume d'Austrasie, un an avant qu'elle ne vînt à Paris (7).

S. Grégoire rapporte encore que le saint évêque Germain donna à Sigebert les avis qu'autrefois saint

(1) *Id.*, p. 58.
(2) *Id.*, p. 59, 60.
(3) *Id.*, p. 11.
(4) *Id.*, p. 48 et suiv.
(5) S. Grégoire se contente de dire : Brunechildis cum filiis venit. Liv. IV, c. LII.
(6) *Récits des temps mérov.*, tom. II, p. 50.
(7) Dom. Bouquet. *Hist. de France*, tom. IV, p. 80.

Avit avait donnés à Clodomir partant pour combattre le roi Sigismond : « Si tu pars sans intention de tuer « ton frère, avait dit saint Germain, tu reviendras « vivant et vainqueur ; si tu as une autre pensée, tu « mourras (1). » La maladie supposée de saint Germain permet à M. Thierry de dramatiser cette parole. « Au moment du départ, lorsque le roi se « mit en route, escorté de ses cavaliers d'élite, « tous régulièrement armés de boucliers peints et de « lances à banderolles, un homme pâle, en habits « sacerdotaux, parut au-devant de lui. C'était l'évê-« que Germain qui venait de s'arracher à son lit de « souffrance pour faire une dernière et solennelle « tentative : Roi Sighebert, dit-il, etc. (2). » On voit l'effet : l'homme pâle, les habits sacerdotaux, les cavaliers en banderoles, tout cela constitue une excellente mise en scène (3). Les politiques trouveront que l'évêque prenait singulièrement son temps ; et les critiques s'étonneront de rencontrer cet appareil théâtral chez l'historien, qui voyait un *scandale historique* dans la popularité du fait de Philippe-Auguste posant sa couronne sur l'autel le jour de la bataille de Bouvines ; ils lui rappelleront qu'il est

(1) S. Grég., liv. IV, c. LII.
(2) *Récits des temps mérov.*, tom. II, p. 55.
(3) « Rex properare deliberans, » dit simplement S. Grégoire. « Cui, ajoute-t-il, immédiatement, S. Germanus episcopus dixit : Si abieris... » Liv. IV, c LII.

« extravagant de croire que de pareilles scènes aient été jamais jouées ailleurs que sur le théâtre ; » ils insisteront sur l'inopportunité de « ces exhibitions en plein air de tous les ornements royaux, etc. (1). »

Une imagination aussi fertile ne suffit pas cependant à M. Thierry ; pour soutenir ses récits, et en nourrir l'intérêt, il a besoin d'emprunter les fantômes que d'autres ont créés. Roricon, que dom Bouquet appelle tout crûment un auteur impertinent, et l'auteur des *Gesta Francorum*, que le bénédictin traite de romancier (2), sont en grande estime auprès de notre contemporain. Il leur emprunte des récits qui ne sont pas moins burlesques que celui de la bataille de Bouvines et qui sont beaucoup moins bien établis. Il les accommode à la mode du jour et les glisse dans ses histoires comme des faits sérieux et incontestables. L'auteur est justement décrié : les faits qu'il raconte ont été examinés, contredits et rejetés par les pères de la critique historique ; qu'importe à M. Thierry ? ils peuvent échauffer la narration et lui donner de la couleur : qu'a-t-il besoin d'en chercher davantage ? C'est ce qu'il appelle s'inspirer des documents originaux, étudier les sources mêmes de l'histoire, ne pas s'en rapporter aux ouvrages de seconde main, etc. Dans l'*Histoire*

---

(1) *Lettres sur l'hist. de France*, p. 22 et 23.
(2) Auctor ineptus... fabulator. *Hist. de France*.

de la Conquête d'Angleterre pour établir des faits du xi⁰ siècle, il cite fréquemment des textes des xiv⁰ et xv⁰ siècles. Roricon, qui vivait au x⁰ ou xi⁰, lui donne des lumières sur les Francs de la conquête. Aimoin et Hugues de Flavigny, qui florissaient au xi⁰ et au xii⁰, apportent des renseignements sur les guerres et les combinaisons politiques des petits-fils de Clovis. M. Thierry raffine, il est vrai, un peu sur leurs imaginations. Aimoin (1) et l'auteur des *Gesta* (2), répétés par les Chroniques de saint Denis, racontent un artifice employé par Frédégonde pour séparer Chilpéric de la reine Audovère : elle aurait persuadé à la reine de tenir sa propre fille sur les fonts baptismaux. Adrien de Valois, dans son admirable livre sur les Mérovingiens (3), où tous les faits sont coordonnés, discutés, commentés et critiqués avec une sûreté de méthode et de logique incomparables, Adrien de Valois avait pris la peine d'examiner ces textes et d'en montrer l'ineptie et les contradictions (4). M. Thierry ne balance pas cependant à accepter ces rapsodies. Il lui eût été difficile de re-

---

(1) Liv. III, c. iv.
(2) *Hist. de France*, tom. II, p. 560.
(3) *Historia rerum Francicarum*, in-fol., 3 vol. Si cet ouvrage était écrit dans l'idiome vulgaire il serait aujourd'hui dans toutes les mains. C'est la plus complète et la meilleure histoire des temps mérovingiens que nous ayons. Adrien de Valois a conduit son récit jusqu'à la déposition de Childéric.
(4) *Id., ibid*, tom. III, p. 23.

noncer à un récit qui témoigne d'une grossièreté de mœurs assez pittoresque ; il en use d'ailleurs avec Aimoin comme avec saint Grégoire de Tours : il orne, il embellit et arrange les choses ; il adoucit, autant que possible, les inepties qu'Adrien de Valois a relevées. Il réforme la date que les historiens dont nous parlons, avaient donnée à l'événement qu'ils racontent ; ils l'avaient placé après la mort de Galsuinthe, à laquelle ils faisaient succéder la reine Audovère, et on sait qu'Audovère précéda Galsuinthe.

Aimoin et les Chroniques de saint Denis rapportent donc que la reine, en l'absence du roi, ordonna « que « l'en queist une matrone qui leva l'enfant de fons, » Frédégonde aurait répondu que « l'en ne povoit « trouver plus noble fame que la Reyne elle-même « pour telle chose faire. Einsi fut la reine déçue. » Les *Gesta* disent que lorsque le baptistère fut préparé et l'évêque disposé à procéder au baptême, la marraine qui devait baptiser l'enfant ne se trouva point là, et que Frédégonde donna alors à Audovère son perfide conseil. Adrien de Valois avait relevé les impossibilités de ces deux versions, et surtout précisé celle de la dernière. C'est celle-là néanmoins que M. Thierry adopte ; elle est la plus dramatique. L'historien en soigne la mise en scène : « Le jour du « baptême venu, à l'heure indiquée pour la cérémo- « nie, le baptistère était orné de tentures et de guir-

« landes ; l'évêque, en habits pontificaux, était pré-
« sent ; mais la marraine, noble dame franke, n'ar-
« rivait pas et on l'attendit en vain. La reine, surprise
« de ce contre-temps, ne savait que résoudre, quand
« Frédégonde, qui se tenait, etc. »

Pour faire ressortir aussi tout le pittoresque d'un dialogue grossier de Chilpéric et de Frédégonde, et donner, par un mélange d'images gracieuses, une couleur poétique à leur langage, l'historien invente « des jeunes filles allant à la rencontre du roi, por-« tant des fleurs et chantant des vers à sa louange(1). » Cela donne un caratère patriarcal : il est fâcheux que cette imagination ne soit pas même appuyée sur les fables d'Aimoin, des *Gesta* ou des Chroniques de saint Denis.

Il y a cependant des circonstances où M. Thierry ne cherche pas à accentuer les expressions des anciens récits et s'évertue plutôt à les adoucir. C'est lorsqu'il est question d'un de ces faits, si fréquents dans les histoires de saint Grégoire, où la fermeté de la foi de l'évêque de Tours reconnaît clairement et franchement la main de Dieu. M. Thierry répugne à de pareilles propositions. Elles lui paraissent *étranges* : son rationalisme nie la possibilité de l'intervention divine dans la conduite des choses humaines, et il s'évertue à expliquer ces merveilles à

(1) *Temps mérov.*, tom. I, p. 380, 381.

l'aide de raisons ridicules, d'imagination exaltée, frappée, extatique. La parole si judicieuse et si calme de saint Grégoire de Tours perd alors tout son mérite. Son caractère prudent et réservé ne donne aucune autorité à ses assertions ; ses récits ne sont plus que « des récits populaires colorés d'une « teinte superstitieuse. »

Saint Grégoire rapporte que, durant les guerres de Chilpéric et de Sigebert, une troupe armée s'approcha d'un monastère, que l'évêque de Tours appelle *de Latta* (1). Voulant piller l'église, ces hommes se disposèrent à passer une rivière qui mettait obstacle à leur marche. De l'autre côté du fleuve, les moines leur criaient : « Gardez-vous de traverser, « c'est ici un monastère de saint Martin. » On révérait en ce lieu quelque relique de ce glorieux confesseur. Plusieurs de la bande s'arrêtèrent à ce nom vénéré et retournèrent sur leurs pas. Vingt, néanmoins, n'ayant ni crainte de Dieu ni respect pour son saint, prennent une barque, traversent l'eau, frappent les moines et pillent le monastère. Tout chargés de butin, ils remontent sur leur esquif pour repasser la rivière : ayant perdu leurs rames au milieu du courant, ils essaient à y suppléer à l'aide de leurs lances, dont ils enfonçaient le bois dans l'eau ; mais le bateau, dit l'historien, manqua et s'entr'ouvrit sous

(1) S. Grég., liv. IV, c. XLIX.

leurs pieds : ils tombèrent la poitrine sur leurs javelots et périrent dans les flots percés de leurs propres armes. Un seul échappa à ce désastre : il avait essayé d'arrêter ses camarades au milieu de leurs violences et de leurs déprédations. Saint Grégoire ajoute à ce récit : « Si on veut prétendre qu'un pareil événe-
« ment n'est que l'effet du hasard, il faut bien
« remarquer qu'un seul a échappé à ce désastre, et
« il était innocent. » M. Thierry, qui a ses raisons pour ne voir là qu'un effet du hasard, a profité néanmoins de la judicieuse remarque de saint Grégoire ; et, pour ôter tout le merveilleux de l'anecdote, il contredit l'historien et assure « qu'à la vue
« de leurs camarades frappés, LES AUTRES, saisis
« tout à la fois de terreur ou de componction, se
« mirent à appeler du secours (1). » Pour ôter aussi quelque chose à l'imprévu de cet événement, il le place de sa propre autorité sur la Loire, et a ainsi occasion de faire intervenir à l'ébranlement du bateau un des bas-fonds, qui encombrent souvent le lit de ce fleuve.

Dans une autre occasion, il n'invoque pas des circonstances physiques, il a recours à des explications morales. Il s'agissait d'un fait bien autrement merveilleux que celui que nous venons de citer. Saint Grégoire le raconte avec cette précision et cette

(1) *Temps mérov.*, tom. II, p. XXVI.

tranquillité qui donnent une si grande valeur à ses récits. Lorsque ce saint évêque fut accusé par le comte de Tours, Leudaste, d'avoir outragé la reine Frédégonde, un sous-diacre de l'église de Tours, du nom de Riculfe, soutint cette accusation. Les évêques se réunirent ; et le peuple de la ville où ils étaient rassemblés (probablement Soissons), s'émut vivement du scandale d'une accusation portée par un simple clerc contre un évêque aussi illustre et d'un si grand renom de piété. Il arriva qu'un ouvrier en bois, nommé Modeste, reprochant au sous-diacre la honte de ses complots contre son évêque, l'engagea à lui demander pardon et à se taire désormais (1). Riculfe signala comme un ennemi de la reine cet ouvrier qui, disait-il, l'avait engagé à ne pas poursuivre la réparation des outrages qu'elle avait subis. Modeste fut saisi, frappé et jeté en prison. On le chargea de chaînes, on le mit aux ceps, dit l'historien ; deux gardiens furent placés près de lui. Pendant la nuit, les gardiens s'endormirent, mais le prisonnier priait Dieu ; il lui attestait qu'il était innocent et injustement tenu dans les fers ; il le suppliait de lui venir en aide dans son malheur par l'entremise de saint Martin et de saint Médard : et les chaînes se rompirent, les ceps se brisèrent, la porte s'ouvrit ; et saint Grégoire qui, cette nuit-là,

(1) S. Grég., liv. V, c. L.

veillait et priait dans la basilique de saint Médard, y vit tout à coup entrer l'homme qui avait été emprisonné pour sa cause. M. Thierry trouve là « un
« de ces faits étranges, mais attestés, où la croyance
« du vieux temps voyait du miracle, et que la
« science de nos jours a essayé de ressaisir en les
« attribuant au phénomène de l'extase. Peut-être
« l'intime conviction d'être exaucé procura-t-elle au
« prisonnier un surcroît de force et d'adresse, et
« comme un nouveau sens plus subtil et plus puis-
« sant que les autres (1) ! »

Pauvre homme ! De quelle simplicité faudrait-il être doué pour trouver là une explication ! La puissance et la subtilité d'un nouveau sens sont-elles donc plus faciles à accepter que la bonté de Dieu et l'intervention des saints ?

Les rationalistes ont souvent des raisonnements difficiles à saisir : quand on les a un peu fréquentés, on trouve bien solides, bien sages et bien judicieux des hommes comme saint Grégoire. On a voulu en vain lui reprocher sa crédulité. Elle est loin d'être aussi excessive que celle de M. Thierry. Saint Grégoire n'a jamais admis la subtilité ni la puissance d'*un sens nouveau*. Sans doute les météores célestes et les désastres de la terre sont pour le pieux évêque de Tours des avertissements de la puissance divine ;

(1) *Récits des temps mérov.*, tom. II, p. 260.

il retrouve encore ces avertissements quelquefois dans les plus simples accidents de la nature ; mais cela n'est pas contraire à la raison : c'est tout à fait conforme à l'idée que les chrétiens ont du Dieu qui vit avec eux, auprès d'eux, au-dedans d'eux, qui se communique et se donne tout entier à eux, qui les surveille, les accompagne et les protége jusque dans les moindres actions de leur vie, de ce Dieu enfin qui prend plaisir à leur apprendre à le nommer Emmanuel, c'est-à-dire Dieu avec nous. Quant au surcroît de force et d'adresse, quant au phénomène de l'extase ressaisi par la science et au nouveau sens subtil et puissant, comment y trouver une apparence de raison ?

Saint Grégoire, d'ailleurs, dans les occasions où il croit reconnaître la main de Dieu comme dans le récit du monastère de la Latte et celui de Modeste, se contente de raconter les faits venus à sa connaissance et de marquer l'impression qu'ils ont faite sur les esprits. Il met une grande discrétion à accepter ce qui peut constituer un miracle et surpasse tout à fait les lois de l'ordre naturel. Le savant et pieux abbé Rohrbacher a cité des exemples de cette discrétion du Père de notre histoire (1). Lorsqu'il raconte des faits tout à fait merveilleux, il cite habituellement l'autorité sur laquelle il les rapporte,

---

(1) *Hist. de l'Égl. cathol.*, tom. IX, p. 345.

et il ne dissimule pas la répugnance de l'orgueil humain à se confondre devant ces manifestations de la puissance et de la bonté de Dieu. Ainsi il rapporte l'étonnante histoire de saint Sauve, évêque d'Alby. Il était moine d'abord : étant mort, son âme fut emportée par les anges, au milieu de la compagnie des élus, jusque dans le sein d'Abraham ; mais une voix lui ordonna de retourner sur la terre pour travailler au bien de l'Eglise. Hélas! Seigneur, disait ce pauvre serviteur, pourquoi me renvoyez-vous dans un monde fragile où je suis en danger de périr? — Va en paix, reprit la voix ; je suis ton gardien ! Et cette pauvre âme quitta en pleurant les splendeurs célestes pour revenir sur cette terre de ténèbres, ranimer le misérable corps que sa mère et ses frères dans les larmes se préparaient à ensevelir. Ce récit, dit le pieux historien, pourra paraître incroyable : Salluste, dans son histoire, dit : « que quand il s'agit de la vertu et de la gloire des hommes de bien, on écoute avec indifférence ce qui semble facile ; et pour tout ce qui va au delà, on le regarde comme faux et inventé à plaisir. Mais j'atteste le Dieu tout-puissant que j'ai entendu de la bouche de Sauve tout ce que je viens de raconter (1). »

Quant à M. Thierry, nous en avons assez dit pour signaler la valeur de ses récits. La grâce y est par-

(1) « Testor Deum omnipotentem quia ab ipsius ore omnia quæ retuli audita cognovi » S. Greg., liv. III, c. I.

faite, la vérité n'y est pas aussi exquise, l'imagination y tient grande place ; une imagination fertile et féconde qui, sous bien des rapports, pourrait soutenir la comparaison avec celle de M. Alex. Dumas. La différence est que M. Alex. Dumas, se contente, pour soutenir ses inventions, des premières données historiques qu'il rencontre, M. Thierry, au contraire, a la patience de recueillir des renseignements de tous côtés : mais ce premier travail accompli, le procédé des deux romanciers est identique : ils complètent, embellissent et retranchent à leur gré, selon le besoin des combinaisons dramatiques et les exigences de la narration. Il est inutile de multiplier nos preuves : si le lecteur en désire de nouvelles, nous l'engageons à comparer les récits de saint Grégoire, avec ce que M. Thierry raconte de l'accusation de Platon et de Gallien (1) et surtout de la dramatique histoire des juifs Priscus et Phatir (2). On pourrait en désigner davantage. Il nous reste à examiner si les prétentions philosophiques et l'engagement de soutenir un système préconçu n'ont pas porté M. Thierry à abuser des textes et à leur faire subir des altérations plus fortes encore que celles où l'a entraîné le souci littéraire.

(1) *Récits des temps mérov.*, tom. II, p. 249 et suiv. — S. Grég., liv. V, c. L.
(2) *Récits des temps mérov.*, tom. II, p. 352 et suiv. — S. Grég., liv. VI, c. XVII.

LIVRE SECOND.

CHAPITRE PREMIER.

De la distinction des races.

La conquête ne fut pas seulement un fait que M. Thierry se prit à étudier et à décrire. Ce fut pour lui tout un système. L'invasion des barbares avait frappé son imagination : il voulut en faire découler toute l'histoire. Les diverses péripéties des annales des nations ne furent à ses yeux que les phases différentes d'un fait unique. Les progrès et les succès de la conquête ou de la réaction qu'elle suscitait, composèrent pour lui toute la matière de l'histoire. La race mérovingienne succombait, et la dynastie carlovingienne s'élevait sous l'influence d'un renouvellement de conquête, accomplie au viiie siècle, par l'Austrasie ou la France germanique, dans les royaumes gallo-romains de Neustrie et d'Aquitaine. La division, qui s'opéra au milieu des débris de l'empire de Charlemagne, était la réaction des peuples soumis violemment à la conquête, récupérant leurs libertés nationales et leurs frontières naturelles. Le mouvement communal du XIIe siècle était produit par les populations gallo-romaines, toujours esclaves jusqu'alors, et réclamant énergiquement leurs droits; elles les réclamaient avec constance et profit depuis ce jour jusqu'en 1789, jusqu'en 1830, où selon M. Thierry, elles obtinrent une juste récompense de leurs nobles et persévérants efforts (1).

L'étude des documents authentiques empêcha bien de soutenir dans le détail ces derniers corrollaires de la conquête : on ne les abandonna néanmoins jamais entièrement. L'unité et la facilité d'un pareil système étaient pour séduire un esprit jeune et absolu : et une fois qu'on eut inventé cette théorie, on ne se

---

(1) Les classes supérieures et inférieures qui aujourd'hui (1825) s'observent avec défiance ou luttent ensemble pour des systèmes d'idées ou de gouvernement, ne sont autres, dans plusieurs pays, que les peuples conquérants et les peuples asservis d'une époque antérieure. Ainsi l'épée de la conquête, en renouvelant la face de l'Europe et la distribution de ses habitants, a laissé sa vieille empreinte sur chaque nation créée par le mélange des races. La race des envahisseurs est restée une classe privilégiée dès qu'elle a cessé d'être une nation à part. *Histoire de la conquête de l'Angleterre*, introduction : *Quatrième édit.*, p. 9; *édition corrigée*, p. 6.

contenta pas de l'appliquer à l'histoire de France, on trouva autant de profit à y soumettre l'Angleterre. On crut pouvoir expliquer à l'aide des divers mouvements des races conquises et des races conquérantes, la chute des Stuarts et le triomphe de Cromwell (1). Si on se vit plus tard forcé d'abandonner ces conclusions extrêmes, on se crut toujours en droit d'en soutenir les principes. Le fragment qui contenait ces hardiesses de jeune homme (1818), est devenu la conclusion de l'*Histoire de la conquête d'Angleterre* (2).

Il est bon de noter que cette conclusion était ainsi formulée, avant que l'auteur eût commencé à étudier les documents de son histoire. Ce n'était pas l'usage des anciens maîtres de procéder de la sorte; et en ce point la nouvelle école a véritablement innové. Mais M. Thierry avait l'imagination frappée. La passion politique lui avait fait trouver son système : l'entêtement le lui fit soutenir. Toute sa vie, une vie laborieuse et dévouée, n'a été employée qu'à étayer à grand' peine de vaines théories; et les solides qualités d'un esprit naturellement vif, pénétrant et fort, se sont épuisées à ce travail stérile,

---

(1) *Dix ans d'ét. hist.*, 4, préf., p. 6.
(2) *Revue des Deux-Mondes*, Art. de M. Magnin sur M. Thierry. Le morceau est reproduit à peu près intégralement dans l'édition corrigée avec certains ménagements de rédaction pour la royauté.

dont la science n'a tiré qu'un médiocre profit, et où la société a rencontré plus d'un danger. Les textes originaux, les documents contemporains, de l'étude desquels M. Thierry se targue si volontiers, n'ont été lus et consultés que pour fournir des arguments à un système préconçu. Il s'agissait de « rattacher « fortement toute l'histoire au fait de la conquête. » C'est ainsi qu'on s'exprime. Nous avons constaté la liberté avec laquelle M. Thierry traite les textes, quand il s'agit de l'agrément de la narration et de l'agencement des scènes. Mais il faut reconnaître que, chez lui, le poëte et l'artiste cèdent le pas au fanatique et à l'homme de parti. La passion a de plus grandes exigences encore que le goût littéraire.

Quand il se met en verve contre Dubos, Montesquieu ne se contente pas de lui reprocher, comme nous avons dit, de mettre en principes une infinité de conjectures, pour en tirer comme conséquences d'autres conjectures ; de supposer éternellement ce qui est en question et de multiplier les probabilités à mesure qu'il manque de preuves ; il l'accuse encore d'avoir à sa disposition une érudition sans fin placée à côté du système et non pas dans le système ; de sorte que l'esprit du lecteur, constamment distrait par les accessoires, ne s'occupe plus du principal : « tant de recherches ne permettent pas d'imaginer qu'on n'ait rien trouvé, la longueur du voyage fait croire qu'on est enfin arrivé (1). » Toutes ces malices, si fines et si bien aiguisées, sembleraient aujourd'hui dirigées contre M. Thierry, plus justement encore que contre l'auteur de l'*Etablissement de la monarchie française dans les Gaules*. Ce que M. Thierry suppose éternellement, en effet, ce qui fait le fond de toutes ses histoires, c'est la distinction des races et les divers mouvements, que leurs combinaisons et leurs oppositions ont amenés dans le monde politique. Il a tiré tant de conséquences de ce principe, il l'a entouré de tant d'érudition, il a fait tant de recherches à cette occasion, il a voyagé si longtemps et a promené si loin son lecteur, que celui-ci finit par croire que cette persévérance est appuyée sur quelque chose : il s'imagine être arrivé au but, et croit la démonstration faite. En vérité cependant, pas une preuve n'a été alléguée, pas un fait n'a été cité, et tout le système de la séparation des races repose sur des probabilités et des conjectures. Je laisse de côté l'histoire d'Angleterre, où, sans avoir l'importance que M. Thierry leur donne, certains faits s'accusent davantage. Mais en France, rien dans nos annales n'indique cette division, cette antipathie nationale, que M. Thierry et M. Guizot voyaient si distinctement en 1820 et 1825, et dont M. Proudhon et

(1) *Esprit des lois*, liv. XXX, c. XXIII.

M. Pierre Leroux ont si heureusement reconnu les traces en 1848.

J'ouvre saint Grégoire de Tours, et moins d'un siècle après la conquête, quoi qu'en dise M. Thierry, je trouve les Gallo-Romains et les Francs unis dans une même action, les mêmes opinions et les mêmes désirs. Je ne vois pas de race esclave ni de race dominante. Les Gallo-Romains ont part aux richesses, aux dignités, à la puissance, aussi bien que les Francs ; les Barbares sont condamnés à la misère, au travail manuel, à l'esclavage même, tout aussi bien que les Romains. Il n'y a point d'avantages conférés par un privilége de race. Les évêchés et les comtés sont le partage des Romains : les anciennes familles de la Gaule conservent leur renom et leur crédit ; à chaque instant saint Grégoire constate la puissance de ces maisons sénatoriales. Au contraire, nous voyons des Francs pauvres, esclaves ou artisans. Gontran-Boson était d'origine barbare, au dire de M. Thierry (1), et son père, si l'on en croit le roi Gontran, était meunier (2) : celui de la reine Marcovèfe était aussi barbare, dit M. Thierry (3), et saint Grégoire nous apprend que c'était un pauvre artisan en laines (4). La reine Theudechilde était fille

(1) *Récits des temps mérov.*, tom. II, p. 95.
(2) S. Grég., lib. VI, c. XIV.
(3) *Récits des temps mérov.*, tom. I, p. 377.
(4) S. Grég., lib. IV, c. XXVI.

d'un berger (1). Ce ne fut pas la noblesse du sang barbare coulant dans leurs veines, ce fut simplement la passion du roi Caribert qui leur valut le titre de reines. Saint Grégoire marque bien la bassesse de leur extraction : la reine Ingoberge, jalouse de l'affection que le roi témoignait à Marcovèfe et à Méroflède, sa sœur, voulut se venger en leur faisant sentir l'humiliation de leur naissance. Elle appela le roi à la fenêtre pour lui faire voir, disait-elle, quelque chose de curieux. Le roi s'approcha, et ne vit rien qu'un ouvrier en laines. C'était le père de Marcovèfe. Caribert ressentit l'insulte, et, blessé dans sa passion, il répudia Ingoberge (2). Tandis que le roi Caribert en agissait ainsi à l'égard de sa femme et de sa servante, témoignant bien que le sang barbare ne suffisait pas à illustrer les personnages et que l'éclat de l'origine et celui de la puissance ne s'y trouvaient pas nécessairement attachés, on trouve des Gallo-Romains considérés et illustres. Leurs enfants sont élevés dans le palais des rois, ils y prennent un grand crédit; ils ne brillent pas seulement dans les charges de l'Église, auxquelles leur ancien renom et leur antiquité dans la foi pouvaient les faire croire plus propres que les Barbares, ils occupent le gouvernement des villes et possèdent la dignité de comtes; les charges militaires leur sont confiées. Saint Va-

(1) S. Grég. Liv. IV, c. xx.
(2) S. Grég., *ibid*.

lentin, né dans le diocèse de Langres, était d'une famille noble : son père tirait son origine des Romains (1). Dans sa jeunesse, sous le règne du roi Théodebert (534-547), fils du roi Thierry, moins d'un demi-siècle après la conversion de Clovis, Valentin, en raison de la noblesse de sa famille, commandait la garde du palais du roi (2). Le même roi Théodebert avait auprès de lui un jeune homme dont saint Grégoire de Tours a raconté l'histoire. Saint Yrieix (*S. Arridius*), né à Limoges d'une noble famille, avait été confié au roi pour être élevé dans le palais (3). Il trouva grâce devant Théodebert, devint chancelier, fut admis à l'intimité du roi et parvint à la plus haute considération dans cette cour. Les deux grands généraux du vi° siècle, Mummol et Didier, étaient aussi Gaulois.

La garde de la personne royale, l'intimité des rois, les charges des églises, les fonctions publiques, les commandements militaires, étaient donc, selon les circonstances, indifféremment dévolus aux Gallo-Romains et aux Francs. On en pourrait multiplier les exemples.

(1) « Parentibus nobilibus, ex paterni generis sanguine originem a Romanis. » Bolland. IV julii.
(2) « Palatinam militiam pro dignitate parentum administravit. » *Id., ibid.*
(3) « Ut eum instrueret eruditione palatina. » S. Greg. Vit. S. Arridii. Faut-il voir là une école du palais ou simplement un enseignement politique ?

Saint Grégoire, en parlant de saint Yrieix, ne dit pas, il est vrai, qu'il fut d'origine romaine. Mais le lieu de sa naissance peut le faire supposer ; les Francs n'avaient pas pénétré en grand nombre dans l'Aquitaine soumise volontairement à la domination de Clovis ; et M. Thierry surtout acceptera notre conjecture en présence des noms de Jocundus et de Pelagia que portaient le père et la mère de S. Yrieix.

Les documents historiques ne constatent, en effet, presque jamais l'origine des divers personnages qu'ils mettent en scène ; et saint Grégoire, en s'attachant à marquer la noblesse ou l'obscurité d'extraction de ses héros, s'applique si peu à distinguer les Francs des Gallo-Romains que, pour les reconnaître, M. Thierry n'a d'autre règle que la forme des noms propres. Les formes romaines lui représentent les Gallo-Romains ; les radicaux germaniques, qu'il parvient à relever, lui désignent les Barbares. Une pareille distinction est bien frivole ; il serait curieux qu'une démarcation entre la race conquérante et la race vaincue, assez profonde, au dire de M. Thierry, pour s'être perpétuée jusqu'à nos jours, assez vive pour être restée, pendant six siècles au moins, l'unique cause et le seul mobile de toutes les guerres, de tous les actes des politiques et de toutes les révolutions des empires n'eût laissé aucune mention parmi les historiens. Le témoignage qu'on prétend tirer des diverses formes des **noms,** est insuffisant. Hélas! ce témoignage même fait défaut : dans le mélange des deux races, on voit tour à tour les Gaulois revêtir des noms barbares et les Francs porter ceux dont les radicaux n'appartiennent pas aux langues germaniques. Un des enfants de Chilpéric et de Frédégonde s'appelait Samson. Le comte de Tours, Leudaste, était, malgré son nom barbare, fils d'un Gaulois esclave d'un vigneron de l'île de Rhé. Le comte Florus, fondateur du monastère de Glannefeuil, le premier entre les premiers du royaume des Francs (1) portait un nom romain, et il avait un fils nommé Bertulfus. Le père de saint Goar s'appelait Georges et sa mère Valérie (2). Saint Grégoire, le dernier représentant de la civilisation romaine, avait un oncle nommé Gondulfus (3). Saint Licinius, évêque d'Angers, était de la famille mérovingienne et cousin du roi Clothaire II (4). Saint Arnoul était d'origine barbare : son nom en témoigne : il était né de parents nobles et païens; et son père et sa mère, baptisés par saint Remy, avaient quitté leurs noms de gentils pour prendre ceux de Rogatien et d'Euphrasie (5). On voit par ces exemples quelle

(1) « Primus inter primos totius regni Francorum. » V. B. Mauri.
(2) *Vita S. Goaris.* Acta SS. ord. S. Benedicti. Sæc. 2.
(3) Liv. VI, c. xi.
(4) *Acta SS.* Februarii.
(5) Bolland. *Vita S. Arnulfi,* 18 julii.

confusion régna dès les premiers jours de la conquête, et combien les formes et les racines des noms propres sont une vaine distinction. M. Thierry n'ignore pas cette confusion, il la constate lui-même. « Mais, dit-il, ce sont là de rares exceptions qui ne « détruisent pas la règle. » Et il ajoute : « S'il n'est « pas permis de prendre pour Franks, jusqu'à preuve « du contraire, les personnages des temps mérovin- « giens qui portent des noms germaniques, et pour « Gaulois ceux qui portent des noms romains, il n'y « a plus d'histoire possible (1). » C'est-à-dire que l'assertion la plus grave, que l'historien contemporain ait avancée, celle qui est la clé de voûte de son système, ne se justifie pas par des témoignages historiques, par des preuves ou des documents : on l'établit en raison de sa nécessité. C'est un raisonnement mathématique qu'on formule : c'est une hypothèse, une pure hypothèse, dont on convient, et qu'on prend pour point de départ parce que les exigences de la démonstration la réclament. Nous ignorons si la vérité de l'histoire s'accommode de ces facilités de raisonnement en usage chez les géomètres ; mais l'ancienne école historique ne posait pas d'hypothèses, et elle n'avait pas à arguer de leur nécessité. Pour nous, nous demandons humblement la permission de tenir pour les anciens maîtres ; nous

(1) *Récits des temps mérov.*, tom. II, p. 152.

ne croyons pas à la soudaine illumination historique du xixe siècle : c'est justement parce que les Histoires de M. Thierry ne sont pas *possibles* sans cette hypothèse hardie, nous en convenons, mais purement gratuite, que nous repoussons ces Histoires. La nécessité de l'hypothèse ne nous paraît pas un bon raisonnement.

Un seul argument existe en faveur de la distinction imaginée par M. Thierry : c'est le texte des lois Salique et Ripuaire. Dans la composition pour réparation de l'homicide, elles évaluent le meurtre du Barbare au double de celui du Romain. Au premier abord, cette preuve semble décisive, surtout si on l'isole du texte même de la loi. Combien de distinctions légales cependant qui n'ont de retentissement ni dans la politique ni dans l'histoire? Et lorsqu'on voit une différence nettement formulée dans les lois n'avoir aucun effet dans la pratique des choses, ne peut-on pas conclure que le texte de la loi est une lettre morte et qu'il exprime un sentiment plutôt qu'une réalité? Les quatre premiers rédacteurs de la loi salique, Wisogast, Arogast, Salegast et Windogast (que ce soient là leurs noms ou les désignations de leur dignité) pouvaient chercher à exalter ainsi l'orgueil de leurs races; les rédacteurs chrétiens, que Clovis, Childebert et Dagobert chargèrent plus tard de revoir ces mêmes lois et de les réformer selon les prescriptions de l'Église, pouvaient partager ou ne pas oser encore contredire cette vanité nationale. Elle conduisait du reste à des conclusions bizarres. Le meurtre du Franc, évalué au double du meurtre du Romain, est une marque d'orgueil que tout le monde comprend. Mais le crime du Franc, évalué au double de celui du Romain, constitue un privilége qui ferait aujourd'hui peu de jaloux. La loi des Ripuaires cependant l'établit expressément. Le Ripuaire qui n'obéit pas au ban du roi est taxé à soixante sous et le Romain à trente seulement. Le Ripuaire qui refuse l'hospitalité à l'envoyé du roi paie encore soixante sous ; pour le même délit le Romain n'en paie que trente (1). Ce n'est pas le lien plus étroit entre la royauté barbare et les hommes de même race qui faisait ainsi évaluer à un plus haut prix le délit du Ripuaire. Dans des cas où la royauté n'est pas en question, la même différence subsiste encore. L'ingénu, qui violait la sanctification du dimanche en vaquant à des œuvres serviles autres que celles nécessaires à sa subsistance, payait quinze sous de composition s'il était Barbare et sept et demi seulement s'il était Romain (2). Les hom-

---

(1) « Si quis legibus regis sive in hoste seu in reliquam utilitatem bannitus fuerit et minime adimpleverit... LX sol. multetur. » Lex Ripu. LXIV.

« Si quis autem Romanus... hoc fecerit... XXX solid. culp. judicetur. » Lex Ripuar LXV.

(2) Childeberti constitutiones. « Si quiscunque ingenuus, excepto quod ad coquendum vel ad manducandum pertinet,

mes d'aujourd'hui ne seraient pas curieux du privilége barbare en ces circonstances.

Pour rendre plus logique et plus *nécessaire* la distinction des races, M. Thierry exagère autant qu'il lui est possible la barbarie de mœurs des Francs et les ravages de la conquête.

Il ne nous appartient pas de reprendre ici la thèse de l'abbé Dubos, qui concluait qu'il n'y avait pas eu de conquête : si nous osions cependant, nous dirions qu'il n'y en a pas eu autant que M. Thierry veut en voir. Ce qu'on a appelé le système de Dubos, en effet, n'a jamais été complétement réfuté; et l'assentiment de dom Bouquet est, comme nous avons dit, bien capable de contre-balancer la grâce et l'esprit mordant de l'auteur de *l'Esprit des lois*. De nos jours, les conclusions de Dubos, débarrassées de tout ce qu'elles pouvaient avoir de trop absolu, ont été reprises, développées et établies sur des documents authentiques par M. de Pétigny (1). L'ensemble des preuves qu'il a rassemblées est frappant : l'Empire apparaît succombant sous le poids de ses alliés tout autant que sous les efforts de ses ennemis. Le système de former avec les Barbares des troupes

opera alia in die dominico facere presumpserit, si Salicus fuerit, solidos XV componat; si Romanus septem et dimidium. » Tit. XV.

(1) *Études sur l'histoire, les lois et les institutions mérovingiennes*, par M. de Pétigny, 3 vol. in-8.

destinées à la défense de l'Empire, et l'usage de concéder des terres aux milices, contribuaient à introduire les hordes envahissantes au milieu de la domination romaine. Elles y entrèrent encore à titre de confédérées, lorsque, chassées de leurs pays, elles demandaient asile les armes à la main. Elles reconnurent alors la majesté romaine et s'engagèrent à servir dans les armées de la République. Elles reçurent pour prix de cette reconnaissance des terres incultes et formèrent des colonies militaires qui, en se multipliant, devinrent une cause de ruine pour l'Empire. Ces concessions, que la politique aurait dû interdire, étaient d'autant plus facilement accordées que l'usage ancien en couvrait la honte et dissimulait la faiblesse qu'elles révélaient. La condition du service militaire faisait dire que la sagesse et la puissance de l'empereur avaient converti en soldats fidèles ses plus dangereux ennemis. On sait ce que valut cette fidélité. Elle était néanmoins accompagnée d'un certain respect pour la majesté impériale. Tout en détruisant l'Empire les Barbares étaient fiers d'y être incorporés. C'était une vérité et une flatterie tout à la fois que l'empereur Valentinien adressait au puissant roi des Goths, Théodoric, lorsqu'il lui écrivait lors de l'invasion des Huns : Secourez l'Empire dont vous êtes membre.

Les Francs se regardaient aussi comme membres de l'Empire ; si on en croit un historien du vi[e] siècle,

5.

Clovis ne se serait pas cru maître du royaume des Visigoths si l'empereur ne lui eût confirmé la possession de cette conquête (1). Entrés violemment sous la domination romaine, les Francs admis à y vivre pacifiquement par une concession de l'empereur Maxime, s'étaient mêlés aux armées de la République ; comme tous les Barbares, ils avaient souvent vu leurs compatriotes, devenus tout-puissants à la cour impériale, chargés de les châtier et de les ramener à une discipline plus exacte. Ils avaient toujours poursuivi l'agrandissement du territoire qui leur avait été concédé sur les rives du Rhin et de l'Escaut, et ils avaient selon les occasions tour à tour fait la guerre ou formé des alliances avec l'Empire. Aussi, si les Francs de Clovis étaient véritablement des barbares, (et les meurtres commis par les rois mérovingiens, leurs trahisons continuelles, le débordement de leurs mœurs, leur avidité pour les trésors sont des preuves incontestables), il faut reconnaître cependant que ces barbares n'étaient pas étrangers à toute civilisation romaine. Plusieurs d'entre eux avaient occupé des postes éminents dans les armées ou à la cour des empereurs. Un roi franc, au dire d'Ammien Marcellin, Merobaude, était comte des do-

(1) « Quod ne fieret adeo non impedire Romani potuerunt... nec vero Franci Galliarum possessionem sibi certam ac stabilem fore putabant, nisi illam imperator suis litteris comprobavisset. » Procop., de Bello Gallico. Lib. III.

mestiques et fut deux fois consul (377-383) (1). Arbogast, qui disposa à son gré de l'Empire, était Franc ; M. de Pétigny suppose qu'il était parent de Marcomir et de Sunnon (2) : il appartenait du moins à la même tribu ; cette tribu salienne que commanda Clovis, dont Clodion agrandit la puissance et dont Childéric conduisit les armes dans toute la Gaule, encore directement soumise à la domination romaine. Ce *père du fort roi Clodovée*, comme l'appellent les anciennes chroniques, avait été, après la mort du comte Paul, revêtu par les empereurs, de la dignité de maître de la milice ; il avait sous ce titre suprême commandé aux forces de l'Empire, s'était battu sous les murs d'Orléans, s'était emparé d'Angers, et avait résidé à Paris. Des relations aussi multipliées avec les débris de la civilisation romaine avaient dû adoucir quelque chose des mœurs germaniques ; et au vi^e siècle, Agathias (550) trouvait les Francs bien différents des autres Barbares. Ils ne sont pas nomades comme les autres, disait-il, ils usent de la politesse romaine. Pour une nation barbare, ils semblent tout à fait civils et policés : véritablement ils ne diffèrent de nous en rien que par le langage et l'habit (3). On peut croire que les guerriers de

(1) « Mellobaudem comitem domesticorum regemque Francorum. » Amm. Marc. Lib. XXXI.
(2) *Études sur les institutions méroving.*, tom. I, p. 152.
(3) *Agathiæ historia*, liber I, p. 13.

Clovis (481-511) possédaient quelque chose de cette politesse, à laquelle l'historien bysantin rend ainsi justice; du moins il est difficile de supposer que ce peuple eut pu dépouiller en si peu de temps l'air hideux et farouche sous lequel M. Thierry se complaît à peindre les compagnons de Clovis (1). Ce qu'il y a de curieux, c'est que M. Thierry emprunte précisément les traits de son tableau à l'historien grec, qui rend aux Francs le témoignage que nous venons de citer. Il faut expliquer cette contradiction.

Agathias, ainsi que Procope, décrit les armées qui durant le vi° siècle envahirent l'Italie (539-553). Les populations de la Thuringe étaient alors soumises à la domination des Francs. Dès le temps des fils de Clovis, la férocité de ces populations et leur entier oubli du droit des gens faisaient horreur aux leudes du roi Thierry. Ce roi, pour exciter l'indignation de ses compagnons, leur rappelait les atrocités naguère commises par les Thuringiens : « Ils ont tué les « otages, ils sont entrés dans notre pays et l'ont « dévasté. Ils ont suspendu les enfants aux branches « des arbres par le nerf de la cuisse ; ils ont massa- « cré plus de deux cents jeunes filles : ils les liaient « par les bras au cou de leurs chevaux et, poussant « ceux-ci de divers côtés à coups d'aiguillons, ils « ont mis ces malheureuses en morceaux. Ils en ont

(1) *Lett. sur l'hist. de France*, p. 90 et suiv.

« étendu d'autres dans les ornières des chemins, les
« y ont fixées avec des pieux et ont fait passer leurs
« chariots par-dessus, laissant ensuite ces corps tout
« broyés en pâture aux oiseaux et aux chiens. Le
« bon droit est pour nous, ajoutait Thierry, mar-
« chons contre eux avec l'aide de Dieu ! » Indignés
de pareils forfaits, dit l'historien, les Francs marchèrent en Thuringe (1). »

Ces populations sauvages, soumises désormais aux
rois d'Austrasie, ne seraient-elles pas celles qu'Agathias trouva quinze ans plus tard (553) dans l'armée
que commandait Buccelin? Buccelin était duc des
Allemands : il était tributaire de Théodebald, roi
d'Austrasie ; mais on doute si l'invasion, qu'il dirigea
en Italie, fut ordonnée par ce roi. L'armée était composée des populations transrhénanes ; elles étaient
attirées uniquement par le désir du pillage, marchant sans casque, sans cuirasse, les jambes et la
poitrine entièrement nues (2).

Procope qui avait vu (539) l'armée de Théodebert, père de Théodebald et fils de Thierry, la décrit, dans des termes à peu près analogues : il y apparaît un peu plus de régularité que dans les bandes de
Buccelin. Les compagnons du roi seuls montaient des
chevaux et portaient des lances. Les autres allaient

(1) S. Grég., lib. III, c. VII.
(2) *Hist. de Fr.*, tom. II, p. 65.

à pied sans autres armes que leurs boucliers, leurs épées et leurs haches. Ils n'avaient, non plus que les soldats de Buccelin, ni flèches, ni arcs, ni aucunes armes de trait (1). C'étaient là cependant des instruments de guerre en usage depuis longtemps chez les Francs.

Dans les extraits qu'il a conservés de Sulpice Alexandre, saint Grégoire de Tours nous enseigne que quand l'armée de Quintinus se fut imprudemment engagée au milieu des forêts et des marais du pays des Francs, ceux-ci l'accablèrent et la détruisirent entièrement à coups de flèches (2). Je relève ces différences entre l'armure des soldats de Théodebert et de Buccelin et celle des hommes de Marcomir et de Sunnon, sans y vouloir attacher une grande importance ; je ne prétends pas non plus que dans l'armée de Théodebert il n'y ait pas eu d'autres Francs que ces compagnons du Roi portant des lances : les historiens ne nous disent rien de l'origine de ces troupes ; toutefois, il ne sera peut-être pas inutile de remarquer que la lance était en usage parmi les Francs dès le temps de Clovis (3).

(1) « Non arcu non hasta armati, sed ensem clypeumque gestabant singuli ac securim unam. » Procope. *Hist. de Fr.*, tom. II, p. 37.
(2) S. Grég., lib. II, c. IX.
(3) « Neque tibi *hasta*, neque gladius, neque securis est utilis. » S. Greg., liv. II, c. XXVII.

Si ces populations, sans arcs et sans lances, marchant à la suite des rois d'Austrasie et de leurs tributaires, étaient en effet sorties de la Thuringe et des contrées transrhénanes, elles ne semblèrent pas plus terribles ni plus sauvages à l'Italie qu'aux Gaulois et aux Barbares des royaumes de Neustrie et de Bourgogne, lorsque, plus tard, elles y apparurent dans les armées de Sigebert.

Mais pourquoi M. Thierry tient-il absolument à reconnaître dans ces bandes sans arcs et sans lances, que décrivent Agathias et Procope, les figures des compagnons de Clovis? Sans doute les Barbares offrent tous de grands traits de ressemblance : leurs allures sont partout les mêmes. Les cheveux, ramassés sur le sommet de la tête pour y former une sorte d'aigrette, et retomber par derrière en queue de cheval, ont été en usage chez les sauvages de toutes les parties du monde : Sidoine Apollinaire, pour décrire les Francs de Clodion (428), se sert des expressions que Diodore de Sicile employait pour peindre les Gaulois de son temps. Les cheveux roux et les corps blancs se retrouvent chez les ancêtres du dernier représentant de la poésie latine, tout aussi bien que chez ceux, que, dans son emphase poétique et romaine, il appelait des *monstres*. Cette ressemblance se fait sentir dans des choses qui sembleraient n'appartenir qu'à des modes passagères; comme les Francs, les Gaulois rasaient leur visage, à l'exception de deux longues moustaches descendant bien au-dessous des lèvres. Il y a entre les deux peuples des analogies de caractère plus importantes : elles serviraient peut-être à expliquer et à motiver la sympathie qui accueillit les Francs dans les Gaules, et la facilité avec laquelle s'accomplit le mélange des deux races ; mais nous n'avons pas à donner les raisons de ce dernier fait, il ne nous appartient que de le constater.

Sans déterminer ici le point de barbarie où étaient les compagnons de Clovis, il est difficile de supposer que des armées semblables à celles de Buccelin aient pu, dans les Gaules, résister à la tactique des Romains et à la puissance des Goths.

Les ressemblances de caractère et de mœurs que les Gaulois pouvaient avoir avec les Francs, ne suffiraient pas à expliquer les sympathies que les Gallo-Romains éprouvaient pour les *monstres* que M. Thierry s'évertue à décrire. La conformité de religion ne peut être invoquée, car le fait se manifeste avant la conversion des Francs, et du temps du roi Childéric (1). Rien, en outre, dans les historiens, ne témoigne des épouvantables ravages qu'auraient dû commettre les hommes que M. Thierry dépeint. Il ne faut pas dire que cet établissement des Francs fut sans violence, et que les Gallo-Romains n'y trou-

(1) S. G., liv. II, c. XXIII.

vèrent que des douceurs ; mais M. Thierry reconnaît lui-même que les récits des malheurs de la conquête, laissés par les anciens historiens ne sont pas en rapport avec les figures hideuses qu'évoque son imagination. Aussi assure-t-il qu'à cause de la conversion des Francs, les pillages et les dévastations qu'ils commirent dans les Gaules furent passés sous silence ou mis sur le compte des Huns et des Vandales (1). C'est là une de ces assertions où se complaît l'historien, qui auraient besoin de preuves.

Quand cette proposition serait établie, et le portrait des soldats de Clovis, composé par M. Thierry, puisé uniquement à des documents authentiques, la séparation des deux races, pour être rendue plus logique et plus nécessaire, que ne la font voir les anciens historiens, ne serait pas prouvée : il resterait à démontrer que « la race des envahisseurs est restée une classe privilégiée, dès qu'elle a cessé d'être une nation à part (2). »

Dès le temps de la conquête, la noblesse en France est loin cependant, nous l'avons vu, de constituer une race privilégiée, c'est-à-dire conservant exclusivement à ses enfants les avantages qui forment ce qu'on appelle son privilége. Un pareil système constitue les castes de l'Inde : la noblesse de France n'y a jamais

---

(1) *Lettres sur l'hist. de Fr.*, p. 95.
(2) *Hist. de la conq. d'Angl.* Int., p. 9, *éd. corrigée*, p. 6.

été soumise. En tout temps, elle a été accessible à chacun, et a ouvert son sein aux hommes de condition inférieure, que les circonstances et leurs services mettaient à même d'y entrer. Elle se composait, selon l'expression des anciens documents, des *hommes utiles*, et si l'antiquité de cette utilité d'une famille a paru précieuse, si le grand nombre d'exemples domestiques a semblé un titre et une garantie en faveur de ceux qui les avaient reçus, jamais l'esprit public ni l'esprit de la noblesse ne s'est refusé à sanctionner en France, et à sanctionner assez rapidement, l'anoblissement de nouvelles familles rendues importantes et *utiles* par le mérite de leurs membres. C'est ce principe de l'accessibilité des distinctions nobilaires qui motivait, aux derniers jours de la monarchie, les anoblissements conférés par grâce du roi, et ceux que procuraient l'exercice de certaines charges. Aux temps anciens, on conçoit qu'il n'y ait eu à ce sujet rien de précis; mais on ne voit nulle part la naissance et le sang conférant des priviléges exclusifs. A chaque page de nos histoires, au contraire, on voit le bénéfice de ces priviléges s'étendre sur des hommes nouveaux. Un palefrenier de l'armée s'était distingué dans les guerres du roi Eudes contre les Normands, et, sans que sa naissance fût un obstacle, le roi put en faire un comte de Blois (1).

---

(1) Richer, liv. I, c. XI.

Ce roi Eudes, qui était de la tige capétienne, et est par conséquent un des premiers ancêtres de la plus ancienne noblesse d'Europe, ce roi Eudes était lui-même d'une origine obscure : on ne remontait pas au delà de son grand-père : une vieille tradition lui donne pour auteur un boucher de Paris.

Aux temps mérovingiens et longtemps encore après, la possession de grands biens était le principal signe de l'importance et de l'utilité des hommes ; et il est à remarquer qu'aucun historien ne nous apprend qu'en entrant dans les Gaules les Francs aient dépouillé les anciens possesseurs terriers. Les Bourguignons s'étaient partagé les biens des vaincus. « Ils avaient *reçu en prix*, à titre d'hospitalité, dit « M. Thierry, les deux tiers des terres et le tiers des « esclaves, ce qui probablement équivalait à la « moitié du tout ; ils se faisaient scrupule de rien « usurper au delà (1). » L'écrivain admire leur sagesse et leur modération. Nous verrons plus tard la cause de la sympathie qu'il témoigne aux spoliations des Bourguignons ; mais nous n'avons pas de détails sur la manière dont les Francs firent leur lot dans le domaine des Gallo-Romains. Notre historien en conclut que ce mode fut plus inique et plus violent que celui employé par les Bourguignons. La régularité de ce dernier le charme : il le trouve plein de dou-

---

(1) *Lettres sur l'hist. de France*, p. 96.

ceur et de scrupule. Du côté des Francs, au contraire, il ne voit que de la violence, et le scrupule n'apparaît pas. On trouve bien que Clovis conquérant le royaume d'Alaric et pénétrant en Touraine, fit tuer un des hommes de l'armée qui, malgré les défenses du roi, avait enlevé le foin d'un pauvre homme ; on sait encore que le roi commanda d'épargner le territoire de saint Hilaire, au même titre que celui de saint Martin (1). Mais M. Thierry ne veut pas « paraître dupe des miracles du moyen âge (2), » non plus que de la dévotion pour les saints ; et il tient que la conquête des Francs fut plus violente et plus dévastatrice que celle des Bourguignons. La sympathie des populations gallo-romaines en faveur des Francs contredit cette assertion : l'habileté moderne sait y démêler les illégalités des évêques et une simple affaire de dévotion (3). Néanmoins, l'état des Gaules au ve siècle, les devastations que les guerres et les invasions des Huns et des Vandales, au dire des anciens historiens, y avaient précédemment exercées, durent mettre Clovis et ses ancêtres à même de satisfaire le petit nombre de leurs guerriers, sans fou-

---

(1) S. Grég., lib. II, c. XXVIII.
(2) *Lett. sur l'hist. de France*, p. 103.
(3) *Hist. de la conquête d'Angl.*, tom. I, p. 58. Cette assertion a été modifiée dans l'édition corrigée qui reconnaît dans le mouvement en faveur des Francs, l'entraînement de la foi et l'influence décisive et *légitime* des évêques, tom. I, p. 41.

ler les vaincus autant qu'avaient fait les Bourguignons et les Visigoths. Raisonnement pour raisonnement, cette conclusion ne semble pas pire que celle embrassée par M. Thierry.

Les mœurs des Francs facilitaient du reste cette modération, dont la politique de Clovis devait si bien comprendre l'utilité. « C'est la dignité, c'est la puis-
« sance chez les Germains, disait Tacite, d'être tou-
« jours entouré d'une troupe d'élite : c'est un orne-
« ment pendant la paix, un rempart à la guerre...
« Les chefs combattent pour la victoire, les compa-
« gnons pour leurs chefs... Ils attendent de la libé-
« ralité de leur chef ce cheval de bataille, cette fra-
« mée sanglante et victorieuse. Des repas, des ban-
« quets abondants, tiennent lieu de solde (1). » En entrant dans les Gaules, les Francs ne renoncèrent pas à ces mœurs de la Germanie, et dans ces présents et ces compagnons que Tacite décrit, Montesquieu voyait déjà des fiefs et des vassaux. Il eût dû se borner à les prévoir, dit M. Guizot (2). La chasse, la guerre, les plaisirs de la table, restèrent l'occupation des guerriers, après comme avant la conquête. Les Bourguignons étaient plus sédentaires : avant leur entrée dans les Gaules, ils avaient déjà depuis longtemps l'habitude du travail manuel. L'industrie du bois surtout leur était familière, et ils en tiraient un

(1) *De mor. Germ.*, c. XIV.
(2) *Essais hist.*, p. 91.

salaire dont beaucoup d'entre eux subsistaient. Ces mœurs plus assises donnaient, à leurs yeux, à la propriété du sol une valeur que les Francs n'y attachaient pas.

Continuant à vivre dans les Gaules à la façon germaine, ceux-ci se groupaient autour des chefs et recevaient d'eux les présents qui les attachaient les uns aux autres. C'est la nécessité de ces présents qui donne un prix excessif aux objets mobiliers. L'or, l'argent, les vêtements précieux, les troupeaux et les esclaves sont la cause des guerres et la récompense des vainqueurs. A chaque page de l'histoire mérovingienne, ils est question de trésors, et toute l'ambition des rois et toute leur politique semble être de les accroître et de se les dérober les uns aux autres. Ces richesses servaient en effet à attacher et à récompenser les hommes utiles ; et, dans les traités entre les successeurs de Clovis, il est stipulé qu'aucun des rois ne cherchera à attirer les leudes de ses frères. Ce ne fut pas cependant en butin mobilier seulement que consista désormais la richesse ; la terre fut aussi un objet de partage. Mais la division du domaine acquis par la conquête ne se fit pas « par « individus, ni de telle sorte que chaque guerrier « allât vivre isolément sur les champs qu'il avait « reçus ou occupés... Les chefs s'approprièrent « certaines portions du territoire et s'y établirent avec « leurs hommes. Ceux-ci vivaient aux dépens et sur

« les biens du chef qu'ils continuaient d'entourer,
« mais les terres n'en étaient pas moins sa propriété
« personnelle et privée… A mesure que la notion de
« propriété se développait et s'affermissait dans les
« esprits, le droit du chef acquérait de plus en plus
« le caractère de personnalité. Les propriétés terri-
« toriales se répartirent donc par masses et entre un
« petit nombre d'individus (1). » Ainsi, dans la petite
armée de Clovis, un petit nombre de guerriers seulement s'établit dans les Gaules à titre de propriétaires. Les autres vécurent autour de ceux-là dans
une condition que la force des choses tenait à
rendre de plus en plus dépendante.

Ce fut surtout dans le pays au nord de la Loire
que les Francs s'établirent à demeure fixe. Les guerriers qui suivaient les fils de Clovis dans les ravages
qu'ils exercèrent au midi de ce fleuve, ne songeaient
pas plus que leurs ancêtres à y former des établisse-
ments stables. Ce sont les esclaves, les troupeaux,
l'or, l'argent, les vêtements qu'ils y vont chercher,
et que le roi Thierry fait briller aux yeux de ses an-
trustions pour les entraîner à sa suite dans la guerre
d'Auvergne (2). Les ravages de cette expédition sont
résumés par un historien (que M. Thierry dit contemporain de cette guerre (3) et qui vivait au xii^e

(1) Guizot, *Es. hist.*, p. 92.
(2) S. Grég., lib. III, c. XI.
(3) *Lett. sur l'hist. de Fr.*, p. 124.

siècle) dans une parole que M. Thierry a répétée à diverses reprises et avec une certaine insistance. « Rien ne fut laissé aux habitants, si ce n'est la terre que les barbares ne pouvaient emporter (1). » Mais ce fut la terre justement qui constitua la noblesse, et tandis que les Barbares couraient après le butin mobilier, ils laissaient entre les mains de la race gauloise précisément les biens qui devaient mettre les enfants des vaincus au même niveau que les enfants des plus habiles, des plus heureux et des plus grands d'entre les vainqueurs. Il serait donc impossible de soutenir que la noblesse de France eût dans ses veines moins de sang gaulois et plus de sang barbare que le tiers état. Dans l'une et l'autre de ces classes le sang celtique domine. Il faut trouver à la constitution de l'état de la France avant 1789 un autre fondement que cette prétendue distinction des races.

M. Thierry a compris lui-même ce qu'il y avait d'absolu dans son principe : il en limite un peu les conséquences en disant que « la race des envahis- « seurs a formé une noblesse guerrière qui, se re- « crutant pour ne pas s'éteindre, de tout ce qu'il y « avait d'ambitieux, d'aventuriers, de turbulents « dans les rangs inférieurs, a dominé sur la masse « laborieuse et paisible (2). » Nous ne nous arrête-

---

(1) Hug. Flavig. *Hist. de France*, tom. III, p. 356.
(2) *Hist. de la conq. d'Anglet.*, Intr., p. 9. L'édition corri-

rons pas à une pareille assertion ; cette origine de la noblesse n'est pas sérieuse. Les tumultes, les aventures ou le crime peuvent causer des désordres, prendre une grande influence dans un Etat ou contribuer à sa destruction, mais il n'y a pas apparence de croire qu'ils puissent fonder quelque chose de stable, et les combinaisons de l'intrigue humaine ne sauraient arriver à cette puissance. Selon la remarque très-judicieuse et très-forte de M. Guizot : « Aucun grand événement n'arrive par des causes complétement illégitimes : soit à côté, soit au-dessous de celles-là, il y a toujours des causes légitimes, de bonnes et justes raisons pour qu'un fait important s'accomplisse (1). » Quand le crime et le vice apparaissent seuls, il faut démêler dans leur triomphe quelques raisons de châtiment qui ne se montrent point en France dans l'établissement de la noblesse. La logique et le raisonnement s'opposent donc à l'axiome de M. Thierry. Il n'est non plus fondé sur aucun témoignage historique.

Contredire ce principe, ce n'est pas nier qu'aux temps mérovingiens les ambitieux, les aventuriers, et les turbulents n'aient obtenu des succès et fait souvent figure. On comprend que dans le pêle-mêle de ces époques, au milieu des guerres et des vicissi-

gée dit: noblesse guerrière, oisive et turbulente qui se recrutait par degrés dans les rangs inférieurs, a dominé...

(1) *Hist. de la civ. en France.* 3e leç.

tudes de toutes sortes qu'occasionnait le partage ou la réunion des royaumes, bien des audacieux, sans autre mérite qu'un talent d'intrigue ou d'audace, aient pu parvenir à se procurer de la puissance et du crédit. M. Thierry a raconté en détail la vie d'un personnage de cette sorte, le comte Leudaste. Saint Grégoire en a cité plusieurs autres. Nous voulons rapporter l'histoire d'Andarchius, parce que, en faisant connaître les moyens généraux et honorables que les hommes de la plus basse extraction avaient pour s'élever à de meilleures conditions, elle donne aussi l'exemple d'une de ces catastrophes où conduisaient en ce temps, comme de nos jours, l'impatience de jouir et le désir de s'élever subitement sans souci des lois divines et humaines.

Félix, sénateur de Marseille, avait, au dire de saint Grégoire de Tours, un esclave nommé Andarchius. Cet esclave, dès sa petite enfance, avait été attaché par les parents de Félix au service particulier de son jeune maître et resta son compagnon de jeux et d'études ; il sut profiter de la bonne éducation qu'il se trouva à même de recevoir. Il s'instruisit pleinement aux belles lettres, à la jurisprudence et au calcul ; mais, orgueilleux de son savoir, et méprisant dès lors la maison de ses maîtres, il chercha à gagner les bonnes grâces du duc Loup, envoyé à Marseille par le roi Sigebert. Loup apprécia les talents de l'esclave ; en quittant Marseille, il l'emmena avec lui et l'introduisit bientôt auprès du roi. Sigebert, roi d'Austrasie, était de tous les petits-fils de Clovis celui qui rappelait le mieux les grandes qualités et l'intelligente politique de son aïeul. Il prit Andarchius à son service, l'envoya à diverses missions et enfin lui donna occasion de porter les armes et d'aller à la guerre. Dans une nation guerrière, c'était là le privilége des hommes libres. Andarchius, soutenu par la faveur royale, fut désormais un personnage de considération. Il vint à Clermont et s'y lia d'amitié avec un citoyen de cette ville, nommé Ursus. Ursus était riche, et il avait une fille. Andarchius songea à l'épouser. Nous n'avons pas besoin de dire qu'il avait l'esprit vif, plein de ressources, le caractère entreprenant : ses succès jusqu'à ce jour le prouvent suffisamment, et il se persuada pouvoir arriver à la fin de ses désirs. L'histoire ne nous apprend pas si Ursus repoussa les premières propositions de l'ancien esclave, mais elle signale les ruses auxquelles ce dernier eut recours pour avancer ses affaires auprès de la femme d'Ursus. Il voulut d'abord se faire passer pour riche ; il renferma des ferrements, sa cuirasse, dit-on, dans un coffre (de ceux où on avait coutume de serrer les chartes) et le remit à la mère de la fille qu'il convoitait, en lui donnant à entendre que ce coffre contenait seize mille pièces d'or. Ceci se passait en l'absence du mari. Une si grosse somme devait éblouir une femme crédule : Andarchius sut encore lui insinuer que tout cet argent lui appartiendrait si elle consentait à lui donner sa fille en mariage. Alléchée par l'appât de ces richesses, la femme d'Ursus s'engagea : et Andarchius songea à faire valoir les droits que ce consentement lui conférait. Il obtint un privilége du roi, et se présentant devant le juge du lieu, il demanda à se marier :

— J'ai donné des arrhes, disait-il, pour épouser cette fille.

Ursus refusait.

— Je ne sais qui tu es, et je n'ai rien à toi.

La discussion s'échauffant et ne tournant peut-être pas au profit d'Andarchius, il prétendit faire comparaître Ursus devant le roi lui-même. Les parties se rendirent à Braine. Là, Andarchius conduisit un autre homme du même nom d'Ursus, dans une église, et lui fit prêter serment que lui, Ursus, consentait à donner sa fille en mariage à Andarchius ou à lui compter seize mille sous d'or. Il y avait dans la sacristie des témoins qui entendaient tout sans voir les personnages. L'autre Ursus, néanmoins, confiant dans son bon droit, fut facilement apaisé : il ne fut pas difficile de lui faire croire que son adversaire renonçait à des prétentions mal motivées ; il retourna dans son pays sans avoir parlé au roi. Andarchius alors se présente devant Sigebert, lui montre la cédule du serment que les témoins avaient entendu :

— Je demande à Votre Gloire, disait-il, un ordre pour que la fille d'Ursus me soit donnée en mariage, ou que les biens du père me soient dévolus jusqu'au paiement des seize mille sous d'or.

Muni de cet ordre, Andarchius se rend à Clermont; il exhibe devant le juge le précepte royal. Les biens lui furent adjugés : voulant en prendre possession immédiatement, il se rendit dans le Vélay où ils étaient situés et où Ursus s'était retiré. En entrant dans une des maisons d'Ursus, Andarchius demande à souper et ordonne qu'on lui prépare à laver. Les serviteurs ne s'empressaient pas d'obéir à cet étranger; il les frappe, les blesse, jette le désordre et l'effroi dans la maison. Ayant enfin obtenu ce qu'il voulait, il se lave, soupe, s'enivre et s'endort. Les sept compagnons qu'il avait avec lui en firent autant. Pendant leur sommeil, Ursus appelle ses gens, les fait sortir de la maison et ferme solidement les portes. Il y avait tout auprès des meules de grain; il les défait, entasse les gerbes jusqu'au sommet du bâtiment, qui était en planches, et y met le feu. Andarchius et ses sept compagnons y périrent. Ursus se réfugia dans la basilique de Saint-Julien de Brioude : ayant ensuite apaisé le roi, il rentra dans la possession de ses biens (1).

Sans doute, voilà de la barbarie; l'énergique

---

(1) S. Grég., lib. IV, c. XLVII.

moyen employé par Ursus pour se débarrasser des artifices de son ennemi répugne à nos mœurs, et cette manière de se faire justice soi-même n'est pas dans nos pratiques habituelles; mais si on démêle bien dans les ruses ineptes d'Andarchius l'immoralité du Barbare alléché par le désir des richesses, on reconnaît aussi l'existence d'une justice quelconque et le besoin de s'accommoder, en apparence du moins, à ses exigences. On voit une autorité, facilement trompée, il est vrai, et souvent impuissante, mais reconnue et respectée au loin. Il faudra revenir sur ces deux points; nous voulons, pour l'instant, faire surtout remarquer, dans cette histoire, les moyens honorables de s'élever que possédaient alors les hommes de la plus basse extraction et l'énergique défense des possesseurs légitimes. Ursus est Gallo-Romain et citoyen de Clermont; il ne redoute pas cependant d'aller devant le roi, il ne craint pas non plus de repousser la violence par la violence, et en résumé il s'en tire à son avantage. Les favoris des rois et les puissants, pour satisfaire à leur amour des richesses, n'avaient pas recours tout crûment à la violence ni à l'arbitraire brutal de l'autorité qu'il pouvaient invoquer; pour la faire intervenir au succès de leurs desseins, ils avaient besoin au contraire d'en dissimuler les injustices.

A mesure que leur établissement dans les Gaules, modifiait les idées des Francs sur la propriété, les biens territoriaux étaient prisés davantage, et ceux qui avaient quelque crédit cherchaient à en acquérir. Andarchius témoigne de la persévérance avec laquelle ils poursuivaient la réalisation de leurs projets et de la nécessité où étaient les favoris des rois de s'unir aux filles de la Gaule, afin de s'enrichir. Bien d'autres, pour arriver au même but, avaient les mêmes prétentions; les actes de sainte Rusticule et de sainte Consortia nous font voir les seigneurs francs, briguant comme l'ancien esclave marseillais la main des nobles héritières gallo-romaines.

Sainte Rusticule est née au diocèse de Vaison, d'une famille illustre et gallo-romaine. Son père se nommait Valérien. Il mourut le jour même de la naissance de sa fille. Elle avait à peine cinq ans lorsqu'un noble personnage, nommé Cheraonius, voulant l'épouser un jour, l'enleva à sa mère afin de la faire élever à son gré. Mais sainte Liliola, abbesse du monastère d'Arles, veillait sur les destinées de cette enfant; elle demanda au roi Gontran qu'elle lui fût confiée : et par l'entremise de Syagrius, évêque d'Autun, elle obtint la permission de l'élever dans l'intérieur de son monastère. Cheraonius s'y opposa de tout son crédit. Il supplia le roi, il répandit des présents à la cour; l'enfant lui fut néanmoins ôtée et remise aux soins de la sainte abbesse. Élevée par elle et instruite aux maximes de la vie religieuse,

Rusticule y fit de rapides progrès ; à l'âge de dix-huit ans, après la mort de la vénérable Liliola, elle fut élue abbesse et, malgré ses refus, chargée de diriger cet illustre monastère d'Arles qu'avait fondé saint Césaire (1).

Sainte Consortia était aussi originaire des contrées méridionales de la France. Sa mère se nommait Galla ; et son père, saint Eucher, évêque de Lyon, était de famille sénatoriale. Après la mort de Galla et de saint Eucher, Consortia se retira sur ses domaines, qu'un historien appelle *Moctonvicus*. Ils étaient situés sur les rives de la Durance. Consortia y construisit une église en l'honneur de saint Étienne premier martyr, et y fonda un hôpital ; elle les dota l'un et l'autre, et du restant de ses biens s'occupa à soulager les pauvres. Elle avait affranchi tous ses esclaves et se contentait, pour sa nourriture, d'amandes et de pain d'orge. Uniquement appliquée aux austérités, aux bonnes œuvres et aux prières, elle se résolut d'aller trouver le roi Clotaire I afin de se mettre sous sa protection et d'obtenir de lui la grâce de vivre paisible dans son royaume en consacrant à Dieu sa virginité. Peut-être les poursuites, ou ses grands biens engageaient de nombreux prétendants à sa main, décidèrent-elles la sainte à une pareille démarche ? Elle ne s'en dissimulait pas la gravité ;

(1) *Acta SS. Ordinis. S. Bened.* Sec. 2.

elle avait à craindre de courir au devant du péril qu'elle redoutait. La lubricité de Clotaire était connue. Sainte Consortia se résigna néanmoins à affronter ses regards. Nous venons de voir par l'exemple de Cheraonius ce qu'elle pouvait avoir en effet à redouter de ceux qui convoitaient sa beauté ou ses richesses. Les mœurs françaises ont toujours été singulièrement relâchées en certains points. Au vi° siècle, on peut imaginer ce qu'une fille belle, riche et vivant seule, pouvait avoir à craindre. Les fatigues et les dangers d'un long voyage n'arrêtèrent point le courage de la sainte; mais son âme s'épouvanta lorsqu'en arrivant près de la résidence royale, elle rencontra des serviteurs du roi. Ils l'interrogèrent sur son nom et sa patrie et la conduisirent aussitôt vers Clotaire, qui, disaient-ils, les avait envoyés au-devant d'elle et l'attendait impatiemment. Toute crainte s'évanouit à l'accueil du roi. Sitôt qu'il la vit, Clotaire s'avança vers elle en lui disant :

— Prie pour moi, servante de Dieu, et accorde-moi la guérison de ma fille.

Étonnée de ces paroles, Consortia s'humiliait et se défendait, en disant qu'un tel langage ne devait être employé qu'auprès des saints; mais le roi insistait toujours, et en suppliant il la conduisit auprès de sa fille.

Dieu avait ainsi préparé les choses pour le succès

des desseins de son humble servante. Pendant la nuit, Clotaire avait eu une vision qui lui avait appris qu'il obtiendrait la guérison de sa fille par l'intercession de Consortia ; et il lui avait été recommandé d'obtempérer à tous les désirs qu'elle lui exprimerait.

S'approchant du lit, où était étendue l'enfant royale qui avait déjà perdu l'usage de la parole, Consortia s'agenouilla en pleurant et en priant : elle salua ensuite l'agonissante de ces mots de Jésus : *Pax tecum!*

L'enfant se ranima à cette voix et répondit :

— Je sais que la paix est avec moi puisque j'ai mérité de te voir.

Demandant ensuite la bénédiction de la sainte, la jeune princesse voulut partager sa frugale nourriture et prendre avec elle un peu de son pain d'orge et de ses noix d'amandes.

Le roi voyant sa fille guérie, dit à Consortia :

— Tout ce que tu voudras s'exécutera dans mon royaume, et je te donnerai autant d'or et d'argent que tu en demanderas.

La sainte répondit :

— Mon Seigneur et mon Roi, distribuez aux pauvres ce que vous voulez me donner; pour moi, je désire par-dessus toutes choses vivre désormais paisible, en persévérant dans mon projet de virginité.

Elle le pria, en outre, de confirmer les dons qu'elle

avait faits ou qu'elle pourrait faire désormais aux églises et à ses serviteurs. Clotaire accéda à ses demandes : il fit faire des lettres pour donner à savoir qu'il prenait Consortia sous sa protection, et que quiconque machinerait quelque chose contre elle encourrait la colère royale.

Ensuite, dit l'historien, la servante de Dieu s'en retourna chez elle.

Quelque temps après, Clotaire vint à mourir. La partie de la Provence, où vivait Consortia, échut à Sigebert. Ce roi y envoya pour gouverneur un des principaux de sa cour, nommé Hecca. Quand Hecca fut arrivé, le diable, dit l'écrivain contemporain que nous suivons dans toute cette histoire, le diable, agissant par l'organe d'un des habitants de la contrée, fit savoir au gouverneur qu'il y avait dans le pays une fille fort belle et fort riche, issue d'une noble famille, dont elle était l'unique héritière; qu'elle avait de grandes terres, des sommes d'argent innombrables et de toutes sortes de meubles en abondance. Hecca envoya l'un de ses serviteurs annoncer à la servante de Dieu que le gouverneur l'irait prochainement visiter. Il y alla; et après l'avoir saluée simplement et entretenue quelque peu, il accepta selon la politesse de cette époque un léger repas. Cependant, il examinait curieusement Consortia; il admirait sa beauté et la sagesse de ses discours; il sentait s'allumer dans son âme un feu qu'il ne savait comment réprimer. Il ne s'ouvrit pas néanmoins de ses projets ; mais en toute hâte se rendit auprès du roi. Après lui avoir rendu compte des actes de son administration, il lui dit :

— Il y a dans ce pays une fille non mariée, qui, depuis la mort de ses parents, vit toute seule au milieu de ses domaines, je vous prie, si j'ai quelque mérite à vos yeux, de me permettre de la prendre en mariage.

Le roi consentit volontiers : et sur la demande d'Hecca, il envoya même un de ses serviteurs annoncer sa volonté royale à Consortia et la prévenir de se préparer à célébrer le mariage dans trois jours. A cette nouvelle, la sainte fut profondément affligée ; elle se contenta de répondre :

— Celui qui résiste aux puissances résiste à l'ordre de Dieu ; je suis la servante du roi, je ne puis résister à ses ordres ; je m'appliquerai toujours à faire ce qu'il m'ordonnera.

Elle parlait ainsi, ajoute l'historien, qui était son compatriote, elle parlait ainsi en songeant au véritable roi, qui est Notre-Seigneur Jésus-Christ. Les messagers crurent qu'elle parlait du roi Sigebert, et ils retournèrent promptement auprès d'Hecca. Celui-ci faisait joyeusement ses préparatifs : au jour fixé, on vint annoncer à Consortia que son époux arrivait, et que déjà on pouvait le voir sur l'autre rive de la Durance. Toujours confiante en Dieu, elle sortit de chez elle magnifiquement vêtue et entourée d'un cortége de pauvres, qui faisaient retentir l'air de leurs chants. Hecca cependant traversait la rivière; impatient de se trouver auprès de sa fiancée, en abordant il saute inconsidérément de la barque. Il tenait ses armes à la main; le pied lui ayant manqué, il tomba sur sa lance et s'en perça : il expira sur la rive. Consortia admirant les desseins de Dieu, leva les yeux au ciel, fit enlever ce corps, l'enveloppa dans un linceuil et l'ensevelit.

On alla raconter cette mort à Sigebert : il en reçut la nouvelle le jour de sa naissance. Sa sœur était assise auprès de lui, elle vit sa tristesse et lui en demanda la cause. Le roi raconta tout ce qu'on venait de lui apprendre de la déplorable fin d'Hecca.

— « Je crois, reprit alors la princesse, que cette fille, à l'occasion de laquelle Hecca est mort d'une façon si funeste, est cette Consortia, une vierge sainte, qui, au temps du roi notre père, est venue ici de la province de Marseille, et dont les prières m'ont guérie : prenez garde qu'on ne fasse rien imprudemment à son encontre; il en arriverait de grands désastres dans votre royaume; notre père l'aimait beaucoup. »

Le roi, frappé de cette révélation, prit des renseignements et connut toute la vérité : il envoya aussitôt des lettres au gouverneur de Provence, lui ordonnant de veiller à ce que Consortia n'eût désormais à souffrir aucune inquiétude et pût jouir de tous les priviléges que le roi Clotaire lui avait accordés (1).

Nous n'avons cité dans toutes ces anecdotes que des tentatives malheureuses faites par les grands et les seigneurs de la cour auprès des fortunes gallo-romaines : cela suffit à marquer la tendance que nous voulions indiquer. Du reste, les documents anciens signalent des entreprises analogues qui réussirent pleinement, et ils témoignent en maintes circonstances des alliances entre les Francs et les Gallo-Romains. Dès les premiers temps de la conquête, la distinction des races n'y était pas un obstacle ; le nombre de ces unions dut naturellement tendre toujours à s'accroître.

Le père de saint Médard s'appelait Nectard et était, dit l'historien du saint, de la puissante race des Francs; sa mère était Romaine et s'appelait Protagie (2). Il est question dans l'histoire de saint Colomban d'un duc Waldelelmus dont la femme se nommait Flavie (3). S'il faut se fier à la forme des noms dont M. Thierry veut faire un argument, on peut encore citer comme exemples d'alliances entre les Gallo-Romains et les Francs saint Omer, dont le père s'appelait Friulfus et la mère Domitia (4) : la

---

(1) *Acta SS. Ordinis S. Bened.* Sæc. 1.
(2) D. D'Achery. *Spicilegium.* Tome VIII.
(3) *Acta SS. Ord. S. Bened.* Sæc. 2.
(4) *Ibid.*

vie de saint Didier, évêque de Cahors, montrerait au contraire un Gallo-Romain Salvius, d'une des plus illustres familles de la Gaule, uni à une femme barbare : M. Thierry pourra chercher à rétablir l'orthographe germanique de son nom, que l'auteur contemporain écrit Harchenefreda (1). Dans toute l'étendue de la Gaule, sans exception, des alliances analogues peuvent être constatées. Le père de sainte Rictrude était Barbare et s'appelait Arnold ; sa mère, si on en croit l'historien de sa vie, écrite au xe siècle, était Basque et s'appelait Lichia (2). Mais est-il nécessaire de multiplier les preuves à ce sujet? Une pareille assertion ne se justifie-t-elle pas d'elle-même ? elle était dans la nature des choses. Les inimitiés, nées des violences de la conquête, auraient pu seules y mettre obstacle, et la politique des rois mérovingiens eût été d'apaiser et d'effacer le plus promptement possible les divisions qui avaient pu naître. L'histoire d'Andarchius et celle de Consortia, suffisent à faire voir combien les rois saisissaient facilement les occasions d'introduire leurs familiers dans les maisons sénatoriales. Lorsque les documents historiques nous montrent dès l'origines ces unions fréquentes entre les deux races en présence sur le même sol ; lorsqu'ils témoignent

(1) Labbe. *Nova bibl.* Tom. 1.
(2) *Act. SS. Ord. S. Bened.* Sæc. 2.

tous non pas des inimitiés, mais de l'amour que les populations des Gaules professaient à l'avance pour la domination des Francs; quand ils se taisent à peu près sur les violences qu'on voudrait imaginer; quand après l'établissement de la race franque, ils montrent, autour de la royauté mérovingienne, dans toutes les charges, dans toutes les dignités, dans toutes les missions des hommes des deux races se succédant indifféremment sans que la division nationale, qu'on croit avoir reconnue, ait jamais amené le moindre trouble ou la moindre commotion, comment croire à la durée d'un antagonisme quelconque? Comment supposer que les faits subséquents et l'histoire pourront s'en ressentir?

Nous ne suivrons pas M. Thierry voulant découvrir dans les royaumes gallo-romains de l'Aquitaine et de la Neustrie un renouvellement de conquête, d'où procéda, assure-t-il, la grandeur des rois carlovingiens. Nous le suivrons encore moins dans l'appréciation du mouvement national des peuples conquis qu'il voit, après l'empire de Charlemagne, travailler à récupérer leur indépendance. Nous le laisserons s'évertuer à ressaisir au milieu des divisions des petits-fils de Charlemagne, les traits de ces divers esprits nationaux agissant toujours plus isolément, fractionnant et brisant chaque jour davantage l'unité factice où le bienheureux Empereur les avait réunis, et finissant enfin par composer l'organisation féodale de l'Europe (1). Sans chercher à établir que cette distinction des races n'existait pas au ixe siècle, il nous suffit d'avoir montré qu'elle n'était pas manifeste au vie ; et que, pour la supposer, il avait fallu altérer les textes et nier les témoignages contemporains. Il nous reste à examiner comment M. Thierry, dans ses histoires et ses systèmes, a amoindri les deux puissances qui agissant de concert mais d'une inégale influence, amenèrent rapidement dans les Gaules cette fusion des deux peuples Gallo-Romains et Francs : nous voulons parler de la royauté et de l'Église.

(1) *Lettres sur l'hist. de Fr.*, p. 176 et suiv.

CHAPITRE DEUXIÈME.

De la royauté.

Quand les premières *Lettres sur l'histoire de France* parurent, on reprocha à l'auteur de retrancher cinq siècles d'antiquité à la monarchie. M. Thierry plaisante sur ce reproche (1) et sur la malignité dont on l'accusait; néanmoins il persiste dans son dire, et « si l'on veut assigner une époque « fixe à l'établissement de la monarchie française, il « faut reporter cette époque non en avant, mais « en arrière de la grande féodalité (2). » Il est vrai qu'à cette occasion l'auteur donne de la royauté, une définition, où se mêle le faux avec le vrai dans des proportions assez paradoxales, et qu'il tient pour l'idée moderne de la royauté. Elle lui paraît « une création lente du temps et des circonstances » que les

(1) *Dix ans d'études d'hist.* Introd., p. 22.
(2) *Lettres sur l'hist. de Fr.* L. IX.

premiers siècles de l'établissement des Francs dans les Gaules ne laissaient pas supposer.

Nous ne nous arrêterons pas à lutter de définition ; quand on parle de royauté, nous croyons que tout le monde comprend : il s'agit d'un pouvoir supérieur aux autres, et résidant entre les mains d'un seul homme. Il n'est pas nécessaire de rechercher si l'obéissance, qu'on lui rend, est plus ou moins libre et entière ; l'État gouverné par un roi est toujours une monarchie. Sans prétendre que la monarchie de Louis XIV fût régie et gouvernée de la même manière que celle de Clovis et de Charlemagne, on peut affirmer, malgré toutes les prétentions de M. Thierry, que, depuis leur conversion au christianisme, le gouvernement des Francs fut toujours monarchique. L'autorité de saint Grégoire permet même de remonter au delà. L'historien moderne pourra chercher à son gré l'établissement de ce qu'il appelle la monarchie française en avant ou en arrière de la féodalité. Il distinguera aussi longtemps qu'il voudra les monarchies franques, qui sont, à son dire, antérieures à l'établissement de la monarchie française. Cette classification, comme il en convient lui-même, sera toujours arbitraire : celle que les anciens avaient adoptée était plus logique et mieux précisée. L'établissement de la monarchie française, dont on ne donne pas la date d'ailleurs, ne peut former une distinction aussi nette que celle des diverses races et des diverses familles qui ont occupé le trône.

S'il n'y avait ici en jeu qu'une manière de présenter l'enseignement aux jeunes esprits et de le grouper de façon à l'imprimer plus facilement dans leur mémoire, nous n'aurions pas à nous arrêter sur ce sujet. Une discussion pédagogique n'est pas dans notre dessein; mais sous le prétexte de formuler la manière de présenter l'enseignement de l'histoire, M. Thierry en altère le corps : il est bien vrai qu'il conteste cinq siècles à l'action civilisatrice de la puissance royale en France. Avec ses préjugés de 1820 et toutes les aveugles antipathies libérales de cette époque, il ne pouvait en effet consentir à reconnaître l'influence féconde et puissante de la royauté : il a trouvé tout simple de la supprimer. Elle n'apparaît dans ses récits que comme un instrument de guerre placé dans les Gaules, au milieu des populations indifférentes à son sort. Isolée par une origine étrangère, par des mœurs bizarres, elle est sans relations avec les Gallo-Romains; ceux-ci le plus souvent ignorent le nom du Mérovingien ou du Carlovingien qui les gouverne; ils ne connaissent son autorité que par les désastres où elle les entraîne et les ravages qu'elle occasionne sur leur territoire. Cette puissance s'ignore elle-même; tout en étant jalouse d'augmenter ses possessions, elle n'en sait point démêler l'importance; elle ne connaît pas la valeur relative des villes et des cités qu'elle ambitionne. Elle n'est que nominative, elle n'a pas d'influence en dehors du cercle étroit, où habite son représentant. Il a à peine lui-même un caractère politique, il n'administre pas, il ne gouverne pas; il possède de grands territoires, il y vit en simple propriétaire, chassant, s'enivrant et donnant des festins; ne sortant de cette vie inutile que pour faire la guerre et ravager les contrées.

Surtout, M. Thierry s'applique à effacer le caractère religieux que l'Eglise s'est partout complu à conférer à la royauté, et qui dans notre pays avait exercé une si grande influence sur le cœur et l'esprit des peuples. Ces solennelles et particulières bénédictions, que l'autorité spirituelle tirait de ses inépuisables richesses pour les répandre sur l'expression la plus élevée de l'autorité temporelle, conféraient à cette dernière une sorte de caractère sacré et indélébile, contre lequel s'élevait précisément l'opposition de 1820. Dans la royauté d'alors, ce n'était pas la personne ni la famille royale qu'elle poursuivait ; ce n'était pas l'autorité qu'elle voulait abattre, ni l'esprit du gouvernement qu'elle trouvait antipathique ; c'était l'Eglise uniquement qu'elle détestait, c'était l'intervention divine qu'elle voulait éloigner des choses de ce monde : elle crut avoir complétement réussi en 1830 ; 1848 est pour lui prouver ce que le succès pouvait avoir de dangereux.

M. Thierry partageait trop les préjugés de ses

amis du *Censeur* et du *Courrier* d'alors, pour ne pas faire servir l'histoire du passé à soutenir les convictions et les haines du présent; il combat de tous ses efforts la notion ancienne et patriotique de la royauté, il nie le prestige que les bénédictions attachent à la couronne. Prétendant expliquer toutes choses sans l'intervention divine, et se refusant à admettre les changements que la pratique du christianisme avait pu opérer dans les mœurs et les opinions des peuples, il a voulu préciser le sens rigoureux que les Francs donnaient au mot *roi* (1). Trouvant dans les langues tudesques cette dénomination appliquée à tout personnage établi en dignité, aussi bien au chef de dix hommes qu'au chef d'une armée et d'un Etat, il en conclut hardiment que le pouvoir de tous était de même nature, et que pour être plus étendu, celui que nous appelons *royal*, n'était pas d'une essence plus parfaite ou plus respectée que celui du décurion. Il en conclut encore que la pensée de l'hérédité n'y était point attachée. Ce n'est qu'après le triomphe de la féodalité, lorsque tous les possesseurs de fiefs sont devenus propriétaires, lorsque « l'ordre des choses modelait la condition de chaque homme sur celle de son domaine, que la royauté fut regardée comme un droit personnel (2). »

(1) *Lett. sur l'hist. de Fr.* Lett. IX.
(2) *Lett. sur l'hist. de Fr.* Lett. IX.

On pourrait demander tout de suite, par quelle bizarrerie la royauté se trouve transformée en un droit personnel, au moment même où il n'y a plus que des droits réels, et où, comme le dit très-bien M. Thierry, la condition de chaque homme était modelée sur celle de son domaine (en acceptant ce mot de *domaine* dans le sens matériel que nos paysans lui donnent encore exclusivement aujourd'hui). On peut rechercher par quel mystère, à l'époque où tout pouvoir, pour ainsi dire, se localisait et se matérialisait, apparaissait justement « cette idée mo-« derne de la royauté, source de tous les pouvoirs « sociaux, placée dans une sphère à part, n'étant « jamais déléguée et se perpétuant sans le concours « de la volonté publique (1). » Mais nous ne voulons pas discuter de philosophie, et il nous suffit de constater que M. Thierry indique la notion de la royauté, « droit personnel héréditaire, et placé dans « une sphère à part, » comme postérieure plutôt qu'antérieure à la féodalité (2).

Il ne faut pas mettre un auteur en contradiction avec lui-même, et vouloir savoir par exemple, comment, si le nom de roi n'éveillait aucune idée de pouvoir particulier et placé dans une sphère à part, M. Thierry a pu démêler cette loi politique qu'il a

(1) *Lett. sur l'hist. de France. Ibid.*
(2) Non en avant, mais en arrière de la grande féodalité. L. IX.

formulée d'une manière absolue, à savoir que : « dans la hiérarchie des souverainetés, celle qui » avait le titre de royaume, quelque faible qu'elle « fût, devait prendre rang avant toutes les autres, « et se trouvait la mieux placée pour faire valoir « dans la suite, à leur détriment, un droit effectif « de supériorité (1). » Nous ne discuterons pas présentement cette manière de détruire le mystérieux d'un fait particulier, en l'énonçant sous forme de loi générale. Au moins ces explications fatalistes devraient-elles respecter la logique : comment concilier cette loi, que l'historien dégage du milieu des événements, avec ce qu'il dit de l'absence totale de toute pensée particulière attachée au mot *roi* ?

Nous nous en tiendrons aux faits.

A la mort du roi Eudes, personne ne réclama son héritage : son propre frère, Robert, se soumit tout d'abord à l'autorité de Charles-le-Simple, compétiteur du premier roi issu de la famille qui devait remplacer celle de Charlemagne. Mais Charles mécontenta Robert. En 922, Robert rassembla les grands à Soissons, fut proclamé roi, conduit à Reims et sacré. Dans la guerre qui suivit, Charles fut vaincu et Robert tué. Raoul, duc de Bourgogne, lui succéda : on sait que Charles mourut en prison. A la mort de Raoul (936), le fils de Charles était

---

(1) *Lett. sur l'hist. de Fr*, liv. IX, p. 146.

retiré en Angleterre et n'avait aucune force dans le royaume de ses ancêtres. Les grands se rassemblèrent sous la présidence du duc Hugues, fils du roi Robert : si on en croit un historien contemporain, au sein de l'assemblée, Hugues aurait déclaré que son père, Robert, créé roi par une volonté unanime, n'avait cependant pu régner sans crime, tant qu'avait vécu celui à qui seul appartenait le droit de régner (1).

« Une telle chose, ajoutait-il, ne pouvait être agréable à Dieu ; loin de moi donc la pensée d'être mis jamais en la place de mon père. Je ne pense pas davantage qu'on doive songer à élire un homme d'une autre famille, car on verrait se reproduire encore ce qu'on a vu au temps du roi Raoul : le mépris du roi, et par suite les dissentiments des grands. Rappelons plutôt la lignée interrompue de la race royale. L'ancienne gloire de cette famille sera sauvée, et ses nombreux partisans cesseront leurs plaintes »

Quoi qu'il en soit de ce singulier discours, le fait constant est le rappel du roi Louis-d'Outremer, dû à l'intervention du duc de France.

Richer, dont le livre est si précieux, donne d'autres preuves de ce sentiment des peuples, reconnais-

---

(1) « Pater meus, vestra quondam omnium voluntate rex creatus, non sine magno regnavit facinore cum is cui soli jura regnandi debebantur viveret. » Rich., liv. II, c. II.

sant le droit royal « dévolu par succession, placé dans une sphère à part et supérieur à tous les autres pouvoirs. » On était, il est vrai, à la veille de voir les grands fiefs devenir tout à fait indépendants de la royauté et se transmettre par succession : néanmoins, en ce temps même où le droit de régner était héréditaire et où l'ordre de la succession au trône ne pouvait être transgressé sans crime, on peut relever dans l'histoire de Richer plusieurs faits qui constatent que l'intervention du roi était encore nécessaire, pour conférer aux fils la jouissance des *honneurs* paternels. Les sympathies, que la famille des ducs de France éveillait parmi les grands, prenaient leur source non pas, comme on l'a dit, dans l'antipathie de race que les Français éprouvaient pour la famille de Charlemagne, mais dans la faiblesse avec laquelle les rois issus d'une autre famille, exerçaient la supériorité du droit royal : le mépris du roi et l'indiscipline des grands étaient la suite de ces usurpations au dire de Hugues l'abbé.

Dans une autre circonstance, ce sont les amis du duc, qui avouent le prestige dont est entourée la famille royale. Lothaire avait mécontenté le duc de France. Plus puissant que le roi par ses richesses et ses nombreux amis, Hugues irrité délibérait avec quelques-uns des siens sur ce qu'il convenait de faire et il proposait de commencer ouvertement la guerre.

— Il faut nécessairement, en ce cas, t'attendre à supporter de grands maux, lui répondirent ses familiers, des attaques, des embûches continuelles, des incendies et des pillages : le plus fâcheux sera la clameur de tout un peuple insensé, qui ne dira pas que nous nous défendons contre nos adversaires, mais qui nous accusera d'être téméraires et parjures, et de nous mettre en rebellion contre le roi. On enseignera en conséquence que sans péché et sans parjure, on peut quitter son seigneur et s'élever contre lui.

Hugues-Capet, lui-même, confessait ce droit d'hérédité ; il redoutait l'opinion populaire, si favorable à la famille de Charlemagne :

— Si Louis, fils de Lothaire, eût laissé des enfants, disait-il aux bourgeois de Reims, il eût été juste à sa mort de leur laisser son héritage. Mais comme il n'y avait point de successeur de la race royale, j'ai été choisi par vous, les autres grands et les plus puissants d'entre ceux qui portent les armes ; et je règne (1). Ce droit que Hugues-Capet avouait donc qu'il eût fallu reconnaître aux enfants de Louis V, il ne l'avouait pas, mais il le redoutait dans la personne de Charles de Lorraine, oncle du feu roi. Lorsque Charles se fut emparé de Laon, Hugues marcha contre lui ; mais malgré la

---

(1) Rich. L. IV, c. XXVIII.

supériorité de son armée, il n'osa attaquer son compétiteur, parce que, dit l'historien, il avait conscience de son crime, et il s'accusait lui-même d'avoir agi contre la justice en dépouillant Charles du trône de ses pères (1). Les partisans du roi partageaient ses scrupules : ses troupes n'avaient pas confiance dans leurs forces ; la majesté du droit royal violée les arrêtait, et défendait Charles contre leurs effets.

Il est donc évident que la royauté apparaissait aux yeux des hommes du Xe siècle comme un pouvoir héréditaire dans la famille de Charlemagne, légitime et vénéré, pour lequel les populations des Gaules n'avaient rien de cette antipathie nationale que M. Thierry a voulu reconnaître.

On ne trouve pas sur la révolution, qui précipita les mérovingiens du trône, des documents aussi nombreux et aussi explicites que ceux que Richer a conservés sur l'élévation de Hugues-Capet. Tous les rois de la race de Charlemagne avaient été solennellement sacrés : cette bénédiction de l'Église avait dû leur attacher d'autant plus profondément le cœur et l'affection des peuples restés fidèles à cette famille au milieu des désastres qu'ils eurent à supporter pendant son règne.

On ignore si cette coutume du sacre des rois avait

(1) « Regem vero animus sui facinoris conscius contra jus agere argueret cum Karolum paterno honore spoliaverit. » Rich., lib. IV, c. XXXIX.

été en usage parmi les descendants de Clovis. Saint Grégoire dit que ce roi, baptisé au nom du Père, du Fils et du Saint-Esprit, fut oint du saint chrême et du signe de la croix (1). La vie de saint Remy, qui rapporte le miracle de la sainte ampoule, répète à peu près les mêmes paroles : on a voulu voir là l'indication d'un sacre ; elle ne semble pas précise. Saint Ives de Chartres dit que les rois Gontran et Childebert furent sacrés par les évêques de leur royaume ; aucun document contemporain, parvenu à notre connaissance, ne confirme cette assertion ; et S. Grégoire, dans les diverses successions de rois qu'il mentionne, ne signale nulle part cette coutume d'une consécration religieuse. Nous n'avons pas à reconnaître si cette cérémonie eut lieu : l'esprit de l'Eglise suffisait d'ailleurs à relever le titre royal, et à attacher les peuples à la famille où il était héréditaire. Sous l'inspiration chrétienne, ce nom de roi, si méprisé des Romains et si vulgaire chez les Barbares, prit, quoi qu'en dise M. Thierry, une signification magnifique et absolue. Saint Grégoire s'applique à discuter longuement les textes des anciens historiens, afin de reconnaître si les chefs des Francs ne portaient pas ce titre suprême (2) : le premier, qu'il reconnaisse en avoir été revêtu, est Chlodion. L'aventure si connue du vase de Soissons peut

(1) S. Greg. Lib. II, c. xxxi.
(2) Lib. II, c. ix.

faire assez concevoir ce qu'étaient ces rois et leurs moyens de tenir dans l'obéissance les hommes qui leur étaient attachés. On trouve dans l'histoire mérovingienne quelques faits qui témoignent que les successeurs de Clovis durent avoir recours à des procédés analogues de dissimulation et d'exécution.

Sigebert avait envahi la Neustrie (574) : il fit la paix avec Chilpéric, son frère, mais il eut de la peine à apaiser son armée, alléchée par le désir du butin ; tous ses efforts ne purent empêcher ses hommes de ravager la contrée. Le roi dissimula d'abord son ressentiment, il usa même de douces paroles pour apaiser le tumulte ; plus tard, rentré dans son royaume, il fit lapider les plus mutins. Ils appartenaient aux populations païennes d'outre-Rhin (1) : dans l'intérieur de la Gaule, l'autorité royale avait souvent des ménagements analogues à tenir.

On comprend que la valeur personnelle de l'homme, qui exerçait ce pouvoir, avait une grande importance auprès de populations agitées et facilement impressionnées.

Clovis qui, lors de l'aventure du vase de Soissons, dissimulait son ressentiment et attendait l'occasion de faire justice de l'insolence d'un de ses compagnons, Clovis, dans la guerre contre les Goths, se

---

(1) S. Greg. Lib. IV, c. L.

croyait en droit d'exécuter immédiatement celui qui avait enlevé le foin d'un pauvre homme, tandis que les ordres du roi étaient de ne prendre sur le territoire de saint Martin que l'herbe et l'eau. Pour un motif à peu près analogue, Chilpéric tuait de sa main un comte de Rouen, qui faisait du tumulte dans son armée (1).

Cette royauté, si redoutable parfois et dont les passions pouvaient abuser facilement, était étrangement méconnue lorsqu'elle tombait en de faibles mains ; néanmoins en ces circonstances encore, nous la voyons comme un objet de respect et de fidélité. Lorsque Chilpéric fut mort, laissant pour lui succéder un tout petit enfant de quatre mois à peine, les grands de son royaume se réunirent autour de ce faible enfant, qu'ils nommèrent Clotaire ; et ils exigèrent des cités qui avaient appartenu à Chilpéric, le serment d'être fidèles à Gontran et à son neveu Clotaire (2).

Ce sentiment de respect et de fidélité envers la race royale n'existait pas seulement parmi les leudes francs ; S. Grégoire s'en est fait souvent l'interprète, et M. Thierry a parfois singulièrement interverti ses paroles.

Dans les guerres de Chilpéric et de Sigebert, Théodebert, fils de Chilpéric, fut tué dans une ba-

(1) S. Greg. Lib. VI, c. xxxi.
(2) S. Greg. Lib. VII, c. vii.

taille livrée contre un corps d'armée levé en Touraine et en Dunois (1). Gontran-Boson, qui était Barbare, commandait cette armée ; il fut accusé de cette mort (2). M. Thierry ne la met pas moins sur le compte des Gallo-Romains : ils ne partageaient pas, assure-t-il, le respect traditionnel des Francs pour la royauté mérovingienne, et cette irrévérence gallo-romaine les porta jusqu'à dépouiller le corps du jeune prince (3). S. Grégoire exprimait néanmoins sa douleur d'un fait qui lui paraissait inouï et odieux (4), et tout le monde sait qu'il était Gallo-Romain. M. Thierry ne s'arrête pas à cette considération : il prétend que le saint évêque exprimait une horreur franque pour une action gallo-romaine.

Les populations du Dunois et de la Touraine, au dire de M. Thierry, ne connaissaient même pas Sigebert ni sa famille, « ils savaient que leur pays « était compris dans le partage de Sigebert et que « les impôts levés chez eux se rendaient au fisc « d'Austrasie, mais c'était tout (5). » Cette ignorance ne s'accorde pas néanmoins avec la fidélité que les habitants de ces contrées voulurent garder à cette famille de Sigebert et avec la mémoire persévérante

---

(1) S. Greg. Lib. IV, c. LI.
(2) *Id.* Lib. V, c. IV.
(3) *Récits des temps mérov.* Tom. II, p. 43, 44.
(4) « Quod dici dolor est. » Lib. IV, c. LI.
(5) *Récits des temps mérov.* Tome II, p. 42.

qu'ils lui conservèrent. Soumis violemment au roi Chilpéric, ils essayèrent à sa mort de retourner au pouvoir du roi d'Austrasie, et ils se mirent sous l'autorité de Childebert. Pour triompher de leur fidélité, Gontran dut envoyer des armées ; en se soumettant, ces peuples disaient encore que le roi Gontran, ayant adopté ses neveux, Childebert et Clotaire, devrait être regardé comme leur père, et qu'à ce titre tout le royaume des Francs lui était dévolu (1).

Cette fidélité à la race royale se combinait d'ailleurs avec toute la violence des mœurs de cette époque : et si l'on pouvait adopter les distinctions que M. Thierry proclame, il semblerait plus conforme à la vérité de dire que la famille royale trouvait dans les Gallo-Romains son appui contre la haine et le ressentiment que lui opposaient les Francs. Il fallait, en effet, souvent réprimer la cupidité et la violence des grands ; les sympathies des petits secondaient ces efforts : lorsque les intrigues d'Égidius, évêque de Reims, soumettaient à Chilpéric les villes de Childebert et rendaient l'armée de ce dernier inutile ; le peuple, le petit peuple, dit S. Grégoire (2), se souleva contre cet évêque et les autres conseillers et tuteurs du jeune roi : « Il faut « chasser de la présence du roi, disait-on, ceux qui « vendent son royaume, soumettent ses cités et li-

(1) S. Greg. Lib. VII, c. XII et XIII.
(2) « Minor populus. » S. Greg. Lib. VI, c. XXXI.

« vrent son peuple à une domination étrangère ! » Tout en murmurant ainsi et proférant ces plaintes, un matin ils prirent leurs armes et pénétrèrent dans la tente du roi, pour se saisir de l'évêque et des seigneurs. L'évêque, averti à temps, prit la fuite et se dirigea vers sa ville épiscopale. Le peuple le poursuivit avec de grands cris, lui jetant des pierres et l'accablant d'injures. Egidius ne dut son salut qu'à la rapidité de sa fuite. Elle fut telle qu'aucun de ses compagnons ne put le suivre, et il ne songea même pas à ramasser une de ses chaussures qu'il avait laissé tomber. Saint Grégoire condamne les intrigues d'Egidius et note sa conduite (1). Je n'ai pas à examiner si le tumulte, dont je viens de parler, qui s'éleva contre lui, fut justement provoqué ; mais il faut en marquer le prétexte, qui fut la fidélité au roi et le bien de son service.

A la mort de Chilpéric, Gontran fit rendre à tous ceux qui en avaient été dépouillés les richesses que les leudes de Chilpéric leur avaient injustement enlevées. Il donna aussi beaucoup aux pauvres (2). Se défiant des hommes au milieu desquels il était venu, il ne sortait plus, au dire de saint Grégoire, qu'entouré d'une escorte considérable. Un dimanche, à l'église, pendant la messe, au moment où le diacre allait lire l'Evangile, le roi se tourna vers le

(1) Lib. X, c. xix.
(2) Lib. VII, c. vii.

peuple et prit la parole : Je vous conjure vous tous, « hommes et femmes qui m'écoutez, dit-il, de me « garder une foi inviolable et de ne pas me tuer « comme vous avez fait de mes frères ! qu'il me « soit permis, au moins pendant trois ans encore, « d'élever mes neveux, qui sont mes fils adoptifs ! « car si je mourais, vous auriez à craindre de périr « vous-mêmes avec ces petits enfants, puisqu'il n'y « aurait plus dans notre famille un seul homme ro- « buste capable de vous défendre. » Et tout le peuple, dit l'historien, éleva vers Dieu sa prière pour le roi (1). C'était le peuple de Paris. Il est permis de croire que ces hommes, dont se défiait Gontran et dont les projets l'engageaient à se recommander par des paroles si étranges aux prières des fidèles, étaient les leudes de Neustrie. Saint Grégoire nous apprend encore qu'un jour un pauvre avertit Gontran qu'un ancien chambrier de Chilpéric, Faraulf, cherchait à le tuer. — Le nom est germanique : M. Thierry conclurait que le personnage est Franc.

Les seigneurs du reste ne dissimulaient pas leurs projets funestes : leur colère éclatait parfois en menaces atroces.

— « Nous te disons adieu, ô roi, disait Gontran-Boson, et nous savons que la hache qui a brisé la tête de tes frères est encore bonne, elle

---

(1) Liv. VII, c. xviii.

te frappera bientôt et te fera sauter la cervelle. »

Gontran-Boson, qui menaçait avec cette violence le roi Gontran, était envoyé auprès de lui au nom du jeune roi Childebert. Au moment où ce messager insolent se retirait, le roi Gontran, furieux à son tour, lui fit jeter du crottin de cheval, de la boue et des immondices (1). Quand les relations officielles et publiques en étaient à ce degré de violence et de grossièreté, il faut imaginer ce qu'étaient les relations privées. Ces colères des seigneurs francs ne s'adressaient pas seulement aux princes d'un royaume étranger. Les propres leudes de Clotaire I l'accablèrent d'injures et le frappèrent pour le forcer à les conduire au combat contre les Saxons (2). On voudrait croire qu'il n'y avait que les hommes d'origine barbare pour se livrer à de telles violences; mais les récits de saint Grégoire témoignent qu'elles étaient générales. Mummol et Didier étaient Gallo-Romains, et ils se portèrent envers Magnulf, évêque de Toulouse, aux plus extrêmes brutalités, le frappant à coups de poing, de pied et de bâton (3); dans la compagnie de Gontran-Boson, au moment où il insultait le roi Gontran, se trouvait même un évêque, Egidius, l'évêque de Reims, dont nous avons déjà parlé, qui fut condamné plus tard à cause de ses nombreuses

(1) Lib. VII, c. XIV.
(2) Lib. IV, c. c. XIV.
(3) Lib. VII, c. XXVIII.

trahisons (1). On pourrait aussi citer, d'après saint Grégoire, les noms d'évêques qui ne furent pas seulement objets ou témoins, mais bien auteurs eux-mêmes des plus graves violences (2). Nous examinerons plus tard par quels moyens ils s'étaient introduits dans les dignités de l'Église.

Ainsi les mœurs, au vi^e siècle, apparaissent empreintes d'une extrême brutalité : M. Thierry s'est particulièrement appliqué à la mettre en relief ; mais au milieu de cette barbarie devenue générale, le pouvoir royal revêt une certaine magnificence relative ; il jette un éclat que l'historien a amoindri autant que possible. La cour de Clovis est à ses yeux un bivouac ; et il accuse amèrement les évêques d'une indigne flatterie, parce qu'ils appellent *aula regia* ce bivouac du fils de Childéric. Nous avons peu de renseignements sur la cour de Clovis ; et les splendeurs déployées à son baptême peuvent être mises tout aussi bien sur le compte de l'Eglise de Reims que sur celui de la royauté franque. Mais les petits-fils de ce roi ne doivent pas être tous jugés d'après Chilpéric et sa femme Frédégonde. Ce barbare, demi-lettré, voulant régler la foi et la grammaire, cédant aux instigations et aux artifices de sa femme pour faire périr ses enfants, n'est pas le plus noble

(1) Lib. X, c. xix.
(2) Entre autres Salone et Sagittaire, évêques de Gap et d'Embrun, Badegisile, du Mans, etc.

des rois mérovingiens. Je ne veux pas citer comme type de ces monarques Dagobert, qui gouverna avec tant d'éclat et de splendeur que les documents historiques parlent de lui avec une admiration et dans des termes qui rappellent involontairement à la mémoire la gloire de Salomon, dont il renouvela aussi les désordres (1). Son règne est l'apogée de la puissance mérovingienne. Dans son palais de Clichy, entouré d'un admirable cortége de saints, il recevait les soumissions des peuples les plus éloignés et les plus indépendants de la Gaule; les Bretons et les Basques imploraient sa protection et reconnaissaient son empire (2); Frédégaire sort de sa concision habituelle pour célébrer la sagesse et la puissance de l'ami de saint Eloi. Il y a loin de tout cet éclat au tableau que fait M. Thierry du roi « Hilpéric », qu'il compare si volontiers à un animal sauvage.

Sans s'arrêter à rechercher si Chilpéric ne présentait pas quelques côtés un peu moins barbares que ceux mis en relief par M. Thierry, on peut voir dès le vɪᵉ siècle, au temps du grand père de Dagobert, quelque chose dans les Gaules qui se rapporte un peu plus à la grandeur de ce dernier roi. Le royaume d'Austrasie semble celui où se manifesta le mieux l'éclat de la majesté royale. Autour du fils de Thierry, nous voyons une garde royale où se rangeait et s'ex-

(1) Fredeg. *Chron.*, c. LVIII.
(2) Fredeg. *Chron.*, LXXVIII.

erçait la jeunesse guerrière des familles qui lui étaient attachées. Dans l'intérieur du palais il y avait une école, où florissaient les lettres et la piété, et d'où sont sortis un grand nombre d'hommes saints et illustres. La vie de saint Maur, écrite par un de ses compagnons (interpolée, il est vrai, au IXe siècle), la vie de saint Maur rapporte les détails d'une visite de Théodebert au monastère de Glannefeuil, et montre dans toute la conduite de ce roi une douceur, une aménité, une grâce de paroles et de discours, une politesse de formes enfin bien remarquables au milieu des brutalités de l'époque. C'est la piété qui était tout à la fois la cause et l'objet de ces douces manières. En abordant la communauté, le roi, revêtu de ses vêtements royaux, s'était d'abord mis à genoux et avait demandé, avec larmes, qu'on voulût bien prier pour lui. Causant ensuite gracieusement avec le saint, il lui disait :

« — L'illustre nom de votre maître Benoît est venu à ma connaissance, et je me réjouis grandement de ce que les merveilles de sainteté et de vertu, que nous avons apprises de lui, s'accomplissent chez vous chaque jour. »

Il demanda à jouir du bénéfice des prières des frères et à voir son nom inscrit parmi les leurs. Il parcourut les bâtiments et les dépendances du monastère, louant les constructions, entrant dans les oratoires et y priant. Faisant partout admirer à son fils, Théodebald, la sainteté du lieu où ils se trouvaient, et lui recommandant avec force d'être toujours le soutien et le défenseur de la congrégation. Il pria saint Maur de lui désigner, parmi les quatre cents religieux, qui les entouraient, ceux qui étaient venus avec lui d'Italie. Les tirant à part, le roi les considéra avec respect, les embrassa et voulut connaître le nom de chacun d'eux. C'étaient Constantinien, Antoine, Simplice et Faust, l'auteur de ce charmant récit. Reconnaissant parmi les frères le jeune Bertulf, fils du comte Florus, le roi l'attira aussi à lui, l'embrassa avec tendresse et le recommanda à saint Maur, le priant, à cause de l'amour qu'il portait à son père, de veiller chèrement sur cet enfant et de l'élever à la piété avec le plus grand soin (1).

Il me semble que cette scène montre un petit-fils de Clovis, sous un jour que M. Thierry n'a pas fait connaître. Ces traditions de bienveillance, de majesté et de dignité royales se perpétuèrent à la cour d'Austrasie. L'esprit et le cœur de Sigebert étaient pour les conserver, et l'influence de Brunehaut ne put que contribuer à les entretenir et les développer au sein de la cour de Metz : elles s'épanouirent, comme nous avons vu, sous le règne de Dagobert.

Cette royauté mérovingienne n'était donc pas dé-

(1) *Acta SS. Ord., S. Bened.* Sæc. 1.

pourvue de politesse, et le tumulte des passions barbares ne lui avait pas ôté tout éclat. Il faudrait examiner aussi quelle fut en réalité sa puissance. Nous n'aurons pas recours à des dissertations. Comme nous avons fait jusqu'à présent, nous citerons des faits ; et nous verrons le pouvoir royal n'avoir d'autres limites de droit que celles que la religion lui imposait : partout ailleurs, il ne connaissait que des limites de fait, et ne s'arrêtait que là où il ne pouvait atteindre.

Nous avons vu dans l'histoire de sainte Consortia, la puissance royale intervenant au sein des familles et invoquée par une jeune fille, qui, voulant vivre libre de tout engagement conjugal, n'avait que la protection du roi pour se défendre des prétentions de ceux qui convoitaient sa beauté et ses richesses. Nous avons vu aussi que, pour persévérer dans son dessein, elle eut besoin d'une garantie moins changeante ; les promesses des rois sont caduques, et leur pouvoir peut souvent se tourner contre ceux-là mêmes qu'ils avaient l'intention de protéger.

Sainte Consortia était gallo-romaine : à cause de la distinction que M. Thierry a voulu établir, il faut montrer que l'intérieur des familles franques n'était pas mieux fermé aux exigences de la volonté royale. La vie de sainte Rictrude servira d'exemple (1). Son

---

(1) Vita S. Rictrudis, *Acta SS. Ord. S. Bened.* Sæc. 2.

8.

père, d'une naissance illustre, se nommais *Ernoldus*; c'est bien un nom germain. Son mari, Adalbaldus, était, dit son historien, *Francigena* et familier du roi : il appartenait probablement a une famille établie au nord de la France. Selon la chronique de Marchiennes (1), Adalbaud était de la famille mérovingienne : il descendait de Clotaire I. Sa mère se nommait Gerberte : on la dit fille de sainte Gertrude, fondatrice du monastère d'Hamay, sur la Scarpe, au diocèse d'Arras. M. Thierry ne demanderait sans doute pas d'indication plus précise pour considérer Rictrude comme une noble dame franque. Sa mère, Lichia, était basque : cette racine autochtone ne pouvait altérer en rien le privilége barbare ; selon la loi salique la femme suivait la condition de son mari : par son mari comme par son père, Rictrude appartenait à la nation conquérante. Saint Amand, qui évangélisa les rives de l'Escaut et les pays basques, fut peut-être la cause de l'union de familles dont les possessions et le séjour étaient aussi éloignés. Dans un voyage de Belgique en Gascogne, que nécessitaient les biens qu'il avait dans ces deux contrées, Adalbaud fut tué. Rictrude voulait se consacrer à Dieu et se retirer dans un monastère; mais le roi, c'était Dagobert, prétendait la remarier à un des grands de sa cour. Elle n'osa révéler son

---

(1) *Hist. de la Fr.* Tom. III, p. 522.

projet, et tout son crédit ne put arriver qu'à multiplier ses refus en même temps que se multipliait le nombre des prétendants à sa main. Saint Amand dirigeait Rictrude. Ce courageux apôtre ne craignait pas de s'opposer au roi et de le gourmander sur ses désordres. Il le faisait quelquefois avec tant de fougue que pour le ramener à un peu de modération, Dagobert avait besoin de recourir à l'intervention de ses amis, saint Éloi et saint Ouen (1). Malgré la vivacité de son zèle, saint Amand, en encourageant le projet de Rictrude, ne la détournait pas de prendre les moyens de prudence qui pouvaient contribuer à le faire réussir. Par ses conseils la sainte invita le roi à dîner. Pendant le festin, les gracieux propos et les fines réparties de Rictrude entretinrent parmi les convives un doux esprit de gaîté. La bonne chère et les fumées du vin commençaient à rendre cette gaîté plus bruyante, lorsque Rictrude se levant demanda gracieusement au roi la permission d'agir librement en sa présence. Le roi s'imaginant que, selon une mode assez en usage dès lors, elle allait prendre du vin pour provoquer elle-même ses convives, n'eut garde de lui refuser l'autorisation de faire chez elle ce qu'elle voulait. Alors Rictrude, comme la femme forte des livres saints, exécutant avec courage ce qu'elle avait résolu avec prudence,

(1) *Acta SS. Ord. S. Bened.*, Sæc. 1. Vita S. Amandi.

sans se troubler ni trembler, tirant de son sein un voile bénit à l'avance par saint Amand, invoqua le nom et le secours du Dieu terrible; et bravant, au milieu de la stupéfaction de la compagnie, la colère du roi, elle se revêtit du voile consacré. Dagobert irrité quitta la salle du festin; mais toute sa fureur vint se briser devant ce morceau d'étoffe dont Rictrude s'était revêtue : sous cette protection, la sainte put accomplir son dessein et, livrée entièrement à la prière, vivre désormais paisible et retirée au monastère de Marchiennes qu'elle avait bâti (1).

Plus tard, des docteurs trouvèrent dans des faits analogues un témoignage du droit que les rois pouvaient avoir en de pareilles circonstances. Nous n'avons pas à examiner leurs théories; il semble que la conduite de saint Amand ne reconnaissait pas le droit : il se contentait d'éviter le fait. Il est donc bien vrai que la puissance des rois mérovingiens pénétrait l'intérieur des familles. Saint Grégoire nous apprend que lorsque le comte Leudaste vint se fixer en Touraine, il était muni d'une autorisation royale pour y prendre femme (2).

Les rois mérovingiens, au milieu de cette toute-puissance, témoignent d'un caractère de simplicité, que M. Thierry s'est appliqué à faire ressortir en plusieurs circonstances et qu'il met sur le compte

(1) Vita S. Rictrudis.
(2) S. Greg. Lib. VII, c. XXXII.

de l'origine germanique. Quelle qu'en soit la cause, il est assez bizarre que le nom du plus puissant de ces monarques absolus, qui nous sont montrés par les historiens modernes comme des meurtriers féroces, soit resté dans la tradition populaire le type de la bonhomie.

Au milieu des violences, des abus de pouvoir, des colères rapides, à travers une insatiable avidité pour les richesses et un abandon effrayant à tous les plaisirs des sens, ce trait de physionomie se retrouve, en effet, chez tous les Mérovingiens ; et, malgré les ruses où ils ont recours les uns contres les autres, une manière de simplicité subsiste toujours. Elle s'allie chez Gontran avec la piété la plus vive, et chez Dagobert avec tout le triomphe et l'éclat de la majesté royale. Cette autorité du roi franc n'avait d'autre frein que le caractère de l'homme aux mains duquel elle était échue, la règle que la religion lui imposait, et la résistance que ses actes pouvaient susciter. Livrée à sa seule volonté, elle ne s'exerçait pas uniquement autour du lieu où résidait le monarque. Elle atteignait jusqu'aux limites les plus éloignées du territoire de sa domination : il fallait bien qu'elle eût moyen de s'y faire respecter puisque nous avons vu sainte Consortia ne pas craindre d'entreprendre un lointain et périlleux voyage pour s'assurer la protection de Clotaire : et l'histoire d'Ursus est une preuve que la puissance royale avait des agents partout. Par ses juges, ses administrateurs, ses collecteurs d'impôt, elle atteignait jusqu'aux extrémités de ses domaines. Quand le pouvoir des officiers du roi était impuissant, on avait recours au roi lui-même. L'histoire d'Hecca témoigne que les officiers du roi lui rendaient compte de leur administration. Tout cela ne s'accorde pas tout à fait avec la royauté pittoresque sans aucun doute, mais grossière, sans idée politique, ni puissance administrative décrite par M. Thierry. Ces rois mérovingiens, malgré leur éloignement, étaient jaloux de voir leur autorité reconnue sur les cités importantes; et l'état de ces cités elles-mêmes accuse une constitution où tout n'est pas abandonné au hasard. Dans les divers partages que la royauté mérovingienne fit à plusieurs reprises des terres de la domination franque, les cités furent souvent soumises à deux rois différents. Paris en reconnut même trois à la fois : on sait qu'ils s'étaient interdits l'un à l'autre le droit de pénétrer dans l'enceinte de ses murs.

Marseille était échue à Sigebert : nous avons vu qu'il y avait envoyé le duc Loup comme gouverneur. Il semble résulter d'un texte de saint Grégoire que Childebert, fils de Sigebert, avait donné à son oncle Gontran une part de cette ville; et il faut bien supposer que Gontran avait précédemment des droits à faire valoir, puisque les officiers de Childebert se trouvèrent tout à fait exclus de l'administration de la cité. Ce roi vint à réclamer néanmoins la part qu'il avait cédée à son oncle. L'historien ne dit pas sur quoi il se fondait pour redemander ainsi ce qu'il avait précédemment donné. Mais Gontran se refusa à la restitution, et faisant surveiller les routes de son royaume empêcha des envoyés du roi d'Austrasie d'arriver jusqu'à Marseille. Dans leurs partages, les rois mérovingiens avaient multiplié les enclaves ; et leurs possessions étaient éparses sur tout le sol des Gaules, sans avoir toujours de communications entre elles. Le duc Gondulf, que Childebert envoyait à Marseille, dut faire un long circuit et passa par Tours pour se rendre au lieu de sa destination. Il était, avons-nous dit, oncle maternel de saint Grégoire. Cependant l'évêque de Marseille, Théodore, soupçonné d'être favorable à Childebert, avait été fort maltraité par Dynamius et les autres officiers de Gontran. On l'avait insulté et même fait prisonnier au milieu de la ville. Ayant obtenu un peu d'élargissement, il s'enfuit se dirigeant vers Childebert, auprès de qui il espérait trouver asile et protection. Mais, sans doute en traversant le royaume de Gontran, il fut arrêté par ordre de ce roi. Il y avait dans l'église de Marseille des clercs turbulents qui avaient comploté avec Dynamius de chasser Théodore de son évêché : à la nouvelle de son arrestation, ils se saisirent des biens de l'église, inventorièrent les vases et les ornements sacrés, comme si le siége eût été vacant. Ils portèrent même contre Théodore les accusations les plus graves, dont heureusement, dit l'historien, la fausseté fut prouvée. Théodore parvint encore à s'échapper et il rejoignit Gondulf. Ils arrivèrent devant Marseille, et Dynamius s'opposa à leur entrée. Les clercs soulevés contre Théodore se refusaient à le reconnaître; ils l'insultaient aussi bien que le duc. Ce dernier obtint néanmoins de Dynamius une entrevue hors de la ville, dans l'église de Saint-Etienne. Les lieux consacrés étaient toujours choisis pour ces conférences entre adversaires : partout ailleurs ils auraient eu à craindre des trahisons, dont les garantissaient, dans l'enceinte sacrée, la majesté de Dieu et le respect des saints. Il fallait veiller, toutefois, à ne pas se laisser attirer au dehors de l'enceinte consacrée. Sitôt que Dynamius fut entré dans l'eglise de Saint-Etienne, des gens appostés en fermèrent les portes. Il entra sans défiance et, tout entier aux sujets qu'il avait à traiter, se laissa entraîner, en parlant et discutant, jusque dans l'intérieur de la sacristie de l'église. Séparé des siens alors et hors de la présence de l'autel, il se vit accablé de reproches et, comme il arrivait toujours à cette époque, livré aux voies de fait : on le maltraita, on le dépouilla de ses vêtements. Les hommes, qui l'avaient accompagné, faisaient cependant grand tumulte en dehors de l'église, mais ils furent dispersés et Gondulf appela près de lui les principaux citoyens de la ville, il voulait, ainsi que l'évêque, entrer à Marseille dans leur compagnie. Quand Dynamius vit comment les choses tournaient, il demanda pardon, offrit des présents au duc et s'engagea par serment d'être désormais fidèle à Théodore et à Childebert. Puis au son de toutes les cloches, l'évêque et le duc, précédés de nombreuses bannières, firent leur entrée au milieu des acclamations. Les portes des églises, qu'on pourrait ainsi supposer avoir été fermées pendant l'absence de l'évêque, s'ouvrirent, dit l'historien, en même temps que celles de la ville. Les clercs qui avaient pris part au tumulte, s'étaient retirés dans la maison de Dynamius, cherchant leur protection et leur refuge auprès de celui dont les intrigues les avaient soulevés contre leur évêque. On se saisit d'eux ; quelques-uns, après avoir donné caution, reçurent ordre de se rendre auprès du roi Childebert. Gondulf ayant ainsi remis la ville sous la domination du roi et rétabli l'évêque sur son siége, quitta bientôt Marseille pour retourner à la cour. Dynamius renouant alors ses intrigues et violant son serment, fit prévenir Gontran que l'évêque lui ferait assurément perdre la part de la ville qui lui revenait et que jamais il ne serait maître de Marseille avant d'en avoir chassé Théodore. Il n'était pas difficile d'émouvoir la colère de ce roi. Malgré le respect dû à la religion, il ordonna que le pontife fût chargé de chaînes et qu'on le lui amenât : il l'appelait l'ennemi de son royaume et voulait l'envoyer en exil afin de n'avoir plus rien à redouter de lui. Mais Théodore était sur ses gardes : il évitait de s'aventurer hors de la ville, dans l'intérieur de laquelle il paraît que Dynamius n'avait plus assez de crédit pour le faire prisonnier. Néanmoins, l'évêque avait à remplir ses fonctions, et un jour il dut aller à la campagne célébrer la dédicace d'une église. Il se dirigeait à cheval, en grande hâte, vers le lieu de la cérémonie, lorsque des gens placés en embuscade se présentèrent tout à coup en armes ; en un instant le prélat se vit entouré et renversé de sa monture, ses compagnons furent mis en fuite, ses serviteurs garrottés ; on frappa ses clercs. On ne permit à aucun d'entre eux de le suivre, et on se mit en marche pour le conduire en Bourgogne devant le roi Gontran. On passa par Aix, et l'évêque Pientius s'apitoya sur le sort misérable d'un de ses vénérables frères livré ainsi à la merci des soldats pour une si longue route. Il s'employa pour adoucir cette triste position ; il obtint la permission de donner au prisonnier ce qui lui était nécessaire et lui procura des clercs pour l'accompagner et le servir durant le voyage. En l'absence de leur évêque, les clercs turbulents de Marseille recommencèrent leurs désordres, dispersant les biens de l'église et s'en emparant ; mais Théodore, amené devant le roi fut reconnu innocent de tout ce qu'on lui avait imputé ; il put librement retourner dans sa ville. Il y fut reçu au milieu des acclamations et de la joie des citoyens et se livra en paix à l'administration de son église, jusqu'à ce que les divers événements politiques aient encore attiré sur lui de nouveaux orages dans le détail desquels nous n'entrerons pas (1).

Je ne sais si le lecteur ne trouvera pas que nous multiplions les anecdotes ; elles nous paraissent plus instructives que les raisonnements. Celle de Théodore témoigne de l'énergie que Childebert mettait à maintenir ses droits. Cette énergie semblera plus remarquable et accusera encore mieux la constitution d'un véritable état politique et administratif, si on se souvient qu'au moment où il rétablissait ainsi son autorité sur une ville lointaine et isolée de ses autres possessions, Childebert était un enfant et que le pouvoir était seulement exercé en son nom. L'autre roi se montre dans ces événements ce qu'il semble être partout, plein de fougue et cependant plein de simplicité et solide ami de la justice. Il ne s'entête pas dans ses entreprises : après avoir maltraité l'évêque, il ne se croit pas obligé à soutenir ce rôle lorsqu'il a une fois reconnu son erreur. Prompt à suivre les premiers mouvements de sa

---

(1) S. Greg. Lib. VI, c. xi.

colère et ne respectant rien quand il était froissé, Gontran est néanmoins honoré par l'Église comme un saint. Les philosophes s'en scandalisent. Ils ne veulent pas admettre les merveilles de la vie des saints, ils se rient de leurs miracles : mais ils ne veulent pas non plus leur permettre les faiblesses humaines; elles sont pour nous prouver que les élus ont été semblables aux autres hommes, et que les plus belles places du Paradis sont destinées à des êtres infirmes et remplis de toutes sortes de misères. La philosophie ne peut acquiescer à de telles choses. A ses yeux, la sainteté impuissante à faire des miracles est d'une nature si relevée que les hommes n'y sauraient atteindre. Aucun mélange de faiblesse n'y doit apparaître, et l'idéal en est si merveilleux qu'il est inutile sans doute de songer à en pratiquer les maximes. L'Église ne raisonne pas de la sorte. Elle rend ses doctrines et ses pratiques accessibles à tous les hommes. Elle connaît les misères et les passions humaines; loin de les nier, elle en fait l'occasion de la sainteté : elle ordonne de les combattre; après la défaite, le repentir encore peut donner la victoire aux vaincus. Le saint roi David fut un homicide et un adultère : à cause de son repentir il fut comblé de toutes les bénédictions de Dieu.

Nous ne discuterons pas ici les mérites du saint roi Gontran; il n'est pas nécessaire de rappeler sa piété, son amour pour les pauvres, sa simplicité habituelle s'alliant en lui à des accès de vive colère, où rien ne l'arrêtait plus et où, comme à l'égard de Théodore, il exerçait ses violences même à l'encontre des évêques. Mais à l'occasion de ces rois Barbares, en qui tant de choses répugnent à nos mœurs, et dont la mémoire est restée en vénération dans l'Eglise, qui en honore plusieurs comme des saints, il faudrait insister sur la condescendance et les tendresses de l'Eglise pour les hommes : non-seulement elle reconnaît la sainteté en dépit des passions, quand leurs excès les plus graves ne font qu'arrêter un moment et ranimer ensuite le zèle, mais elle la distingue encore, elle la consacre et la proclame à travers toutes les divergences et les variétés les plus grandes de caractères. Les saints honorés par l'Eglise catholique ne sont pas des êtres abstraits et impassibles comme le sage que rêve la philosophie. Ils rappellent tous les traits merveilleux d'un seul type qui est Notre-Seigneur Jésus-Christ. Mais les traits de l'homme subsistent toujours, et la ressemblance divine se montre sous les aspects les plus divers. La charité qui brille au fond des cœurs consacrés à Dieu, est une : elle se manifeste aux hommes sous des formes différentes : l'Eglise les bénit toutes. Elle accepte les conditions de temps, de mœurs, de caractères, de positions. Elle prend ses héros parmi les plus fiers et les plus timides, parmi ceux qui résistent énergiquement et parmi ceux qui supportent avec patience. Pour ne pas sortir de l'époque qui nous occupe, elle a des autels pour saint Amand qui réprimandait violemment Dagobert, elle en a aussi pour saint Eloi qui apaisait saint Amand et l'engageait à la modération.

Ce respect de la liberté humaine se dirigeant ainsi par des routes opposées au même but de la gloire de Dieu et de l'édification du prochain, ce respect de la liberté humaine et cette condescendance infinie pour les divers caractères sont une grande consolation pour les fidèles et une raison de s'attacher plus profondément à une mère aussi indulgente. Nous aurons occasion de revenir sur ce point.

Il importe de remarquer encore la puissance et la vie des cités qui s'accusent dans cette histoire de Théodore. Le peuple prend part aux événements qui se démêlent entre les puissances. Son attachement à l'évêque est manifeste, et il éclate à deux reprises lors de la rentrée de Théodore. Il est bien vrai que l'éclat des cérémonies a toujours ému la foule; mais les mesures que la royauté mérovingienne, si absolue que nous l'ayons dépeinte, est forcée de garder envers la cité de Marseille, semblent un fait important qui peut servir à faire comprendre la constitution des royaumes francs du vi[e] siècle. Gondulf, avant d'entrer dans la ville, pour braver des mutins dont le chef est entre ses mains, ne se croit pas suffisamment appuyé par le pouvoir royal qu'il représente, ni même par le pouvoir religieux qui l'accompagne dans la personne de l'évêque. Il invite les principaux citoyens de Marseille à se ranger autour de lui : et c'est entouré d'eux et au milieu des bannières des divers puissances de la cité qu'il pénètre dans la ville encore tout émue (1).

Il y avait là une force capable de mettre un frein aux colères du roi Gontran et d'imposer des délais à son ressentiment. Ce roi n'ose en effet s'assurer de la personne de l'évêque, et il attend l'occasion de le saisir en dehors des murs. Ainsi la puissance des rois mérovingiens, qui ne reconnaissait que des limites de fait, en trouvait en réalité d'assez nombreuses. Il ne lui fallait pas seulement ménager les grands et leur esprit turbulent. Les cités avaient assez d'importance pour être respectées et faire redouter leur mécontentement. En dehors même de la protection de l'Eglise toujours étendue sur les faibles, il y avait donc comme une pondération de pouvoirs qui, pour n'être pas réglementée ni transformée en texte de loi, n'en était pas moins efficace. Sans doute, la violence et l'injustice se faisaient souvent passage dans le monde ; les barrières destinées à protéger la faiblesse couvraient les plus énormes attentats : le magnifique droit d'asile qu'exerçait l'Eglise, constituait des refuges ouverts aux crimi-

---

(1) « Diversis honorum vexillis. » S. Greg. *loc. cit.*

nels. La division des royaumes et leurs enclaves donnaient la facilité d'échapper promptement aux atteintes de la colère des rois. Les criminels en pouvaient user comme les innocents; Leudaste et Gontran-Boson, par exemple, surent bien en profiter. Les querelles entre les rois et les rivalités des grands ne contribuaient pas seules à fomenter les désordres : les cités entreprenaient des guerres entre elles. A la mort de Chilpéric, les Dunois, les Orléanais et les Blaisois s'armèrent les uns contre les autres, envahirent tour à tour leurs territoires et les ravagèrent. Une autorité supérieure intervint : les comtes, malgré la mort récente du roi, eurent le pouvoir d'arrêter ces tumultes, et ils condamnèrent le parti qui le premier avait pris les armes à payer l'amende (1). On sait que, selon l'usage des Francs, tous les crimes s'acquittaient à prix d'argent : on appelait cela *composer*. La loi salique n'est autre chose que la fixation du taux des diverses compositions.

Ainsi tous les faits qui attestent les violences de cette époque, attestent aussi la présence d'une autorité cherchant à les comprimer. Cette autorité, souvent impuissante, survivait à la mort du roi, agissait à divers degrés et pénétrait partout. Les comtes apaisaient les difficultés qui s'élevaient entre les cités; et les habitants des cités et des bourgs

(1) S. Greg. Lib. XII, c. II.

étaient aussi investis d'un pouvoir judiciaire à l'égard de leurs concitoyens. Dans un petit bourg de Touraine, à Mantelan, pour le motif le plus frivole, à l'occasion d'une invitation à boire et de coups donnés à un serviteur, une querelle s'était élevée entre Sichaire, homme puissant, qui possédait de grands biens en Touraine et en Poitou et était particulièrement cher à la reine Brunehaut, et un autre personnage nommé Austregisil. Chacun d'eux s'arma : les amis s'en mêlèrent : on en vint aux mains ; il y eut blessures, meurtres, pillage de maisons. Les deux parties comparurent devant le tribunal des citoyens (1). Autregisil fut déclaré coupable et condamné. Mais Sichaire ayant appris entre les mains de qui se trouvaient les biens qui lui avaient été ravis, sans égard pour le tribunal et sans attendre l'effet du jugement, réunit ses amis, attaqua pendant la nuit la maison qui lui avait été désignée, massacra ceux qui s'y trouvaient, maîtres et esclaves, et emporta tout ce qu'il put enlever de meubles et de troupeaux.

A la nouvelle de ces désordres, l'évêque désolé, désirant faire la paix promptement et ne pas laisser se perpétuer cette guerre, de concert avec le juge, invite les parties à comparaître devant lui. Cet évêque était saint Grégoire, l'historien fécond

(1) « In judicio civium. » S. Greg. Lib. VII, c. XLVII.

de cette époque. En présence de leurs concitoyens (1), il adjura les parties de terminer leurs querelles : « Ne persévérez pas dans vos crimes, disait-il, nous « avons déjà perdu les fils de l'Église, nous craignons « d'en perdre encore dans ces horribles querelles : « je vous en conjure, soyez pacifiques ; pour être « des enfants pacifiques, dignes par la grâce de Dieu « de gagner le royaume du ciel, entrez dans un « esprit de charité : que celui qui a fait le dommage « compose à cet égard ; s'il n'est pas assez riche « pour satisfaire à son adversaire, les biens de l'E- « glise serviront à payer la composition ; mais de « grâce ne mettez plus en péril les âmes des hom- « mes. »

Chramnisind, c'est le nom de celui qui poursuivait alors la vengeance de la mort de son père et de son oncle tués dans leur maison, Chramnisind n'écouta point la parole et refusa les offres de l'évêque : il ne voulait pas recevoir en composition l'argent de l'Eglise. Sichaire résolut de porter l'affaire devant le roi et d'implorer son autorité pour accommoder tous ces ressentiments. Avant de se rendre auprès de Childebert et d'entreprendre un aussi long voyage que celui de Metz, il alla à Poitiers embrasser sa femme, dit l'historien. Pendant ce voyage un accident qui lui survint, fit répandre en

---

(1) « Conjunctisque civibus. » *Id., ibid.*

Touraine le bruit de sa mort. A cette nouvelle, Chramnisind convoque ses amis, attaque les biens de Sichaire, tue ses serviteurs, pille et brûle ses maisons et celles de ses voisins, s'empare à son tour des bestiaux et de tout ce qu'il peut emporter.

Cette fois les parties furent citées à Tours par le magistrat (1) : les juges décidèrent que celui qui avait d'abord refusé de recevoir la composition, perdrait la moitié du prix qui lui avait été adjugé. En cela, ajoute l'historien, on agit contre la loi, mais on voulait rétablir la paix ; dans cette intention encore, ce fut l'Eglise qui fournit l'argent nécessaire. Les parties se donnèrent une charte de sécurité et se promirent de ne plus rien entreprendre désormais l'une contre l'autre.

On voit les expédients où la faiblesse de l'autorité la réduisait. Elle s'inquiétait moins parfois de punir les crimes que de ramener la paix entre les citoyens: mais une paix acquise de la sorte ne pouvait être gardée bien précieusement, et les passions avec lesquelles il fallait composer, étaient facilement réveillées. Aussi la querelle de Sichaire et Chramnisind se ranima plus tard, elle occasionna de nouvelles angoisses à saint Grégoire et de nouveaux troubles en Touraine (2).

(1) « A judice ad civitatem deductæ. » S. Greg. *Ibid. Civitas*, est la ville épiscopale.
(2) S. Greg., Lib. IX, c. XIX.

Ces entreprises particulières étaient fréquentes; saint Gregoire remplit son histoire de pareils recits. Ils témoignent tous d'une lutte constante engagée contre les désordres ; l'Eglise et la royauté s'appliquent à adoucir la férocité des âmes et à comprimer leurs violences ; elles apportent, comme saint Grégoire raconte qu'il fit dans ces démêlés survenus au bourg de Mantelan, elles apportent à leur résistance toutes sortes de tempéraments et de mesures. Elles font à regret des concessions et laissent bien des crimes impunis : elles ne cessent cependant de lutter, et toutes imprégnées elles-mêmes de l'esprit de leur époque elles s'efforcent d'en arrêter les excès.

Ces excès se manifestent surtout quand, par une raison ou une autre, les deux puissances civilisatrices se trouvent affaiblies. Les désordres des temps et le droit que la royauté voulait exercer sur l'élection des évêques, mettaient parfois sur les siéges épiscopaux des hommes, comme Badégisile du Mans, indignes même du nom de chrétiens. Il était sans religion, sans mœurs, cruel, livré à tous les emportements de la passion, sans aucun souci des fonctions épiscopales, mais curieux uniquement du pouvoir qu'elles conféraient (1). Plusieurs évêques indignes, nommés par saint Grégoire, rappellent de loin en loin les excès de Badégisile : d'autres, comme

---

(1) S. Grég., Lib. VIII, c. XXXIX.

Egidius de Reims, ne se livrent pas à leurs passions, mais s'appliquent plus à nouer des intrigues politiques qu'à maintenir l'esprit de charité.

Les nombreuses minorités de la race mérovingienne faisaient subir aussi à la royauté des intermittences, dont profitait l'esprit de désordre. Saint Grégoire n'entre que confusément dans le détail des intrigues qui eurent lieu en Austrasie pendant la minorité de Childebert. On y reconnaît les grands n'osant pas tout à fait secouer l'autorité du fils de Sigebert, mais, comme il arriva dans les siècles postérieurs, jaloux d'en affaiblir la puissance. La reine Brunehaut, dont l'esprit entreprenant et plein de ressources, dont le courage et la grande aptitude au gouvernement étaient capables de mettre un frein aux passions qui s'agitaient, était naturellement odieuse et redoutée des leudes d'Austrasie. Ils s'efforçaient de l'éloigner des affaires; ils voulaient tuer ceux qui lui restaient fidèles. Cette reine ne se décourageait point, et on peut dire qu'elle savait payer de sa personne.

Un jour, plusieurs grands, unis contre le duc de Champagne Loup, dont la fidélité à la reine leur portait ombrage, rassemblèrent une armée et marchèrent contre lui. La reine n'hésita pas à se présenter devant les bataillons et à les haranguer.

— « Que faites-vous, disait-elle, allez-vous persécuter un innocent? voulez-vous dans un seul combat et à l'occasion d'un seul homme détruire les forces de tout un royaume ?..... »

Un des chefs de l'entreprise l'interrompit brutalement en lui disant :

— « Retire-toi, femme; qu'il te suffise d'avoir régné au temps de ton mari : c'est ton fils qui règne aujourd'hui ; son royaume est sous notre tutelle et non sous la tienne : retire-toi, si tu ne veux être foulée aux pieds de nos chevaux et écrasée sur les pierres du chemin. »

La reine ne s'effraya pas de ces menaces : elle soutint cette altercation avec un courage viril, et elle parvint à empêcher le combat. Les ennemis de Loup, néanmoins, ne changèrent pas de projet ; et, malgré son courage, le crédit de Brunehaut ne put empêcher le duc de Champagne d'être obligé de quitter l'Austrasie et d'aller chercher un asile auprès du roi Gontran ; il y demeura jusqu'à la majorité de Childebert (1).

Quand vint l'époque de cette majorité, Childebert songea à venger la majesté royale, et à faire intervenir sa puissance au milieu du tumulte des passions et des colères des grands. Sa justice procéda comme celle de Clovis, comme celle de tant d'autres rois mérovingiens en toutes sortes de circonstances. Elle attendit son jour, elle choisit son heure. Elle

(1) S. Greg., Lib. VI, c. IV.

...it, selon les occasions, entourée de l'appareil de la ...stice ou enveloppée des mystères d'un véritable ...et-apens; mais toujours avec l'énergie et la tran...uillité que donne la conscience du droit. Un jour, ...ns le palais de Metz, le roi assistait à des jeux ... regardait un fauve attaqué par une meute de ...iens. Il appela auprès de lui Magnowald, qui prit ...aisir à regarder le combat et qui, avec les autres ...mpagnons du roi, riait à gorge déployée des péri-...ties de cette lutte. Pendant qu'il était ainsi occupé, ...1 homme, que le roi avait commandé, s'approcha ...ir derrière, leva sa hache sur Magnowald et lui ...ndit la tête. Il tomba mort : on jeta son corps ...ir la fenêtre. Ses amis l'ensevelirent; tous ses biens ...rent confisqués. La cause de cette exécution resta ...crète. On assurait toutefois, dit saint Grégoire, ...e c'était parce que Magnowald avait fait mourir ... femme pour épouser la veuve de son frère (1).

Si répugnantes que puissent être à nos mœurs de ...ireilles exécutions, il faut reconnaître que d'autres ...océdés auraient suscité sans aucun doute des dé-...rdres plus graves que ceux qu'on voulait répri-...er. Personne du reste ne contestait à la royauté ce ...oit de vie et de mort. Un passage de Frédégaire ...t pour faire voir que, pendant la minorité des ...ois, ceux qui exerçaient l'autorité royale en leur

(1) Lib. VIII, c. XXXVI.

nom étaient investis de la même puissance. Il raconte qu'au temps de l'enfance du roi Sigebert (1), les grands d'Austrasie avaient élu pour maire du palais Chrodin. C'était un homme vaillant et craignant Dieu, plein de douceur et de patience, tout à la fois agréable à Dieu et aux hommes : il refusa l'honneur qu'on lui offrait :

— « Je ne saurais maintenir la paix en Austrasie, disait-il, tous les grands me sont attachés par les liens du sang : je ne pourrais jamais les forcer à la discipline, ni en tuer aucun (2) ; leurs actions répréhensibles devant Dieu me conduiraient en enfer. »

Chrodin exprimait la pensée non du droit, mais du devoir royal dont, pendant l'enfance du roi, serait chargé le maire du palais.

Il y avait donc un pouvoir public chargé de réprimer les désordres et responsable devant Dieu de la manière dont il accomplissait ce devoir. Aussi les historiens philosophes de nos jours ont tort de se scandaliser en reprochant à saint Grégoire de ne pas flétrir énergiquement les meurtres qu'il enregistre. Ces meurtres étaient souvent les actes de la justice royale, aussi légitimes et aussi inviolables que sont aujourd'hui les verdicts du jury : comme tout jugement humain, elle pouvait se tromper,

(1) « In infantia Sigeberti. » *Hist. epist.*
(2) « Non possum ex eis facere disciplinam, nec quempiam interficere. » Fredeg. *Hist. epist.* c. LXIII.

nais elle restait sacrée, et il n'est pas étonnant que saint Grégoire n'ait point songé à la flétrir.

Jusqu'aux derniers temps, il a survécu dans l'esprit des peuples quelque chose de ce droit de justice inhérent à la personne souveraine : si la conscience publique s'est soulevée contre Henri III à l'occasion du meurtre des Etats de Blois, le grand éclat qui entourait Henri de Guise, la cause de l'Eglise catholique, qu'il paraissait défendre uniquement, et le péril où sa mort laissait ces intérêts sublimes, qui ont toujours été en France les plus puissants et les plus populaires, étaient pour quelque chose dans l'indignation publique. Mais au milieu du scandale, il subsistait toujours quelque chose de l'antique droit royal; et lorsque plus tard la reine Anne d'Autriche, de sa seule autorité de régente, fit emprisonner le prince de Condé, personne ne contesta son droit ; les plus hardis se contentèrent d'en blâmer l'exercice. Il n'était pas encore besoin, même quand il s'agissait du premier prince du sang, d'autre jugement ni d'autre condamnation que ceux que le pouvoir royal avait portés. Ces mœurs ne sont plus nos mœurs; et nous n'avons pas à établir la supériorité des unes sur les autres. Il nous suffit de remarquer qu'au vi^e comme au xviie siècle, plus étaient puissants les hommes sur lesquels avait à s'exercer ce droit de justice, moins le droit devait être délégué, et plus il devait agir à l'improviste : cette nécessité, d'ailleurs, ne lui faisait rien perdre de sa majesté.

Quand le roi Childebert, parvenu à sa majorité et suivant les conseils de sa mère Brunehaut, commençait à exercer ses justices contre les grands de son royaume, une conspiration s'ourdit entre ceux-ci et les grands de Neustrie. Il s'agissait de tuer Childebert, d'élever sur le trône ses deux jeunes enfants, de remettre ainsi la royauté en tutelle, de réduire Brunehaut et de la soumettre à toutes les humiliations qu'elle avait subies au commencement de son veuvage. Le roi Gontran, que la même conspiration enveloppait et devait aussi renverser, eut connaissance de ces projets et fit prévenir son neveu Childebert. Après en avoir reconnu la vérité, Childebert manda auprès de lui le chef du complot. Il se nommait Rauching. C'était un homme, que ses grandes richesses et l'espérance des succès qu'il rêvait avaient enflé hors de raison. Pendant qu'il attendait à la porte le moment d'être présenté au roi, celui-ci envoyait saisir les biens des conjurés, et il expédiait lui-même des ordres pour mettre les moyens publics de transport à la disposition des hommes qu'il chargeait de ce soin (1).

Toutes choses ainsi ordonnées, Rauching fut introduit. Après l'avoir entretenu quelque temps,

(1) « Evectione publica. » S. Greg., Lib. IX, c. XIX.

hildebert le congédia. Comme il sortait, deux porters le saisirent par les pieds. Il tomba sur les marches du seuil, au travers de la porte, la moitié du corps hors de l'appartement. Des hommes apostés se précipitèrent sur lui et le massacrèrent à la porte même de la chambre royale. On jeta son corps par la fenêtre, en laissant à ses amis le soin de l'ensevelir. Pendant ce temps sa femme était à Soissons. Toute couverte de pierres précieuses et dans la plus riche parure, accompagnée d'une grande troupe de serviteurs, elle s'en allait à cheval entendre la messe à l'église de Saint-Crépin et de Saint-Crépinien : on était au jour de la fête de ces saints martyrs. Sur la place, elle rencontra un des serviteurs de son mari. Aussitôt après la mort de ce dernier, cet homme était parti en toute hâte pour apporter la nouvelle de ce qui s'était passé. A ce récit, cette femme, au désespoir, revint sur ses pas en déchirant ses vêtements et arrachant les joyaux qui la couvraient; elle s'enfuit à l'église de Saint-Médard, heureuse de trouver un asile sous la protection du grand évêque. L'histoire ne nous dit pas que Childebert ait cherché à la faire sortir. Ce roi était respectueux devant le droit de l'Eglise ; il le prouva à l'occasion de personnages qui lui étaient plus importants que la femme de Rauching. Les amis de ce dernier se retirèrent dans une place forte, et il fallut envoyer une armée pour les réduire. Ce dernier fait est pour faire comprendre la nécessité où se trouvait la justice royale de recourir et de se plier à tous les procédés pour avoir sa place au milieu du monde et assurer le respect de ses arrêts. Personne au vi° siècle ne songeait à nier la légitimité d'exécutions pareilles à celles de Rauching et de Magnowald ; et lorsque la sentence royale revêtait des formes plus en harmonie avec nos idées actuelles de justice et de jugement, il ne fallait pas moins, pour en assurer l'exécution, recourir à des surprises et à des luttes, qui excluent dans nos idées modernes la pensée d'une condamnation et d'une expiation.

Nous avons déjà plusieurs fois nommé Gontran Boson. Plein de vanité et d'ambition, rongé d'avarice, avide du bien d'autrui, donnant sa foi à tout le monde, ne la gardant à personne, il a été mêlé à toutes les intrigues de cette époque et avait, surtout pendant la minorité de Childebert, tenu un grand rôle parmi ces nobles arrogants qui, sous prétexte d'exercer la tutelle du jeune roi, ne voulaient qu'abaisser la puissance royale et secouer le joug qu'elle pouvait imposer à leur indépendance. Les intrigues, les forfaits, les outrages dont il avait poursuivi Brunehaut, l'avaient rendu odieux à cette reine et dangereux à la royauté. Les ressources d'un esprit subtil et la confiance dans sa propre sagacité qui, à l'aide de parjures et de trahisons, l'avaient si souvent tiré d'embarras dans des circonstances difficiles, donnèrent à Gontran l'audace de croire qu'il pourrait encore, pour cette fois, détourner l'orage qui le menaçait : espérant en imposer au jeune roi et reconnaissant la légitimité de sa puissance, il s'adressa aux évêques et aux grands d'Austrasie, les priant d'obtenir son pardon. Mais le roi ordonna de le poursuivre et de le tuer. Gontran se réfugia alors dans une des églises de Verdun et implora l'intervention d'Agéric, évêque de cette ville. Agéric était parrain de Childebert qui, dit l'historien, ne pouvait rien refuser de ses demandes. La parenté spirituelle constituait alors des droits et imposait des devoirs dont personne n'eût songé à s'affranchir.

Childebert consentit à arrêter les poursuites à condition que Gontran-Boson donnerait caution de se présenter devant le roi Gontran, au jugement duquel Childebert voulait se conformer entièrement. Boson, sans armes et les mains enchaînées, fut conduit par l'évêque en présence du roi ; il s'agenouilla devant lui :

— « Je t'ai offensé, toi et ta mère, dit-il, en résistant à vos ordres et en agissant contre votre volonté et contre l'intérêt public, je vous prie de me pardonner tout le mal que j'ai fait. »

Le roi lui ordonna de se relever, et le remettant entre les mains d'Agéric :

— « Qu'il demeure en ta puissance, saint évêque,

jusqu'au jour où il comparaîtra devant le roi Gontran (1). »

Ce jour arrivé, Childebert s'était rendu auprès de son oncle, accompagné de sa mère, de sa femme et de toute la cour, au milieu de laquelle était l'évêque de Trèves, Magnéric. Gontran-Boson vint aussi ; mais l'évêque de Verdun, qui s'était porté sa caution, ne l'accompagna pas. Cela avait été réglé ainsi d'avance afin que si le coupable était jugé digne de mort, l'évêque ne pût solliciter son pardon. Les rois réunis trouvèrent Gontran-Boson coupable de diverses trahisons et le condamnèrent à mort. A cette nouvelle, Boson court à la maison de l'évêque Magnéric, en éloigne les clercs et les serviteurs, en ferme les portes, puis dit à l'évêque :

— « Tu es en grand honneur auprès des rois, très-saint évêque, et je me suis réfugié auprès de toi pour échapper à la mort. Mes bourreaux sont à la porte ; mais si tu ne trouves moyen de me sauver, tiens-toi pour averti que je te tue avant de sortir d'ici et d'être tué moi-même. Sois-en persuadé : nous mourrons du même coup, ou nous nous sauverons ensemble. O saint évêque, ajoutait-il, tu es le père spirituel du fils du roi, il t'accordera tout ce que tu solliciteras ; crois bien qu'il ne refusera rien à ta sainteté. Obtiens donc mon pardon, sinon mourons. »

(1) S. Greg., Lib. IX, c. VIII.

En parlant ainsi, il tirait son épée.

— « Eh ! que puis-je faire si tu me retiens ici, lui dit l'évêque. J'implorerais volontiers pour toi la miséricorde du roi ; peut-être aura-t-il en effet pitié de toi, mais laisse-moi sortir.

— Non pas, reprit Boson, non pas, envoie tes abbés et tes hommes de confiance : ils expliqueront aux rois ce que je te dis. »

Cependant on ne raconta pas à Childebert les choses telles qu'elles étaient, on lui dit seulement que Boson était protégé par l'évêque. Le roi s'écria :

— « Eh bien ! si l'évêque ne veut pas sortir qu'il périsse avec le coupable ! »

L'évêque envoya de nouveaux messagers pour exposer toute la vérité ; mais le roi Gontran, dont nous avons déjà signalé toute la fougue, irrité de ces obstacles et persuadé sans doute de la nécessité de faire prompte justice, ne voulut rien entendre et ordonna de mettre le feu à la maison.

— « Tant pis pour l'évêque, disait-il, il mourra s'il ne peut sortir ! »

Les clercs effrayés parvinrent à briser les portes et à faire sortir l'évêque. Resté seul, Boson se voyant entouré par les flammes, ceignit son épée et voulut essayer de se frayer un passage ; à peine eut-il paru sur le seuil de la porte qu'un javelot l'atteignit au front. Il voulut en vain brandir son épée ; une grêle de traits tomba sur lui et le perça de toutes parts ;

son corps demeura debout appuyé sur les glaives dont il était hérissé. On tua ceux qui étaient avec lui. Ils restèrent tous ensemble exposés au milieu des champs, et on obtint à grand'peine des rois la permission de les ensevelir. La femme et les enfants de Boson furent envoyés en exil; ses biens, qui étaient considérables, furent confisqués (1).

Ces luttes, ces ruses, ces morts répugnent à nos mœurs; les condamnations sont prononcées aujourd'hui sous d'autres formes, et les exécutions revêtent d'autres appareils. Mais tous ces faits devraient faire comprendre l'énergie de la résistance que la royauté avait à vaincre; et il faut les rapprocher aussi de l'obligation où étaient les rois, au dire de Chrodin, de réprimer les actions mauvaises sous peine des châtiments de l'enfer. Cette pensée d'un devoir impérieux expliquerait peut-être les paroles du roi Gontran, ne reculant pas devant l'alternative de frapper un innocent, pourvu qu'il atteigne le coupable. Il est vrai que ce roi, dont nous avons déjà exposé la charité et le respect pour l'Eglise, pouvait supposer, comme il arriva en effet, que sa rigueur même donnerait à l'évêque de Trèves plus de facilité pour s'échapper. Il pouvait craindre en outre quelque connivence, soit de complot, soit même d'artifice charitable pour arracher le coupable à la justice.

(1) S. Greg., Lib. IX, c. x.

Car, sans y avoir pris la même part qu'Egidius de Reims, plus d'un évêque était entré dans les projets des grands d'Austrasie.

Il ne faut pas insister davantage sur cette parole de Gontran ; on pourra la mettre sur le compte de la barbarie de l'époque, ou la croire motivée par quelque circonstance que saint Grégoire n'a pas relevée ; on pourra même s'en indigner à son aise ; mais dans toutes ces anecdotes, la manière dont procède Childebert comporte tout à la fois une conscience du droit royal et indique une véritable administration politique et administrative. Les soumissions de Gontran-Bozon et ses prières accusent nettement le droit : les ordres expédiés au même instant dans toutes les directions et les moyens publics de transport mis à la disposition des envoyés du roi (qu'on entende, par ce mot, des chevaux ou des chars), témoignent de toute une organisation administrative. Le nom seul de Brunehaut, d'ailleurs, rappelle la pensée de communications ouvertes et entretenues entre les diverses contrées de son royaume, de routes construites ou réparées, c'est-à-dire de grandes facilités données au commerce. Car il ne faut pas croire que dans ces temps, au milieu des tumultes, des meurtres et des violences dont nous avons cité des exemples, la vie des peuples fut tout à fait suspendue ; une certaine prospérité matérielle ressort même du texte des historiens, et elle apparaît plus réelle que l'on ne pourrait croire au premier abord.

La puissance des villes et des cités est attestée par les armements qu'elles faisaient ; sans s'arrêter sur ce témoignage des guerres, on peut démêler dans les récits de saint Grégoire d'autres traces de la civilisation de cette époque. La description de Dijon, par exemple, indique évidemment une certaine splendeur. Ce n'était pas une ville épiscopale ; elle n'avait pas le titre de cité. C'était une simple place forte, entourée de solides murailles, au milieu d'une plaine agréable et fertile, dont les terres, dit saint Grégoire, n'avaient besoin d'être travaillées qu'une seule fois pour donner d'abondantes moissons. Cette remarque est une preuve de l'usage où on était déjà dans la plus grande partie des Gaules de donner plusieurs façons à la terre. L'historien continue sa description de la ville. Au midi coule une rivière très-poissonneuse : c'est l'Ouche. Du nord en vient une seconde plus petite : c'est le Suzon, qui, entrant par une porte, passe sous un pont et sort par une porte opposée. Le Suzon baigne de ses eaux tranquilles les pieds du rempart, et, s'échappant ensuite avec violence, fait, aux portes mêmes de la ville, tourner avec une rapidité merveilleuse, un grand nombre de moulins. Quatre entrées, tournées vers les quatre points cardinaux, donnent accès dans l'enceinte des murailles. Ces murailles, flanquées de trente-trois tours, ont trente pieds de haut et sont larges de quinze ; elles sont, pour la majeure partie, construites en pierres larges et carrées. Les environs possèdent des sources précieuses et salutaires ; et, pour terminer cette description par ce qui fait encore la richesse de cette contrée, du côté de l'occident, sont des côteaux fertiles couverts de vignes, et produisant un vin si généreux que les habitants dédaignent les vins étrangers (1).

Est-ce une illusion de voir dans ces cultures, ces moulins, ces vignes et ces vins étrangers même les symptômes de quelque prospérité ? Au milieu des désordres et de la violence, il fallait donc qu'il y eût encore quelque chose d'assez stable et d'assez fort pour donner aux intérêts privés certaines garanties. Tout commerce n'était pas détruit. Il offrait des difficultés inconnues de nos jours, il existait néanmoins. Les marchands de Tours se rendaient à Orléans pour l'arrivage des vins (2). La guerre et les armes n'étaient pas les seuls moyens d'acquérir la richesse. Un Franc nommé Samon, accompagné de plusieurs autres négociants, était allé faire du commerce dans le pays des Esclavons. La guerre n'était pas pour lui sans attraits, et négligeant sans doute un peu le négoce, il rendit dans les combats

---

(1) S. Greg., Lib. III, c. xix.
(2) S. Grégoire.

de si grands services aux Esclavons, que ceux-ci l'élurent pour roi. Il vécut alors au milieu d'eux et à leur mode, prit douze femmes et eut vingt-deux fils et quinze filles (1).

Des négoces terminés par de pareils inventaires, devaient être assez aventureux. Il faudrait les comparer au trafic des pelleteries qui a lieu aujourd'hui avec les peuplades de l'Amérique du Nord. Mais il y a des exemples qui se rapportent mieux aux allures d'un peuple civilisé, où l'on voit les particuliers trouver l'espérance de leur fortune et les villes une source de prospérités dans des affaires commerciales. Au temps du roi Thierry, Verdun avait supporté de grands désastres, et l'évêque Désiré, après avoir éprouvé bien des outrages, avait été envoyé en exil. Quand Thierry fut mort, et Désiré rendu à sa ville, l'évêque s'affligeait de la détresse de ses ouailles sans pouvoir alléger leur misère. Il eut recours au roi Théodebert, dont la générosité et la bienfaisance étaient déjà célèbres.

— « Il est partout question, lui disait l'évêque, de ta bonté ; et ta générosité est si grande que tu viens au secours même de ceux qui ne te demandent rien. Si ta charité pouvait disposer de quelque somme, je te prie de nous en accommoder ; nous en soulagerions nos concitoyens, et lorsqu'en faisant le commerce ils

(1) Fredeg., *Chron.*, c. XLVIII.

auront rétabli les affaires dans notre ville, nous te rembourserons ton argent avec les intérêts. »

Le roi lui remit sept mille pièces d'or ; l'évêque les partagea aux habitants de Verdun. Ceux-ci s'appliquèrent au commerce, s'y enrichirent ; et ils sont aujourd'hui en grande considération, dit l'historien. Lorsque Désiré rapporta au roi l'argent qu'on lui devait :

— « Je n'ai pas besoin de le reprendre, dit Théodebert, c'est assez pour moi d'avoir employé mes richesses à relever par une aumône ceux que la misère accablait (1). »

La royauté mérovingienne ne fut donc pas seulement un instrument de dévastation. Elle savait relever la splendeur des villes, favoriser et aider le commerce. La protection des intérêts du commerce était naturellement dévolue aux officiers du roi ; dans une anecdote qu'il faut citer encore parce qu'elle témoigne des lointaines relations commerciales que conservaient les villes sous la domination franque, on voit que cette protection était exercée avec une âpreté, dont nous avons déjà montré bien des exemples et qui ne connaissait point d'obstacles.

Sous le règne du roi Sigebert, des vaisseaux venus d'outre-mer avaient débarqué au port de Marseille des huiles et d'autres liqueurs (2). Des hommes de

---

(1) S. Grég., Lib. III, c. XXXIV.
(2) « Transmarinis... olei liquaminisque », Lib. IV, c. XLIV.

l'archidiacre Vigile, à l'insu de leur maître, en dérobèrent soixante-dix jarres. Le négociant, au détriment de qui ce larcin avait été commis (l'historien ne nous dit pas s'il était Marseillais ou étranger), le négociant s'enquit avec diligence des auteurs de ce vol. Il apprit bientôt que c'étaient des gens de l'archidiacre. Il se plaignit à Vigile qui, prenant aussi ses informations, reconnut la justice de la plainte, mais, dit l'historien, ne voulut pas avouer la culpabilité de ses hommes et chercha à les justifier et à les défendre.

— « Personne chez moi, disait-il, n'est capable d'une pareille action. »

Le négociant, sans se contenter des dénégations de l'archidiacre, alla trouver le gouverneur nommé par le roi Sigebert, lui exposa l'affaire et accusa Vigile de complicité. On était aux fêtes de Noël, et ce saint jour même, au moment où l'archidiacre, entouré de tout le clergé revêtu d'aubes et portant les encensoirs, allait aux portes de l'église pour recevoir l'évêque et le conduire à l'autel où il devait officier; le gouverneur, il se nommait Albin, sort de sa place, s'avance vers l'archidiacre, le saisit au milieu des clercs, le pousse, le frappe, et le fait conduire en prison. Rien ne fléchit le gouverneur. Ni l'évêque, ni les citoyens les plus relevés par leur naissance, ni la clameur de tout le peuple ne purent obtenir que l'archidiacre, après avoir donné caution, célébrât avec le reste du clergé la solennité du grand jour. Vigile fut condamné à une amende de quatre mille sous d'or. Mais la majesté des offices divins, violée d'une façon si brutale, réclamait aussi satisfaction; la cause fut portée devant Sigebert, il condamna le gouverneur à payer seize mille sous d'or.

Dans toutes ces histoires, il semble qu'on peut reconnaître une royauté appréciant ses obligations et les pratiquant selon son pouvoir. La législation de ces rois confirme ce témoignage. Le respect de la liberté individuelle, la répression des crimes, la soumission aux lois de l'Eglise y sont inscrits. On a vu l'autorité des rois pénétrant dans la famille et y ordonnant des mariages : un statut de Clotaire Ier (560) s'opposait aux abus qui pouvaient résulter de cette toute-puissance. Il défendait que les mariages, ordonnés ainsi par l'autorité royale, eussent jamais lieu sans le libre consentement des veuves ou des jeunes filles qui y étaient intéressées (1). L'histoire d'Hecca nous a montré que ce décret n'était pas toujours observé. Clotaire II le renouvela en 614. Il défend d'user des priviléges royaux pour tirer de force de leur monastère ou de leur maison, afin de les épouser, les filles ou les veuves qui veulent vivre en se consacrant à Dieu. Il ajoutait la sanction que son aïeul n'avait pas mise à la loi, déclarant nuls les

(1) « Sine ipsarum voluntate. » *Hist. de Fr.*, tom. IV. p. 116. Dec. Clot. a. 7.

préceptes obtenus dans ce but et condamnant à la peine de mort celui qui en abuserait pour prendre une femme contre son gré (1). Le respect de la créature humaine, le sentiment de son prix devant Dieu poussaient aussi les rois à restreindre, autant que possible, le système de composition de la loi salique. Childebert l'abolissait pour le meurtre. « Il est juste, disait-il, que celui qui a tué soit puni de mort, et désormais, à moins de cause légitime, l'homicide ne sera pas racheté. » Craignant cependant qu'une loi si contraire aux usages des Francs ne fût pas observée, le roi ajoutait : « En tout cas, si par hasard on en venait à composition, aucun parent ou ami ne viendra en aide au meurtrier (2). »

Les mêmes lois confirmaient les prohibitions de l'Église ; elles en défendaient les priviléges et consacraient le droit d'asile (3). Elles sanctionnaient le repos du dimanche, et nous avons déjà cité le texte de Childebert, qui, selon le commandement de Dieu, défend en ce jour d'accomplir aucune œuvre servile (4). Le saint roi Gontran porta un décret analogue (585). « Il était persuadé, disait-il, que le Père de toute majesté, à l'empire de qui toutes choses sont soumises, serait apaisé plus facilement si les rois

---

(1) Const. Cloth. a. XVIII. *Hist. de Fr.*, tom. IV, p. 119.
(2) Childeb. Constit. art. V. *Hist. de Fr.*, tom. IV, p. 112.
(3) Decr. Cloth. II, art. XIII. *Ibid.*, p. 115.
(4) Childeb. Const., art. XIV. *Ibid.*, p. 112.

faisaient garder au milieu de leurs peuples les lois de la justice. » Pour la stabilité de son empire, pour le bien de son pays, par tendresse pour son peuple, le roi, reconnaissant que dans l'étendue de son royaume on commettait bien des crimes défendus par les lois et les canons ; persuadé d'ailleurs que ces crimes étaient la cause de la plupart des maux qui affligeaient le siècle, des divers tumultes qui occasionnaient la mort des hommes, des épidémies qui les enlevaient, eux et leurs troupeaux ; convaincu en outre que lui-même ne saurait échapper à la colère du Roi des cieux, de qui il tenait son pouvoir, s'il ne s'inquiétait du salut du peuple confié à sa garde, il défendait absolument que les dimanches et les jours de fête on vaquât à aucune occupation corporelle, hormis celle de la préparation des aliments. Il engageait les évêques et les prêtres à multiplier les instructions adressées au peuple, et il recommandait aux juges la plus grande sévérité à l'égard de ceux que les instructions pastorales n'auraient pas retirés de leurs désordres. « Il est juste, disait-il, que la juste vengeance des juges frappe ceux que la prédication canonique du prêtre n'a pu toucher (1). »

Le souci de la moralité des peuples ne s'arrêtait pas à faire observer le repos du dimanche et à menacer du glaive de la loi ceux qui n'écouteraient pas

---

(1) Præcept. Guntr. *Hist. de Fr.* tom. IV, p. 116.

les avis de l'Église. C'était la sanctification du dimanche, telle que l'Église l'entend, que les rois prétendaient faire respecter. Childebert, affirmant qu'il lui appartenait de venger l'injure faite à Dieu par les sacriléges, et sachant que, malgré la prédication de la parole sacrée, il se commettait souvent de grands scandales parmi le peuple, défendait de passer les vigiles des fêtes dans l'ivrognerie, la dissipation et les chansons; il interdisait aux danseuses publiques de parcourir les rues des villes et des villages les jours de dimanche. Il condamnait à cent coups de fouet les personnes de condition servile qui commettraient ces « sacriléges »; les coupables d'une condition plus relevée étaient passibles d'une prison rigoureuse. « Car, ajoutait le roi, il faut bien punir ceux qui négligent d'écouter la parole salutaire qui pourrait les délivrer des étreintes de la mort, afin qu'au moins les tourments du corps puissent ramener leurs âmes à un meilleur état de santé » (1).

La philosophie trouvera ces lois et ces maximes barbares. L'inquiétude du salut des âmes et le souci de l'observance des lois divines ne sont pas au nombre des devoirs qu'elle impose à la royauté. J'ignore si les monarchies civilisées se trouvent bien de cet affranchissement.

(1) Childeb. Const. *Hist. de Fr.*, tom. IV, p. 4.

CHAPITRE TROISIÈME

De l'Eglise.

Jusqu'à ces derniers temps, le royaume de France avait été considéré comme une chose assez belle et assez noble pour faire rejaillir un peu de gloire et d'honneur sur ceux qui l'avaient créé. Selon une parole devenue célèbre, on répétait que les évêques l'avaient formé comme les abeilles forment leur ruche. On voyait là un éloge de l'industrie des ouvriers et de l'excellence de leur bienfaisante opération. M. Thierry trouve moyen, au nom de l'esprit de nationalité, de travestir en blâme cet éloge et de rendre odieux ce travail de l'épiscopat catholique, dont le résultat fut la constitution de la France. Il a formulé sa théorie sur ce point d'une manière expresse dans l'*Histoire de la conquête d'Angleterre* (1).

Cet ouvrage est le principal titre de M. Thierry :

(1) T. I. Introduction, p. 58 et suiv. Tout le morceau a été profondément remanié dans l'édition corrigée.

il constitue un travail vraiment original et neuf ; mais il est plus que les autres écrits du même auteur empreint d'un détestable esprit d'hostilité contre l'Eglise. La violence n'en a pas été atténuée dans les dernières éditions (1) ; aucune considération ne peut contenir les épanchements d'une haine acharnée, servie, il est vrai, par un art infini et une incroyable habileté de tourner à mal les témoignages les plus naïfs et les plus glorieux ; le tout est relevé d'une audace surprenante à altérer les textes ou même à en inventer. Rien ne peut en effet arrêter M. Thierry lorsqu'il se trouve en présence de l'Eglise. Sa haine veut être froide et calculée ; elle cherche à se dissimuler, elle s'applique à prendre un masque d'impartialité : elle ne peut se l'imposer ; et si on ne connaissait toute la science et toute l'habileté de l'historien, on pourrait souvent se demander s'il n'y a pas chez lui encore plus d'ignorance que de haine.

La religion de Jésus-Christ lui apparaît sous une forme particulière : il n'y a pas d'autorité légitime dans son sein ; l'Eglise catholique et l'autorité du pape ne sont que les fruits de l'usurpation et de l'ambition (2) ; il n'existe nulle part de droit contre les hérésies ; elles sont une partie de la liberté

---

(1) Jusqu'à la douzième, donnée en 1858, après la mort de l'auteur.

(2) *Hist. de la conquête d'Anglet.*, Introd , p. 21.

morale consacrée par le christianisme (1), Arius qui niait la divinité de Notre-Seigneur, Pélage qui niait l'intervention de la grâce, sont des interprètes aussi véridiques et des docteurs plus respectables de l'enseignement divin que saint Athanase ou saint Augustin. M. Thierry a été conduit à ces axiomes absurdes par l'esprit d'opposition dont il s'est toujours nourri et qui s'est amalgamé chez lui avec un esprit de système étroit et exclusif. Il s'était piqué, en s'établissant l'historien des races vaincues, de trouver une application généreuse à sa manie d'opposition : si les sympathies, qui accueillirent son entreprise, n'étaient pas pour prouver que toute défaite fut une injustice et toute victoire un scandale, elles témoignaient au moins de la générosité des âmes à compatir au malheur, même quand il est mérité. Sans vouloir en effet honorer le succès en toutes circonstances, on peut dire, d'après les enseignements de l'histoire comme en présence des catastrophes de nos jours, qu'il y a peu de ruines qui ne soient motivées ; il est rare que les races vaincues ne soient pas des races coupables.

M. Thierry ne voulait pas admettre de tels raisonnements : le malheur de l'innocence est un moyen trop dramatique pour qu'il consentît jamais à y renoncer : encouragé par le succès, il essaya

(1) *Hist. de la conq. d'Angl.* Introd., p. 22. L'édition corrigée a supprimé ces diverses impertinences.

de le mettre en œuvre dans les questions religieuses. Il chercha à éveiller les sympathies en faveur de l'hérésie et du schisme, parce qu'ils avaient été vaincus : au lieu de reconnaître dans leur défaite une preuve de leur fausseté, il prétendit y trouver une raison d'intérêt et de bienveillance. Il ne se doute pas que la vérité doive être respectée surtout en tels sujets ; les événements de l'histoire n'ont pas à ses yeux d'autre but ni d'autre raison d'être que de fournir à l'historien matière à de terribles ou charmants récits. Il avoue qu'il éprouve pour les différentes églises nationales que « l'Eglise romaine ap« pelle hérétiques ou schismatiques, le même genre « d'intérêt et de sympathie que pour les nations « vaincues : comme ces nations, elles ont succombé, « ajoute-t-il, sans qu'il existât aucun droit contre « elles ; et l'indépendance qu'elles revendiquaient « pour leur doctrine et leur gouvernement, était « une partie de cette liberté morale consacrée par « le christianisme (1). »

L'esprit armé de la sorte et ainsi protégé contre le rayonnement de la vérité, il n'est pas étonnant que M. Thierry n'ait absolument rien compris aux merveilleux événements qui donnèrent à Clovis l'empire des Gaules.

Dans cette Gaule romaine et catholique, trois

---

(1) *Hist. de la conquête d'Angl.*, Introd., p. 22.

peuples Barbares se trouvaient en présence à la fin du v⁵ siècle : les Bourguignons, les Visigoths et les Francs. Les derniers étaient païens : les deux autres professaient l'abominable hérésie d'Arius. M. Thierry ne comprend pas l'horreur que les propositions blasphématoires d'Arius pouvaient inspirer aux catholiques; il trouve qu'il eût été naturel que les Gaules entières fussent tombées sous la domination d'un des deux peuples ariens. Il ne nie pas que ce soient les évêques qui en aient disposé autrement ; mais il prétend qu'ils se sont conduits en cette circonstance uniquement par un étroit fanatisme, pour ce qu'il appelle avec mépris les *doctrines de Rome*, et qu'ils ont agi contre l'intérêt et la politique des populations gallo-romaines. Pour mieux établir la vérité de cet intérêt et de cette politique, il trace un tableau aussi aimable que possible des deux peuples ariens : leur établissement dans les Gaules, dit-il, n'avait pas eu lieu sans violence ni sans ravages, mais l'amour du repos et un certain esprit de justice, qui les distinguaient entre tous les Germains, avaient promptement adouci leurs mœurs : ils se laissaient gagner aux mœurs romaines (1) ; ils étaient chrétiens, etc. — Le Bourguignon, que Sidoine Apollinaire repré-

(1) *Hist. de la conquête d'Angl*, t. I, p. 56, etc. L'édition corrigée (p. 40 et suiv) modifie un peu ces peintures du Goth et du Bourguignon et indique les raisons qui rendaient odieuse leur domination. — *Lett. sur l'hist. de Fr.*, p. 95 et suiv.

sente frottant sa chevelure de beurre rance, se civilise sous la plume de M. Thierry ; et l'horrible Goth, odieux même aux populations Barbares, devient presque attrayant. Nous avons vu que pour dépeindre les Francs notre auteur emploie les procédés contraires. Ainsi il néglige tout ce qui indique quelque civilisation chez eux ou quelque culture et il retranche tout ce qui marque l'injustice, la violence et la barbarie des ariens. Leur ruine n'a dans son esprit ni motif, ni raison. Les succès des Francs sont le résultat d'un hasard et de l'ambition des évêques. Ces évêques, avaient illégalement acquis dans les Gaules une autorité exorbitante (1). M. Guizot s'est chargé de réfuter cette proposition (2), et il a déduit les raisons naturelles et légitimes qui mirent le pouvoir entre les mains de ceux qui subvenaient à peu près à tous les besoins des peuples, soutenaient les charges publiques, veillaient à la défense des villes et relevaient, contre les entreprises des Barbares, le courage des Gallo-Romains abandonnés de l'empire (3).

Dès le troisième siècle, on avait vu S. Didier,

---

(1) *Hist. de la conquête d'Anglet.*, t. I, p. 58.
(2) M. Thierry ne l'a pas fait disparaître entièrement de son édition corrigée ; il admet la légitimité de l'horreur de l'Eglise pour l'hérésie d'Arius et ne nie pas les motifs du crédit conquis par les évêques sur les populations de la Gaule.
(3) *Hist. de la civil. en France.*

évêque de Langres, accompagné d'un nombreux cortége de prêtres, parcourir les murs de sa ville assiégée par les Vandales : il relevait le courage de ses défenseurs, leur rappelant le fondement et la vérité de leur foi. « Nous sommes les serviteurs du « Christ, nous honorons le Christ, notre Seigneur, « le Dieu vivant, » répétait-il sans cesse. Ce nom du Christ, prononcé en présence des ennnemis païens ranimait le courage des assiégés et attira la colère des Vandales sur le saint évêque (1).

Bien loin de trouver dans la foi et l'épiscopat catholique des alliés et des complices de l'invasion, on y voit le principal élément de la résistance, qui persévéra même quand l'empire fut vaincu, et combattit les Barbares jusqu'à ce qu'ils aient courbé la tête pour adorer ce qu'ils brûlaient.

Cette énergie se signale surtout dans un fait merveilleux, que la plupart de nos auteurs ont négligé malgré son immense intérêt et la gloire qui en rejaillit sur les populations gallo-romaines. M. de Pétigny (2) en a marqué toute l'importance et relevé les détails. Je veux parler du siége de Clermont en 472. C'est là une date importante dans l'histoire de l'invasion : c'est le moment où l'empire romain, défait de toutes parts, se retire des Gaules et n'y

---

(1) Boll. *Acta SS.*, 23 mai.
(2) *Etudes sur les institutions mérovingiennes.* 3 vol. in-8, 1843-44.

conserve plus que la seconde Narbonnaise ; c'est aussi l'instant, où les anciens fédérés commencent à dédaigner la majesté de l'empire et à traiter comme leur égal son faible représentant. L'évêque de Clermont était un homme illustre, dont le nom est encore célèbre aujourd'hui. L'Église l'honore comme un saint : les historiens contemporains l'ont cité souvent, mais ne l'ont jamais montré que comme un philosophe aimable, de mœurs douces, d'un esprit cultivé et d'une grande faiblesse de caractère. M. Thierry et M. Guizot se sont l'un et l'autre arrêtés sur ce personnage : ils n'ont pas voulu y montrer autre chose. Saint Sidoine Appollinaire en effet par la finesse de son esprit, son goût peu sûr, sa politique sans énergie, son amour des aises et du luxe, représente très-bien l'ancienne civilisation romaine dans tout ce qu'elle pouvait avoir encore d'aimable et de policé au moment où elle expirait; mais il a eu le bonheur de représenter aussi le monde nouveau. Ce poète, ce panégyriste de l'empereur Majorien, ce sénateur gallo-romain et efféminé reçut l'onction épiscopale; et dans ces siècles de foi cette onction opérait de merveilleux changements. En descendant sur les cœurs qui semblaient les moins préparés, elle les transformait. On connaît les histoires de saint Ambroise et de saint Germain : c'étaient des jeunes gens que rien ne semblait disposer aux étroits devoirs du sacerdoce et qui courbés violemment, pour ainsi dire, sous l'onction qu'on leur imposa, se sont relevés pleins d'ardeur et de zèle pour la gloire de Dieu, pleins de lumières pour conduire son troupeau, pleins de force contre eux-mêmes.

La merveille fut aussi grande chez Sidoine Apollinaire. Ce n'était pas, il est vrai, un jeune homme qui eût à comprimer la fougue de ses passions ; c'était un de ces héros des décadences, comme notre siècle pourrait en montrer quelques-uns, flexibles et et mous, relevant de leur esprit et de leur grâce l'habileté de leur faiblesse à se plier à toutes les circonstances : c'était un vieillard qui avait eu des honneurs sous tous les régimes, dont les changements politiques et les révolutions avaient respecté la gloire et augmenté la fortune, en échange de la condescendance avec laquelle il les avait tous acceptés. Gendre de l'empereur Avitus, il n'avait pas osé se refuser à prononcer le panégyrique de Majorien, rival et successeur de son beau-père. Pour prix de cette complaisance, le poète avait conservé ses dignités et ses honneurs. L'onction épiscopale changea ce faible cœur, il devint l'âme de la résistance contre les Barbares ; il anima et entretint le courage de son peuple ; il travailla avec ténacité à lui créer des alliés et des protecteurs ; il déplora ses revers avec une éloquence à laquelle toutes les grâces du bel esprit n'auraient jamais pu atteindre : il fit plus, il embrassa ses ouailles dans une charité ardente, et l'énergie de son dévouement sut créer à leur détresse d'inépuisables ressources.

Quelque temps après son sacre, l'Auvergne fut envahie par les Visigoths. Elle était alors, au dire de saint Sidoine lui-même (1), la porte de l'empire romain. Elle avait été précédemment occupée par les Bourguignons alliés de l'empire et chargés de la défense de cette province. Ces défenseurs-là étaient aussi dangereux que des ennemis; mais ils occupaient l'Auvergne au nom de l'empire : et l'honneur paraissait sauf. Les querelles des enfants de Gondioch ayant précipité les armes des Bourguignons dans des guerres intestines, toute l'Aquitaine se soumit au pouvoir des Visigoths. Clermont seul songea à résister. Saint Sidoine explique bien que ce fut le besoin de conservation de la foi catholique qui inspira cette résistance. Le saint ne partage pas, en effet, les sympathies de M. Thierry pour cette domination des Visigoths; il ne prend pas aussi facilement son parti sur leur *quelque peu de fanatisme arien* (2); il montre leur roi Evaric, entouré de l'éclat d'une puissance plus terrible aux lois chrétiennes qu'aux murailles gallo-romaines : il le dit plutôt chef de secte que roi d'une nation; le seul nom de catholique irritait sa colère; il ne voulait

---

(1) S. Sid., *Epist.*, lib. VII, ep. 1.
(2) *Lett. sur l'hist. de Fr.*, p. 98.

rien supporter que son erreur, qu'il regardait comme la vérité et supposait capable d'assurer le bonheur de toute la terre (1). Saint Sidoine ne se contente pas d'apprécier le caractère de l'ennemi contre lequel il se préparait à lutter, il signale dans la même lettre à l'évêque Basile les outrages et les violences qu'E-véric a prodigués à la foi catholique. Bordeaux, Périgueux, Rodez, Limoges, Mende, Eause, Bazas, Comminges, Auch, et un grand nombre d'autres églises, avaient été sous sa domination, privés de leurs évêques. Evaric avait fait mourir les uns, il s'opposait à ce qu'on leur donnât des successeurs. Il avait ainsi, dit saint Sidoine, ouvert une large porte à la ruine spirituelle. Les populations sans pasteurs et sans aucune des consolations de la foi, étaient abandonnées aux suggestions de l'hérésie. Les églises tombaient en ruines, leurs portes arrachées laissaient pénétrer les bestiaux jusque dans l'intérieur des temples abandonnés. L'herbe croissait au milieu de plus d'un sanctuaire. Ce n'était pas seulement les paroisses rurales qui étaient dans ce triste état : dans les villes il n'en allait pas autrement. Car, disait le saint évêque de Clermont, quand meurt un prêtre dans ces églises désolées, le sacerdoce meurt avec lui (2).

(1) S. Sid., *Epist.*, lib. VII, ep. 6.
(2) S. Sid., *Epist.*, lib. VII, ep. 6.

A l'approche de l'ennemi, saint Sidoine munit sa ville : il l'arma surtout des armes spirituelles. Il demanda à saint Mamert, évêque de Vienne, de lui adresser les prières des Rogations. « On dit, lui « écrivait-il, que les Goths marchent contre les « Romains; malheureux Auvergnats, nous sommes « la porte de cette irruption; nous seuls formons « obstacle à ce que le pouvoir des Goths s'étende « sur toutes les contrées entre la Loire, l'Océan et le « Rhône, aussi sommes-nous d'une façon particu- « lière en but à leur animosité. Tout le pays qui « nous environne est frappé de stupeur à la seule « pensée de leur redoutable puissance ; et dans « notre audacieuse entreprise, nous ne plaçons pas « notre confiance dans nos murailles démantelées, « dans nos fortifications chancelantes ou dans les « armes déjà émoussées de nos gardes et de nos « sentinelles. C'est de vous, vénérable frère, que le « peuple d'Auvergne attend son véritable secours. « C'est vous qui avez composé ces belles prières des « Rogations que nous nous efforçons d'établir et de « réciter ici. » Il se souvenait des circonstances où saint Mamert avait institué ces prières dans son diocèse, et trouvait qu'elles avaient bien quelque ressemblance avec les extrémités dont Clermont était menacé. Il voyait dans le succès que ces supplications avaient obtenu à Vienne, une raison d'espérer qu'elles ne seraient pas inutiles à sa ville ; et en rappelant les liens de dévotion que les reliques de saint Julien établissaient entre l'Auvergne et le diocèse de Vienne, il demandait à saint Mamert de lui envoyer le texte des prières qu'il avait composées, et de soutenir de ses suffrages l'entreprise que la défense de la foi allait lui faire tenter (1).

Pour résister aux Visigoths, Clermont n'avait en effet d'autre force que le concours de sa noblesse gallo-romaine : l'empire, absorbé dans les tumultes de son agonie, n'avait point de troupes à envoyer. Saint Sidoine convoquait à la défense de leur patrie les héroïques enfants de l'Auvergne. Il ne pouvait manquer d'appeler Hecdicius, son beau-frère, fils de l'empereur Avitus, et retenu alors en Italie, où il avait soutenu le parti d'Anthyme et celui de Nepos. Revêtu de l'honneur du patriciat, Hecdicius vint en effet au secours de sa patrie. Il amenait avec lui une petite troupe de vingt-deux cavaliers.

En arrivant, ils trouvèrent l'armée des Visigoths entourant Clermont déjà en proie à la famine et presque aux abois. Hecdicius n'hésita pas. En plein jour, avec cette audace dont notre histoire offre tant de traits tout aussi incroyables, cette poignée de braves, l'épée au poing, s'ouvrit à travers l'armée ennemie un passage jusqu'à la ville assiégée. Dieu protége les vaillants. Les vingt-deux compagnons

---

(1) S. Sid., *Epist.*, lib. VII, ep. 1.

d'Hecdicius entrèrent avec lui dans Clermont; ils y furent accueillis comme des libérateurs au milieu d'une explosion de cris, de pleurs et d'enthousiasme; on se pressait autour de leurs chevaux ruisselant de sueur, on couvrait de baisers leurs armures souillées de sang et de poussière : chacun voulait les voir, les toucher, les remercier. On s'empressait de les débarrasser du poids ds leurs armes, et c'était un honneur, dont tous étaient jaloux, de porter le casque ou la cuirasse de ces braves. On comptait les brèches des glaives, on se montrait avec admiration les traces des coups que portaient les autres parties de l'armure toutes faussées et bosselées, et au milieu de ce peuple oublieux de ses douleurs et enivré d'espérance, les héros avaient plus de peine à s'ouvrir un passage qu'à travers l'armée ennemie (1).

L'arrivée d'Hecdicius ranima l'énergie d'une résistance désespérée. Fatiguant les assiégeants par des sorties continuelles, soutenu par les prières de saint Sidoine, et voyant se multiplier le courage de ses concitoyens, il porta plus d'une fois le désordre et le ravage dans le camp ennemi. Si on en croit saint Sidoine, pour cacher l'importance de leurs pertes, les Tisigoths en étaient réduits à trancher la tête de leurs morts; dans ces vigoureuses attaques conduites par Hecdicius, l'abondance des cadavres fut telle que

(1) S. Sid., *Epist.*, lib. III, cp. 1.

les Visigoths, renonçant à les enterrer, les réunissaient dans des maisons où ils mettaient le feu (1). Cependant la famine était toujours dans Clermont. Les dernières ressources étaient épuisées. On cherchait à tromper la faim à l'aide des herbes croissant dans les rues et aux fentes des murailles. Cette nourriture immonde engendra de terribles maladies (2). Il n'était pas cependant question de se soumettre aux hérétiques. Saint Sidoine, inébranlable, ne cessait de confirmer ses frères dans leur foi ; il offrait constamment à Dieu ses larmes ; et ses prières rendaient victorieux des glaives, dont les guerriers exténués pouvaient à peine soutenir le poids. Enfin, l'hiver arriva sans que l'héroïque résistance des gens de Clermont eût été vaincue. Saint Sidoine ne raconte pas, mais qui pourrait dire les sentiments d'allégresse qui pénétrèrent son cœur, et le cri de reconnaissance qui en rejaillit jusqu'au ciel lorsque le courageux et admirable évêque vit l'armée des Visigoths se retirer des collines déjà couvertes de neiges, qui entourent Clermont? La foi de ce peuple avait été vaillamment défendue, mais les souffrances n'étaient pas terminées. Le séjour et les ravages des Visigoths avaient détruit tout le pays (3). Les murs de la ville étaient à demi renversés, les maisons

---

(1) S. Sid., *Epist.*, lib. III, ep. 5.
(2) S. Sid., *Epist.*, lib. VII, ep. 7.
(3) S. Sid., *Epist.*, lib. VI, ep. 12.

étaient incendiées, les ossements des morts gisaient sans sépulture (1), et le peuple d'Auvergne, sans asile et sans ressources, vit la famine se prolonger après les combats.

Les vaillants, qui avaient défendu la cité, s'empressèrent encore de venir à son aide dans cette nouvelle détresse. Hecdicius employa ses biens à soulager le peuple, que son bras avait si bien protégé. On sait quelle était la richesse territoriale des familles aristocratiques de la Gaule romaine. Hecdicius possédait des biens immenses : ses chariots conduisirent dans ses possessions les malheureux que la guerre avait laissés sans pain et sans asile. Quand les désastres furent un peu réparés, on les ramena dans leur pays; les historiens assurent que quatre mille hommes furent transportés et nourris de la sorte (2). Les richesses de saint Sidoine étaient employées au même usage, et saint Grégoire raconte que l'évêque de Clermont dérobait l'argenterie de sa femme pour la distribuer aux pauvres (3). Ses lettres aussi allaient solliciter les évêques voisins en faveur de ce pauvre et courageux troupeau : la charité des évêques répondit généreusement à cet appel. Saint Patient, évêque de Lyon, faisait faire dans ses possessions des amas de blé, qu'on chargeait ensuite

---

(1) S. Sid., *Epist.*, lib. III, ep. 2.
(2) S. Greg., lib. II, c. XXIV.
(3) S. Greg., lib. II, c. XXII.

sur le Rhône et la Saône pour le transporter en Auvergne (1).

On comprend que ceux qui se dévouaient de la sorte au soulagement des peuples aient pu avoir quelque droit de décider de leur sort, et on peut trouver étrange la manière indirecte et légère dont M. Thierry conteste leurs titres. Du reste, on voit par le siége de Clermont (472) que les évêques ne songeaient pas encore à implorer le secours des Barbares. C'était au profit de l'empire qu'ils défendaient la foi ; mais l'empire n'avait même plus la force de profiter des efforts faits en sa faveur. Il capitula avec les Visigoths : pour prix de la paix, il leur abandonna l'Auvergne. On croyait acheter de la sorte la sécurité des contrées voisines de la Méditerranée. On conçoit la consternation du courageux évêque de Clermont en apprenant cette nouvelle : « D'après les bruits qui
« se confirment, écrit-il, la paix nous prépare un
« sort pire que la guerre. Notre esclavage est devenu
« le gage de la sécurité d'autrui ! Oh ! douleur ! l'es-
« clavage de l'Auvergne !... Est-ce là le prix de nos
« souffrances ? Est-ce pour cela que nous avons
« bravé la misère, la flamme, le fer et la peste ? que
« nos guerriers, exténués par la faim, ont abreuvé
« leurs glaives du sang des ennemis ? Était-ce dans

---

(1) S. Sid., *Epist.*, lib. VI, ep. 12. — S. Greg., lib. II, c. XXIV.

« l'attente de cette glorieuse paix que nous nous re-
« paissions des herbes malsaines arrachées aux fentes
« de nos murailles? Quelle récompense d'un si
« grand dévouement!... »

L'évêque ne se contentait pas de déplorer ce malheur ; sa courageuse résistance lui donnait le droit de chercher à le détourner de sa ville. « Rougissez,
« disait-il, rougissez de ce traité... Rompez par vos
« conseils, si vous le pouvez, rompez ce honteux
« accord. S'il le faut, nous serons heureux d'être
« encore assiégés, de combattre encore et de souffrir
« encore la famine. Mais si la trahison nous livre,
« nous que la force n'a pu vaincre, nous croyons
« que vous avez songé à ce que des lâches pourront
« conseiller à un maître barbare... Toute autre pro-
« vince livrée ainsi craindrait la servitude, l'Au-
« vergne attend son supplice. Si vous ne pouvez nous
« sauver dans cette extrémité, priez au moins afin
« qu'il subsiste un peu du sang généreux de ceux
« dont la liberté va périr. Préparez un asile aux
« bannis, une rançon aux captifs, un secours aux
« réfugiés, et si vous ouvrez nos murailles à nos
« ennemis, ne fermez pas les vôtres à des frères
« malheureux (1). »

Ces supplications ne pouvaient changer la destinée de l'Auvergne : elle fut abandonnée aux Visigoths;

---

(1) S. Sid., *Epist.*, lib. VII, ep. 7.

la majesté de l'empire eut à subir l'affront que lui imprima Évaric, qui traita avec elle d'égal à égal. Jusque-là les Barbares s'étaient contentés de la puissance ; ils laissaient toujours à l'empire une certaine supériorité d'honneur envers laquelle ils conservaient une apparente soumission. L'humiliation de l'empire et l'abandon de l'Auvergne éclairèrent les populations catholiques de la Gaule sur la nécessité de chercher une protection : c'est alors qu'au milieu des ariens qui les entouraient et les opprimaient, leurs regards s'attachèrent avec plus d'insistance sur les Francs. Quoi qu'en dise M. Thierry, cette pensée était bien naturelle. Elle était légitime et politique.

La sympathie que l'historien témoigne pour la domination des Bourguignons ne paraît pas appuyée sur des témoignages plus authentiques que celle qu'il montre pour les Visigoths. C'est étrangement abuser des fictions de la décadence de l'empire que de s'appuyer sur les traités et sur l'entrée des Bourguignons dans les Gaules, à titre d'hospitalité, pour vanter la douceur de leur établissement (1). L'historien de la vie de saint Sigismond ne voyait pas les choses comme notre contemporain. Les Bourguignons, dit-il, pénétrèrent dans les Gaules à la mode des Barbares ; ils envahirent cruellement les peuples

---

(1) *Lett. sur l'hist. de Fr.*, p. 96.

et les terres ; ils massacrèrent ceux d'entre les Gaulois qui ne s'enfuirent pas à leur approche (1). Les grands désastres, que les autres historiens racontent, qui assaillirent la cité de Vienne au temps de cette domination bourguignonne, ces bandes de loups, qui parcouraient les campagnes et pénétraient jusque dans l'enceinte des villes (2), témoignent des ravages et de la destruction que ces *hôtes* de l'empire répandaient autour d'eux. M. Thierry a eu bien soin de relever les circonstances analogues qui signalèrent la marche des Francs, mais l'esprit philosophique exigeait qu'on ménageât les sectateurs d'Arius.

Les rois bourguignons ne resseemblent cependant pas à ce roi des Visigoths, que saint Sidoine vient de montrer intolérant dans son erreur qu'il regardait comme la seule religion véritable (3). L'âme de Gondebaud était en proie aux doutes ; il consultait les évêques catholiques ; il voulait avoir des conférences avec eux : il consentait à ce qu'ils en eussent avec les évêques ariens en sa présence. M. Thierry assure que, dans ces conférences, les évêques catholiques traitaient rudement le roi, l'appelant insensé et apostat (4). Il est singulier que l'historien ne se soit

---

(1) Boll. *Acta SS.*, Maii.
(2) S. Greg., lib. II, c. XXXIV.
(3) S. Sid., *Epist.*, lib. VII, ep. 6.
(4) *Hist. de la conquête d'Anglet.*, tom. I, p. 64. La dernière édition a supprimé ces détails par trop pittoresques.

pas aperçu de l'erreur où il tombait, puisqu'il a inséré parmi les pièces justificatives de son histoire une traduction du récit de la conférence des ariens et des catholiques.

On y voit saint Avit, évêque de Vienne, dont le visage et les discours étaient empreints d'une douceur évangélique, s'agenouiller devant le roi avec les autres évêques, en le suppliant de vouloir bien ouvrir l'oreille aux enseignements de la foi : « Quelle « source de biens en découlerait sur vous et sur « votre peuple, lui disaient-ils ! la gloire céleste vous « serait réservée là-haut, la paix et l'abondance « habiteraient dans vos tours (1) ! » Le roi, touché de leurs démarches et de leurs prières, les releva avec toutes sortes d'égards et donna son assentiment à la conférence qu'ils demandaient à avoir avec les ariens.

Ceux-ci cependant s'y opposaient de toutes leurs forces ; et ceux d'entre les catholiques qui penchaient vers l'hérésie, les ministres et les courtisans du roi, disaient que toutes ces discussions ne faisaient qu'exaspérer l'esprit de la multitude et ne pouvaient produire rien de bon. Les évêques répondaient qu'il ne fallait pas redouter des discussions prenant leur source dans l'amour de la vérité ; que rien n'était

---

(1) *Hist. de la conquête d'Anglet.*, tom. I, p. 357. — Dom Bouquet, *Hist. de Fr.*, tom. IV.

plus favorable à la sainte union des âmes que de connaître où réside la vérité; et que là où elle se trouve, il faut l'aimer en respectant ceux qui la professent. Les conférences eurent lieu; elles furent troublées par les colères des Ariens, qui s'emportèrent en violences et en injures, et ne surent rien répondre aux raisons que saint Avit développa avec une chaleur et une lucidité d'éloquence qui touchèrent profondément le cœur du roi. En reconduisant les évêques catholiques, Gondebaud, agité et perplexe, embrassa saint Avit et ses compagnons; il se recommanda avec de grandes instances à leurs prières; mais, dit le narrateur, il ne se convertit pas à la foi de l'Eglise (1). Toutefois, saint Grégoire assure qu'il en demandait la communion. Son faible cœur et la crainte de son peuple l'engageaient à demander aussi le secret; saint Avit se refusa à cette condescendance: « Vous êtes le roi, disait-il, et vous redoutez « votre peuple! Est-ce le peuple qui est votre chef, « ou est-ce à vous de le guider? Quand vous allez à « la guerre, ne marchez-vous pas à la tête des guer- « riers, et ne vous suivent-ils pas où vous les con- « duisez N'est-ce pas à vous de leur montrer « la vraie foi que vous connaissez, plutôt que de « condescendre à leur faiblesse? Ne vaut-il pas

---

(1) *Hist. de la conquête d'Anglet.*, tom. I, p. 355 et suiv. *Hist. de Fr.*, tom. IV, p. 99 et suiv.

« mieux pour vous les conduire à la vérité que de
« les laisser périr dans leur erreur au détriment de
« votre propre vie. Dieu, ajoutait le saint évêque,
« Dieu ne donne pas son amour à celui qui, pour
« un royaume terrestre, refuse de le confesser dans
« ce monde. » Gondebaud était touché de ses raisons (1); mais il n'osa jamais professer la foi catholique, et il mourut dans son hérésie.

Quand on compare cette faiblesse du roi bourguignon avec la générosité de Clovis confessant le Dieu de Clotilde et, si l'on en croit un historien de la vie de saint Remy, laissant s'éloigner de son armée un grand nombre de ses compagnons, qui allèrent se ranger parmi les fidèles de Ragnacaire (2) pour ne pas abandonner le culte de leurs idoles, on comprend la raison du succès des Francs. Saint Grégoire, bien qu'il fût un saint, qu'il fût évêque et qu'il vécût au VIe siècle, en comparant simplement les heureux succès des chrétiens, qui confessent la bienheureuse Trinité aux désastres des hérétiques qui la divisent (3), saint Grégoire a montré certainement plus de philosophie que n'a fait M. Thierry, invoquant le hasard comme raison du titre de roi conservé dans les Gaules par les seuls successeurs de Clovis et de Charlemagne, et accusant le roi franc

(1) S. Greg., lib. II. c. XXXIV.
(2) Vita S. Remig. *Hist. de Fr.*, t. III.
(3) S. Greg. Lib. III. Prolœg.

d'avoir mis sous ses pieds les dieux du Nord dans la vue de fonder un empire (1). Si fin politique que fût Clovis, il est difficile de donner ce dernier motif à sa conversion : la retraite d'un grand nombre de ses compagnons et les craintes de Gondebaud sont pour prouver qu'au ve siècle, comme de nos jours, les voies de Dieu étaient peu connues des hommes. S'il est bien vrai que le succès couronne presque toujours les devoirs accomplis, il n'arrive jamais que par des voies que ne saurait prévoir la prudence humaine, et que Dieu prend soin de lui dissimuler, afin, dirait-on, de laisser au courage tout le mérite de ses entreprises.

Toutefois en remarquant que le nom des Francs ne devint vraiment populaire dans le midi de la Gaule qu'après l'abandon de l'Auvergne, il faut reconnaître qu'Evaric ménagea hypocritement cette contrée plus que les autres de son empire. Saint Sidoine fut exilé ; mais au bout de quelques années, rendu à son troupeau, il put travailler de nouveau au salut des âmes et mourir dans Clermont. La dissidence de religion, malgré les réserves où la politique contraignait les Goths, restait toujours une cause d'inimitié; l'horrible persécution suscitée en Afrique par les Ariens ravivait les craintes. Malgré les ménagements où les circonstances pouvaient l'engager, il était sensible qu'Evaric cherchait à pratiquer dans

---

(1) *Lettres sur l'hist. de Fr.*, p. 104.

les Gaules le système d'extinction du clergé orthodoxe, que les rois Vandales avaient essayé en Afrique et qu'Hunéric trouvait trop lent à ses désirs. L'espérance des populations menacées dans leur foi se tourna alors avec une nouvelle vivacité vers les Francs, et selon l'expression de saint Grégoire, tout le monde soupirait après leur domination avec un désir d'amour (1). Ce sentiment ne se manifesta que dans les pays d'outre-Loire soumis à la domination arienne. Au nord du fleuve, les Francs restaient un peuple ennemi et païen qu'il fallait combattre. Saint Remy avait déjà d'intimes relations avec ce peuple et ses rois : il s'efforçait de faire pénétrer au milieu d'eux la lumière du Christ. Avant le baptême de Clovis, il avait converti plusieurs de ses fidèles : la nation païenne, à laquelle appartenaient le père et la mère de saint Arnould convertis par l'évêque de Reims, semblerait devoir être celle des Francs (2). Mais les relations de saint Remy avec la famille mérovingienne et les espérances, que pouvait nourrir à cette ocasion l'évêque de Reims, la liberté même qu'il avait conquise de donner des conseils sur la conduite à tenir vis-à-vis des évêques et les devoirs à remplir envers les peuples (3) n'empêchaient pas

(1) « Amore desiderabili ». Lib. 2, c. XXIII.
(2) Bolland, 18 julii.
(3) *Hist. de Fr.*, tom. IV, p. 51. Epist. S. Remigii ad Clodoveum. Les Bénédictins, le P. de Longueval et le P. Sirmond

l'animosité des guerres; les historiens rapportent qu'après la défaite de Syagrius, Clovis eut à soutenir de grandes guerres dans le nord de la Gaule. Un historien de sainte Geneviève dit que la ville de Paris

donnent à cette lettre la date de 507, et la croient écrite à l'occasion de l'expédition contre les Visigoths. M. de Pétigny suppose qu'il la faut reporter à l'année 481, il la croit écrite à l'occasion de l'avénement de Clovis. Le texte de la lettre confirme cette hypothèse. L'évêque y parle en ami et en père : « Que le jugement du Seigneur, dit-il, ne vous aban-
« donne jamais... Ayez de sages conseillers dont le renom
« ajoute à votre réputation. Soyez chaste et honnête dans la
« pratique de votre puissance. Honorez les évêques et recou-
« rez à leurs conseils. Si vous vous accordez avec eux, tout
« ira bien dans votre province. Protégez les citoyens, soula-
« gez les affligés, secourez les veuves, nourrissez les pau-
« vres ; que tous vous aiment et vous craignent en même
« temps. Que la justice sorte de votre bouche. Que votre
« prétoire soit ouvert à tous et que personne n'en sorte
« affligé... Employez vos richesses à racheter les captifs... Si
« un étranger se présente devant vous ne lui faites pas sentir
« qu'il est étranger... Délassez-vous avec les jeunes gens,
« traitez de vos affaires avec les vieillards... » Cette belle lettre commence par ces mots : *Rumor ad nos pervenit administrationem vos secundam rei bellicæ suscepisse.* C'est ce que le P. Longueval traduit : « Le bruit est venu jusqu'à nous que vous allez entreprendre une seconde expédition militaire. » M. de Pétigny propose de traduire : « Que vous avez heureusement pris le gouvernement des affaires militaires, » et il croit que Clovis succéda à son père tout à la fois dans le titre de chef des Francs et dans celui de maître des milices romaines dans les Gaules. Les conseils que renferme cette lettre paraissent d'ailleurs s'adresser à l'adolescence de Clovis plutôt qu'à son âge mûr.

résista à ce roi pendant plusieurs années (1). Cette lutte cessa lorsque le mariage de Clovis, et plus tard son baptême eurent, selon la remarque de Procope, uni les Gallo-Romains et les Francs en un seul peuple rendu désormais redoutable (2).

La puissance de Clovis se trouva ainsi accrue, malgré la défection d'un certain nombre des siens, et toute la Gaule catholique se tourna vers lui : non-seulement la Gaule, mais on peut bien dire que l'Eglise entière salua avec des sentiments d'allégresse le néophyte de saint Remy. Le monde en effet était alors arien ; et ce ne fut pas un vain titre que le nom de fils aîné de l'Eglise que reçut le roi des Francs.

Nous n'avons pas intention d'insister sur ces points de notre histoire, nous avons seulement voulu marquer la résistance de l'Eglise aux Barbares, et la cause de l'union qu'elle contracta ensuite avec les Francs. Il est difficile de trouver en cela ce que M. Thierry veut y faire voir : l'ambition personnelle des évêques et la volonté perverse de disposer à leur gré et sans motif du sort des populations (3). Il faut reconnaître, au contraire, que dans sa tendresse pour

---

(1) « Quinos » ou « bis quinos », selon les variantes. *Hist. de France*, t. X.

(2) « Nihil vi proficientes Germani (*Franci*) illos ad societatem... invitarunt... Eo pacto in unam coaliti gentem potentissimi evaserunt. » *De Bello gothico.* Ibid., t. 1, p. 31.

(3) *Lett. sur l'hist. de Fr.*, p. 58.

son fils aîné, l'Eglise relâcha en sa faveur quelque chose de son droit. L'influence de saint Remy et l'affection, qu'on comprend qu'il portait à l'époux de Clotilde, à cause du lien spirituel que le baptême avait formé entre eux, servirent peut-être à incliner les esprits de ce côté : le savant et pieux abbé Rohrbacher a relevé dans les écrits et les actions de l'évêque de Reims quelques points d'une condescendance envers l'autorité royale, que saint Cyrille ou saint Athanase n'auraient sans doute pas approuvés (1). Une lettre de saint Avit exprime plus fortement encore le mouvement spontané qui entraîna les évêques vers le roi Barbare et, au milieu des persécutions ariennes, leur fit reconnaître en lui leur défenseur et leur ami (2). Bien loin d'exagérer son influence en cette occasion, l'Eglise au milieu de ce tressaillement aurait laissé le roi très-chrétien, sur qui reposaient ses affections et ses espérances, prendre dans le domaine religieux une part qui ne lui aurait pas appartenu de droit.

Sans rappeler les paroles de saint Avit, ni celles de saint Remy, il suffit, pour nous faire comprendre, de remarquer l'influence que les rois Francs eurent dès lors dans la nomination des évêques. On a fait beaucoup de théories au sujet de ces nominations :

(1) *Histoire de l'Eglise*, tome IX, p. 135.
(2) *Hist. de France*, tome IV, p. 48.

les historiens, qui oublient que le pouvoir épiscopal est un pouvoir divin, en ont cherché l'origine de divers côtés. C'est la consécration seule qui fait les évêques. Divers éléments, en fait, concouraient à désigner à cette consécration. Le pape S. Léon demande le vœu populaire et l'élection du clergé. Le métropolitain avait une influence prépondérante. Les élections de Jean et de Simplicius à Châlons et à Bourges (1), celle de saint Germain à Auxerre (2) témoigneraient hautement de ce point si la raison ne suffisait à l'établir. Mais après l'avènement de Clovis, la prétention des rois alla jusqu'à vouloir imposer à l'Église des évêques hautement repoussés par leurs collègues. Un fils de Clotaire, le roi Caribert, voyait là un droit de sa couronne. Emerius, désigné pour l'évêché de Saintes, par le roi Clotaire, avait été consacré sans l'agrément du métropolitain, qui représentait alors pour les églises de sa province la suprême autorité, *conscientia sedis apostolicæ*, disait le pape S. Sirice. Les évêques de la seconde Aquitaine ne voulurent point reconnaître ce collègue : réunis en concile, ils dégradèrent Emerius et pour le remplacer, désignèrent un prêtre à la nomination du roi; Caribert s'emporta contre les évêques ; il envoya leur messager en exil et l'y fit conduire sur un chariot couvert d'é-

(1) S. Sidon. *Epist.*
(2) Boll. *Vita S. Germ.* 31 julii.

pines : « Croit-on, disait-il, qu'il n'y ait plus de fils de « Clotaire pour soutenir ce qu'il a fait? » Il fit payer à Léonce, métropolitain de Bordeaux, une amende de mille pièces d'or et exigea aussi une contribution des autres évêques. Le pire est qu'au dire de saint Grégoire, Caribert fut encouragé dans sa résistance aux canons par le concours d'hommes religieux, que l'historien ne désigne pas autrement, et qui consentirent à réinstaller Emerius sur le siége de Saintes (1).

L'intervention royale dans le gouvernement des églises était en effet soutenue par des hommes pieux et éclairés, qui pouvaient tirer de l'exemple et des paroles de saint Remy, une autorisation à leur propre faiblesse. Ce saint évêque accusé d'avoir conféré le sacerdoce à un indigne personnage, avait cru s'excuser, en disant qu'il n'avait ordonné cet homme que sur l'invitation du roi, qui était non-seulement le prédicateur, mais le protecteur de la foi catholique : il gourmandait ses collègues d'Auxerre, de Sens et de Paris, qui lui reprochaient cette ordination ; il leur demandait s'ils étaient revêtus du souverain pontificat pour décider de sa conduite, et il avait la prétention de leur fermer la bouche, en disant : « Le chef des provinces, le défenseur de la « patrie, le triomphateur des nations l'a voulu « ainsi (2). » Il n'est donc pas étonnant que des

(1) S. Greg. Lib. IV, c. XXVI.
(2) Labb. concil., tom. IV, p. 1608.

clercs pieux, charitables et éclairés se soient laissés aller à admettre l'intervention de la puissance royale dans les affaires de l'Eglise au delà du légitime et du nécessaire. Saint Grégoire raconte qu'après la mort de saint Gall, les évêques voyant que le désir du peuple portait au siége épiscopal un prêtre nommé Caton, proposèrent à ce dernier de le sacrer. Ils voulaient, à ce qu'il paraît, essayer de recouvrer l'ancienne liberté des consécrations épiscopales. « Le roi, disaient-ils à Caton, est « un enfant : si on veut t'imputer ce sacre comme « une faute, nous traiterons nous-mêmes avec « les grands de son royaume ; il ne t'arrivera au- « cun dommage. » Ils s'engagèrent à l'en garantir sur leurs propres biens. « Viens seulement, » disaient-ils, « viens et fais cause commune avec « nous (1). » Caton était un prêtre charitable : sa mort prouva sa foi et son dévouement (2) : il désirait néanmoins ardemment l'épiscopat, mais il voulait le posséder en paix et le recevoir du roi ; il refusa l'offre des évêques, en disant qu'il voulait que son élection fût régulière. Pendant qu'il restait dans cette réserve par scrupule de conscience ou calcul d'ambition, l'archidiacre Cautin se rendit à Metz, à la cour du roi Théodebald, annonça la mort de saint Gall, brigua et obtint l'évêché. Cautin, avare,

(1) S. Greg. Lib. IV, c. VI.
(2) *Id.* Lib. IV, c. XXXI.

ivrogne, livré à ses passions, suscita dans l'Eglise de Clermont de grands troubles, que fomenta encore l'opposition de Caton frustré de ses espérances (1). Il est inutile d'entrer dans les détails de ces désordres racontés longuement par saint Grégoire. Il suffit de constater l'installation sur les siéges épiscopaux de clercs indignes, et le respect que d'autres plus réguliers professaient pour l'intervention de la puissance royale malgré les abus manifestes qu'elle faisait de son pouvoir. Elle allait jusqu'à vouloir ériger des évêchés et multiplier les circonscriptions. Childebert prétendit faire ordonner un évêque à Melun (2) ; saint Léon, évêque de Sens, s'y opposa, en menaçant d'excommunication l'évêque qui y serait installé et ceux qui l'auraient ordonné. Clotaire n'éprouva pas la même résistance : il érigea un évêché à Selle, qu'il sépara du diocèse de Poitiers (3). Les rois étaient persuadés qu'ils pouvaient disposer des dignités ecclésiastiques à leur fantaisie et en créer au gré de leurs combinaisons politiques. Leurs choix n'étaient pas dirigés par le souci du bien des âmes, ils étaient même parfois inspirés par le seul amour du lucre. Des présents faits au roi et aux grands de sa cour tenaient souvent lieu de

---

(1) Lib. IV, c. VII.
(2) Dom. Ruin. *Hist. de France*, tom. II, p. 85.
(3) S. Greg. Lib. IV, c. XVIII.

titres, et saint Grégoire déplore cette détestable coutume de vendre et d'acheter les évêchés (1).

A travers ces obstacles, l'Eglise restait néanmoins fidèle à sa mission. Elle adoucissait les mœurs des Barbares, elle mettait un frein à leurs violences. Les rois mérovingiens subissaient en grondant, pour ainsi dire, les entraves qu'elle apportait à leurs passions, et les mauvais choix qu'ils pouvaient faire n'étaient pas si nombreux qu'ils ne rencontrassent de saints évêques pour leur rappeler les enseignements divins. Souvent même ces rois choisissaient des personnages, dont ils connaissaient la sainteté et dont ils avaient éprouvé le zèle. Le roi Thierry, sans se soucier des présents qu'on lui offrait, élevait au siége de Clermont saint Gall, qui, pour acquérir l'épiscopat, n'eut rien à dépenser qu'un tiers de sou d'or donné au cuisinier qui prépara le repas du jour du sacre (2).

Ce même roi destina saint Nizier à l'évêché de Trèves, justement à cause de la liberté et de la vigueur du saint abbé à le réprimander de ses fautes. Il envoya plusieurs grands de sa cour le chercher à son monastère pour l'amener à Trèves. La nuit étant venue, on dressa les tentes et on campa. Les chevaux furent mis en liberté, et ils erraient autour du bivouac.

(1) S. Greg. *De vitis PP*. Vita S. Gall.
(2) S. Greg. *De vitis PP*. Vita S. Gall.

On était à l'époque où la terre est couverte de moissons. Nizier recommanda à ses compagnons de veiller sur leurs chevaux et de les écarter avec soin des moissons des pauvres. Comme on ne paraissait pas s'inquiéter beaucoup de ses recommandations, le saint s'emporta et menaça.

— « Quoi ! lui dit-on, vous n'êtes pas encore évêque, et vous parlez déjà d'excommunication ! »

— « C'est le roi qui me tire de mon monastère pour me faire sacrer évêque, répondit Nizier ; que la volonté de Dieu s'accomplisse sur moi ! Sachez néanmoins que jamais la volonté du roi lui-même, lorsqu'elle sera mauvaise, ne s'exécutera sans que je ne m'efforce d'y mettre obstacle. »

Prévenu de la sorte et déjà instruit par sa propre expérience du zèle véhément de saint Nizier, le roi n'en persévéra pas moins dans son désir d'élever ce saint homme sur le siége de Trèves. Les avis et les remontrances en découlèrent pour lui et pour son fils tout le temps que dura l'épiscopat de saint Nizier (1).

Quand on écrit l'histoire des temps mérovingiens, il semble qu'il ne faut pas négliger de tels détails : ils marquent le respect qu'au milieu de leurs désordres et de leurs violences les rois Francs professaient pour l'Eglise, et l'influence qu'elle avait conquise sur leurs âmes. Nous pourrions citer bien d'autres

---

(1) S. Greg. *De vitis. PP.*

exemples; nous avons parlé de la toute-puissance de Dagobert s'inclinant devant saint Amand, et cherchant à se concilier la bienveillance de l'homme de Dieu.

Quelque chose d'humain, quoi qu'on en dise, s'agitait donc chez ces Barbares, et la conscience n'avait pas chez eux perdu tous ses droits. Le renom de vertu de saint Grégoire et la fermeté de son langage en imposaient aux colères de Chilpéric et même aux fureurs de Frédégonde. Ce pouvoir, qui disposait des âmes, avait son influence au milieu des excès de la force matérielle : pour prouver la légitimité du respect qui les entourait, il n'est pas nécessaire d'insister davantage sur le prix auquel les évêques l'avaient acquis. Nous en avons donné des exemples assez nombreux; il suffit d'ouvrir la vie des saints de ces époques pour voir qu'ils ne luttaient pas seulement contre les désordres des rois et des grands. Il n'y avait pas un fléau du ciel ou de la terre qui ne trouvât un évêque ou un saint pour le combattre et pour l'adoucir. Les prières de saint Quintien éloignaient de Clermont et de sa banlieue les ravages de l'armée de Thierry (1). Celles de saint Gall en détournaient la peste. Il n'y a peut-être pas en France une seule ville, un seul village qui ne puisse trouver dans ses souvenirs l'exemple de la protection efficace

---

(1) S. Greg. *De vitis PP*. Vita S. Quintiani.

que lui a accordée autrefois un évêque, un prêtre, un reclus ou un moine.

Les pauvres et les faibles, de la sorte, trouvaient toujours leur soutien et leur consolation. En leur faveur, les évêques allaient quelquefois jusqu'à la menace. Nous avons vu saint Nizier défendre les moissons des pauvres gens. Hortensius, gouverneur de Clermont, avait injustement fait mettre un homme de bien en prison : l'évêque réclama en vain sa liberté (1). Cet évêque, saint Quintien, était déjà avancé en âge, ses infirmités l'empêchaient de marcher. S'étant fait transporter à la prison et s'étant assuré par lui-même que les ordres du gouverneur s'opposaient à la justice de sa demande, il se fit porter jusqu'à la maison d'Hortensius, et là secouant la poussière de ses chaussures :

— « Maudite soit cette maison, dit-il, et maudits soient ses habitants ! Qu'elle devienne déserte et qu'il n'y ait personne pour l'habiter ! »

Tout le peuple répondit : « Amen. »

L'évêque, reprenant la parole, ajouta :

— « Seigneur, je vous demande que de cette race qui n'a pas écouté la prière d'un évêque, jamais personne ne soit élevé à l'épiscopat ! »

La justice de Dieu suivit la malédiction du vieillard. Hortensius vit bientôt tous ses serviteurs ma-

(1) S. Greg. *De vitis*. Vita S. Quintiani.

lades ou mourants; il vint réclamer son pardon de l'évêque et satisfaire à ses réclamations (1). L'arbitraire avait donc un contrôle qui, à en juger par l'histoire d'Hortensius, ne laissait pas d'être efficace.

Pour acquérir et conserver une puissance aussi considérable, les évêques n'avaient rien à faire qu'à se mettre réellement au service des pauvres. Saint Quintien ne pouvait entendre les plaintes des malheureux sans désirer les soulager tout aussitôt. Devenu âgé et infirme, lorsqu'il les entendait s'arrêter et supplier à sa porte, il pressait et gourmandait ses clercs :

— « Vite, disait-il, vite, portez à manger à ce pauvre; c'est peut-être celui-là qui dit dans l'Evangile qu'on le nourrit en soulageant les plus petits (2). »

Le peuple, habitué à considérer les prélats comme ses protecteurs et ses défenseurs dans toutes les calamités privées ou publiques, les entourait d'un amour et d'une vénération dont nous avons cité des exemples. L'évêque Théodose rentrait à Marseille au milieu d'une explosion de joie unanime. On sait les désolations du peuple d'Auxerre, quand saint Amâtre, prédécesseur de saint Germain, annonça le moment de sa mort (3). Le peuple de Clermont témoignait

---

(1) S. Greg. *De vitis*. Vita S. Quintiani.
(2) Id., ibib.
(3) Bolland. *Vita S. Germ.*

des mêmes sentiments à l'égard de saint Sidoine, qui, comme saint Amâtre, voulut mourir dans son église au pied des autels :

— « Pourquoi nous abandonnez-vous, bon Pasteur, disait-on en pleurant autour de lui ? A qui laissez-vous désormais vos enfants orphelins ? comment pourrons-nous vivre après votre mort ? qui pourra, comme vous, nous distribuer le sel de la sagesse ou nous imprimer avec force la crainte du nom du Seigneur ? »

Le saint évêque les consolait de la même manière que saint Amâtre consolait son peuple d'Auxerre, et leur annonçait le nom de son successeur :

— « Ne craignez pas, ô mon peuple, disait-il, mon frère Apruncule vit : c'est lui qui sera votre évêque (1). »

Ces rapports de charité avaient une force et créaient une intimité, que les philosophes et les hommes de peu de foi de nos jours ne peuvent concevoir. Quand saint Gall mourut, la désolation de toute la ville de Clermont fut extrême et, selon la naïve expression de saint Grégoire, les femmes pleuraient comme si elles avaient perdu leurs maris, et les hommes s'affligeaient comme s'ils avaient perdu leurs femmes : tous le regrettaient comme ce qu'ils avaient de plus cher au monde : les Juifs eux-mêmes, tenant à la main des flambeaux, suivaient son corps en pleu-

---

(1) S. Grég. *Hist. de Fr.*, liv. II, c. 85.

rant (1) : ce n'était pas seulement une ville, tout un diocèse, toute une contrée prenait part à un deuil pareil. On pourrait citer partout des exemples analogues.

L'amour des faibles ne contribuait pas seul à donner à l'Eglise son influence auprès des grands. Ses enseignements divins pénétraient l'âme de ces rois et de ces ducs. Ils étaient glacés d'épouvante au milieu même de l'assouvissement de leurs passions. « Ah ! disait le roi Clotaire, quel est donc ce Dieu « terrible qui fait mourir les plus puissants des « rois (2) ? » Il n'est pas nécessaire de rappeler les lois que les rois Barbares, sous l'inspiration de l'Eglise, faisaient en faveur de leurs peuples. Nous avons cité les constitutions des rois Childebert, Gontran et Clotaire qui défendaient de profaner le repos du dimanche et interdisaient ce jour-là des divertissements qui peuvent rappeler ceux de nos théâtres et des délassements analogues à ceux des cafés et des cabarets de nos jours. Ce sont là des lois que notre sagesse, notre philosophie et notre civilisation ne sauraient point faire, et sauraient encore moins faire exécuter.

Il y avait en Bourgogne un duc, nommé Amalon, qui s'était épris d'une de ses servantes. Un jour

(1) S. Greg. *De vitis PP*. Vita S. Gall.
(2) S. Greg. Lib. IV, c. XXI.

qu'il était ivre, il ordonna à quelques-uns de ses gens de lui aller chercher cette fille. Les serviteurs l'amenèrent malgré sa résistance. Remise entre les mains du duc, toute meurtrie déjà des coups qu'elle avait reçus, elle continua néanmoins sa lutte et ses cris ; voyant ses larmes et ses forces impuissantes à arrêter la brutalité d'Amalon, et apercevant au-dessus de sa tête des armes suspendues au chevet du lit, elle saisit l'épée, la tira du fourreau, et hardiment et fortement en frappa son ravisseur. Les serviteurs accoururent ; voyant leur maître navré et expirant, ils voulaient tuer la fille : mais Amalon leur ordonna de la laisser libre :

— « C'est moi qui ai péché, dit-il, en voulant attenter à sa pudeur. Elle n'est point coupable d'avoir défendu sa vertu. »

Il mourut ; et pour éviter le ressentiment de la famille, celle qui l'avait frappé se réfugia près du roi Gontran. Il la prit sous sa protection et défendit qu'on l'inquiétât à cause de cette mort (1). Ce ressort de la foi qui se réveilla si vigoureusement dans l'âme d'Amalon, pardonnant sa mort et reconnaissant la justice du coup qui l'avait frappé, ce ressort agissait sur les âmes les plus emportées et les natures les plus perverses. Quand la main de Dieu s'appesantissait sur quelques-uns de ces Barbares, ils la

(1) S. Greg. Lib. IX, c. XXVII.

reconnaissaient plus clairement que ne font les hommes discrets et modérés de nos jours. Frédégonde voyant périr successivement ses enfants, sacrifiait, pour les racheter, ses richesses injustement acquises. « Ce sont les larmes des pauvres, les lamenta-
« tions des veuves, les soupirs des orphelins qui
« les ont fait mourir ! » disait-elle ; sous la verge, qui la frappait, un sentiment de foi se réveillait dans cette âme ; et il s'échappait de ce cœur bourrelé dans un cri adressé à Chilpéric : « Si nous perdons
« nos chers enfants, au moins évitons les peines
« éternelles ! (1). »

Ces retours vers le bien, ces temps d'arrêt, pour ainsi dire, au milieu du crime, ces sacrifices imposés aux âmes les plus abandonnées étaient le travail de l'Eglise. Toujours en lutte contre la barbarie, toujours présente, toujours active, ses enseignements et ses bienfaits pénétraient dans cette société, combattaient les passions et éclataient au milieu du désordre par quelques cris du cœur ou quelques actes spontanés. Cette part que l'Eglise parvenait à se ménager dans tous les cœurs, elle la possédait ouvertement au milieu de la société. Elle avait ses âmes à elle, lui appartenant entièrement, et on sait ce qu'elle sait faire de ces êtres privilégiés. L'histoire des saints est pleine de merveilles ; et ce ne sont pas les miracles

(1) S. Greg. Lib. V, c. XXXVIII.

qui en sont les plus étonnantes. Au milieu de la grossièreté et de la brutalité des mœurs de ces époques, on voit, sous la culture de l'Église, s'épanouir de suaves et délicieuses fleurs de douceur, d'humilité et de grâce. Où trouver quelque chose de plus tendre et de plus doux que l'âme de saint Éloi ou de saint Ouen? En lisant la vie de ces hommes aimables, qui ne ressent encore le charme qui éclatait dans leur personne? Ce ne sont pas là des faits isolés. Il y avait des asiles où cette vie de douceur et d'onction se communiquait à un grand nombre d'êtres choisis. Les monastères étaient remplis et leur nombre était considérable. Sous la protection de la piété et de la prière, la politesse et les lettres y trouvaient des abris. Sainte Radegonde en avait fondé un dont le souvenir est illustre : les désordres et les violences que les filles de nos rois y ont suscités l'ont surtout rendu célèbre de nos jours.

M. Thierry s'est arrêté sur cette histoire. Avec une grande habileté et une extrême délicatesse de touche, il a dépouillé sainte Radegonde de son auréole pour en faire une sorte d'épicurienne lettrée et honnête. C'est un des points de ses histoires qu'il a traités avec le plus de ménagement. Il ne dit aucun mal de la sainte reine : il la vante, il la loue; mais, sous sa plume perfide et savante, la reine fuyant le trône pour se consacrer à Dieu dans la retraite, cette fougueuse fille des rois de Thuringe faisant vœu d'obéissance et d'humilité, se soumettant à la discipline monastique, acceptant généreusement les travaux les plus pénibles et les plus abjects, balayant la maison, faisant la cuisine, portant elle-même dans ses mains doublement royales le bois nécessaire à l'usage de ses sœurs, cette sainte que les chrétiens invoquent encore tous les jours, devient une femme aimable, gracieuse, amoureuse du commerce de l'esprit et des grâces du bien-dire, une sorte de précieuse dans la bonne et primitive acception du mot.

Ce tableau a été exécuté avec une grâce assez piquante pour exciter la verve des imitateurs; ce peuple maladroit, en voulant renchérir sur le maître, a fait de Radegonde un personnage grossier et repoussant (1). Nous ne nous arrêterons pas à ces dernières élucubrations. Nous ne chercherons même pas à discuter celles de M. Thierry. Il suffit de remarquer que dans ses appréciations il a négligé tout un ordre de faits des plus imposants : il n'a rien dit des miracles qui se sont opérés et qui s'opèrent encore tous les jours au tombeau de la sainte et par son intercession. C'est là une preuve de la sainteté de sa vie et de la dignité de sa conduite, qui vaut bien les interprétations plus ou moins judicieuses des documents les plus authentiques. Je sais le mépris que les

---

(1) M. Ampère. *Histoire de la littérature française* avant le XIIe siècle, Tom. III.

historiens de nos jours professent pour les miracles; cependant ce mépris ne peut empêcher les faits de subsister. On trouve encore une autre preuve indirecte de la sainteté de Radegonde dans l'état des âmes placées sous son gouvernement. Saint Grégoire a raconté en détail les désordres suscités dans le monastère, après la mort de la reine, par l'humeur indomptable et l'orgueil extravagant de Chrodielde et de Bazine (1), toutes deux issues de la famille mérovingienne; mais il raconte aussi bien des faits des religieuses fidèles à la direction de Radegonde, et les historiens contemporains les passent sous silence. On y voit une preuve que ces temps de violences et de barbarie étaient aussi des temps de piété exquise et de suave douceur.

Il y avait au monastère de Poitiers une nièce de saint Sauve, cet évêque d'Alby, que nous avons déjà nommé, qui était mort, qui avait été présenté au séjour des bienheureux, et que Dieu avait renvoyé sur la terre pour travailler au bien de son Eglise. Disciola était malade, et ses sœurs, dit l'historien, la soignaient assidûment. Dans l'après-midi du jour où elle mourut, elle dit aux religieuses qui l'entouraient:

— « Voici que je me sens plus à l'aise, je ne souffre plus. Ne vous inquiétez pas davantage de moi, mes sœurs; laissez-moi un peu; je reposerai. »

(1) S. Greg. Lib. IX. c. XXXIX.

Lorsque les religieuses rentrèrent ensuite dans la cellule de la malade, elles la trouvèrent, les mains étendues, parlant à un personnage qu'elles ne pouvaient voir, et s'inclinant doucement :

— « Bénissez-moi, saint serviteur de Dieu, disait-elle, bénissez-moi. Ah ! vous avez bien travaillé pour moi aujourd'hui ! Et pourquoi donc, grand saint, supportez-vous tant de travaux pour une faible petite femme comme moi ? »

Les religieuses surprises lui demandèrent à qui elle parlait. Mais, tout absorbée dans sa contemplation, Disciola ne les entendit pas. Un instant après, dans un épanouissement de joie et de sourire, elle jeta un grand cri et rendit son âme à Dieu. Après sa mort, son corps devint d'une blancheur éclatante. Au moment où elle expirait, un possédé du démon qui se trouvait dans l'église du monastère, où l'on priait pour sa délivrance, s'arrachait les cheveux avec désespoir en criant :

— « Hélas ! hélas ! voici que saint Michel se charge de la jeune fille, l'emporte au ciel, sans que le diable, notre maître, y puisse avoir aucune part (1). »

Voilà comme on mourait au monastère de Sainte-Radegonde. Pour savoir quels trésors de grâce se trouvaient dans la manière de vie qu'on y avait adopté, il faut consulter encore saint Grégoire. Il

---

(1) S. Greg. Lib. VI, c. xxix.

raconte qu'une religieuse, dont il tait le nom, eut un jour une vision. Elle était sur une route : et elle avait fait vœu d'aller à pied jusqu'à la fontaine de vie, mais elle n'en connaissait pas le chemin. Un homme vint à sa rencontre :

— « Si tu veux aller à la fontaine de vie, lui dit-il, je serai ton guide. »

Elle accepta et suivit avec empressement. Ils marchèrent longtemps et arrivèrent enfin à une grande fontaine, dont les eaux resplendissaient comme de l'or et dont les herbes, semblables à des pierres précieuses, rayonnaient de toute la lumière du printemps. Le guide lui dit :

— « Voici la fontaine de vie que tu as cherchée au prix de tant de fatigues. Bois maintenant de ses eaux, afin qu'elle devienne pour toi cette fontaine d'eau jaillissante jusqu'à l'éternité. »

Elle s'inclina avidement et but à longs traits ; elle vit alors l'abbesse qui venait à elle par un autre côté. L'abbesse la dépouilla de ses vêtements ; elle la couvrit d'un manteau royal tout brillant d'or, de lumières et de pierreries, et si éclatant que les yeux ne pouvaient s'y arrêter :

— « C'est ton époux, lui disait-elle en même temps, qui t'envoie ces présents. »

Cette belle vision et tous ces détails s'imprimèrent dans l'esprit de la religieuse : ayant roulé longtemps toutes ces choses dans son cœur, elle voulut faire préparer une cellule pour une recluse. Quand la cellule fut prête, elle sollicita la grâce de s'y retirer et d'y vivre désormais dans une solitude absolue. On accueillit sa demande ; et au milieu des chants, des cantiques et des cierges allumés, sainte Radegonde entourée de toutes les religieuses, conduisit elle-même par la main jusqu'à son asile la généreuse enfant. Elle embrassa toutes ses sœurs et entra dans la cellule. On en mura la porte ; et elle y vit encore aujourd'hui, dit saint Grégoire, vaquant uniquement à la prière et à la lecture (1).

De pareils faits peuvent être dédaignés de la philosophie de l'histoire contemporaine ; pour faire apprécier les mœurs d'une époque et son degré de civilisation, ils sont aussi utiles à connaître que les crimes de Frédégonde ou les violences de Chrodielde. Ils marquent les conquêtes de l'Église au milieu des désordres de la barbarie et l'influence qu'elle exerçait sur les âmes !

(1) Lib. VI, c. XXIX.

LIVRE TROISIÈME.

De la Conquête de l'Angleterre.

Nous avons dit la place que tient à nos yeux parmi les ouvrages de M. Thierry *l'Histoire de la conquête de l'Angleterre.* En réfutant les théories de l'historien, nous avons eu occasion de citer quelques-unes des propositions de ce grand travail, il importe d'en préciser la valeur. Nous ne voulons pas nous contenter d'apprécier le procédé littéraire et le fondement des systèmes ou la subtilité des théories : il faut entrer dans quelques détails et discuter au moins quelques faits : nous les prendrons parmi les points culminants du récit. Dans cette histoire de la conquête, de ses causes et de ses suites, le point capital est le fait même de la conquête, c'est celui-là que nous avons l'intention d'examiner scrupuleusement. Auparavant nous voulons faire connaître la manière dont M. Thierry apprécie l'entreprise du Pape saint Grégoire pour la conversion de l'Angleterre. Cela servira à édifier complétement sur le respect de l'historien pour la religion et les saints.

§ I. — De la conversion de l'Angleterre. — Du pape saint Grégoire et de saint Augustin.

Si l'ambition des évêques et leur désir de manifester leur pouvoir à disposer du sort des peuples donne à M. Thierry l'explication de la conquête des Francs, l'ambition papale se manifeste à ses yeux bien plus ouvertement encore dans la conversion de l'Angleterre. L'entreprise de saint Grégoire pour amener la Grande-Bretagne à la foi catholique est l'occasion du déchaînement de toutes les haines, que contient le cœur de l'historien contre la papauté. Cette puissance souveraine, qui bénit à Rome et qui régit le monde, devait en effet, comme expression la plus haute et la plus forte de l'autorité, exciter particulièrement les aigreurs d'un cœur révolutionnaire et philosophe. Il répand contre elle avec délices le fiel le plus amer et les calomnies les plus évidentes. Rien dans les sacriléges diatribes de Voltaire contre l'Eglise ne surpasse peut-être en audace et en artifice le récit, que fait M. Thierry, de l'entreprise de saint Grégoire et des travaux de saint Augustin (1).

Le succès sérieux et durable, obtenu par un ouvrage qui contenait de pareilles appréciations, est un signe de l'affaiblissement de la foi et de tous les sentiments honnêtes chez un peuple; c'est un triste symptôme de l'état de l'esprit public de voir que le simple talent de raconter suffise à faire accepter des allégations aussi impudentes : car M. Thierry n'y met pas de grands ambages. Il hait les papes et l'Eglise : il le dit. S'il apporte dans ses dires certains raffinements de style, il ne dissimule pas le fond de ses sentiments. Il ne s'arrête pas à développer, à défendre, ou même à exposer des principes : il se contente de raconter; mais il imagine des faits, et il interprète les paroles des personnages les plus vénérables sans hésitation et sans scrupule. Il s'empare

(1) Cette appréciation est sans doute une de celles qui blessa le plus M. Thierry et dont il se plaignit le plus vivement. L'amour de la vérité gagna-t-il assez le cœur de l'historien pour lui faire comprendre l'odieux de ses procédés ? Il en a reconnu du moins l'erreur, et il a mis à profit les observations de notre critique; son récit du pape saint Grégoire, dans la douzième édition, a été corrigé et même complété avec une fidélité scrupuleuse à presque toutes nos observations. On y trouve cependant encore trace des assertions et des diatribes que nous avions relevées contre l'Eglise et son grand et saint pape que l'historien affecte toujours d'appeler « l'évêque de la ville de Rome, grande, ajoute-t-il, par le souvenir de sa puissance et parce qu'elle se *nommait* le siége de saint Pierre. »

des formules de la chancellerie romaine pour faire accroire à son lecteur, qui ignore ce que sont les termes de protocole, que le pape saint Grégoire prodiguait « des flatteries outrées (1) » aux rois francs; il s'exprime avec une telle assurance, qu'on pourrait croire à sa bonne foi : si ce n'était en effet l'A, B, C de la science, on s'imaginerait qu'il suppose que les titres de *très-illustre* et de *très-pieux* avaient au VIe siècle une autre valeur que ceux de *très-haut*, de *très-puissant* et d'*altesse*, employés encore aux derniers jours de la monarchie. On ne peut faire à la science de M. Thierry l'injure de cette supposition, et il faut reconnaître et proclamer son talent à calomnier avec une candeur apparente. Il excelle en ce point : son art est merveilleux à présenter innocemment et naturellement, sans avoir l'air d'y mettre de l'importance, des choses fausses dont il connaît toute la portée. On peut pardonner à l'erreur ; on peut pardonner à la passion aveugle et furieuse ; mais pour la passion froide, calme, mentant à son heure et s'entourant d'artifices, procédant doucement, par demi-tons et par demi-mesures, pour altérer toute la composition d'un tableau, il n'y a qu'un sentiment pour elle : il est impossible de lui trouver une excuse (2).

(1) *Hist. de la conq. d'Angl.* t. I, p. 76.
(2) En relisant les premières éditions de M. Thierry, nous ne pensons pas avoir à modifier la sévérité de ce jugement.

Saint Grégoire est montré dans les récits de M. Thierry comme un « personnage habilement zélé « pour le propagation de la foi catholique et l'a-« grandissement du nouvel empire qui commençait « à se fonder sur la primauté du siége de saint « Pierre (1). » Toutes ces paroles sont calculées avec soin. Quel droit aurait-on de se plaindre? Le zèle pour la propagation de la foi catholique est-il un reproche adressé à un Pape? l'habileté est-elle une faute? l'agrandissement de l'empire, que Dieu a fondé sur la primauté du siége de saint Pierre, ne doit-il pas être au nombre des obligations imposées au souverain Pontife? On aurait tort de vouloir récriminer; la conscience de M. Thierry est toute nette en vérité; mais l'impression reste fâcheuse sur l'esprit du lecteur : le soin de l'historien à mêler l'habileté au zèle, à ne montrer que l'agrandisse-

---

Il n'excluait pas d'ailleurs, comme nous le disions en 1850, la sorte d'ignorance dont M.,A. Thierry a pu invoquer le bénéfice : ignorance dont le voile épais se compose des préjugés, des partis-pris, des éloignements prémédités et résolus de l'autorité. Tout notre travail n'allait qu'à montrer qu'il y a une source abondante et profonde d'erreurs, où la liberté de l'esprit humain peut être engagée et entraînée pour ainsi dire comme la liberté du cœur par la volupté, sans cesser néanmoins d'être coupable et par conséquent toujours consciente dans ses aveuglements et ses entraînements. Les corrections que M. Thierry a fait subir à son premier travail accusent et font jaillir cette vérité jusqu'a l'évidence.

(1) *Hist. de la conq. d'Angl.* T. I, p. 76.

ment d'un empire dans les affaires de la foi, à oublier partout le spirituel pour ne faire voir que le matériel des choses, prête au Pape un rôle odieux et laisse supposer un intérêt personnel où celui des âmes s'efface complétement. C'est l'artifice auquel notre écrivain revient à chaque instant. L'Eglise pour lui est royaume et non pas la société des fidèles.

Dans sa manie d'innover et sa complaisance pour ses propres fantaisies, il a cru faire là une découverte, et il s'applaudit modestement de ce que « l'examen « approfondi de tous les phénomènes politiques qui « accompagnèrent les conquêtes au moyen âge et « l'observation du rôle qu'y joua la religion l'ont « conduit à une nouvelle manière de considérer les « progrès du pouvoir papal et de l'unité catho- « lique (1). » Cette nouvelle manière est la vieille vision des philosophes du xviiie siècle qui n'apercevaient dans les accroissements de l'Eglise que violence, tyrannie et puissance des armes. « Si les Papes « n'ont pas fait en personne d'expéditions militaires, « ils se sont associés à presque toutes les grandes « invasions et à la fortune des conquérants (2). » Il y aurait à résoudre la question : pourquoi presque tous ceux, à la fortune desquels les Papes se sont

---

(1) *Hist. de la conq. d'Angl.* T. I. Introduction, p. 21. Cette prétention aussi naïve qu'erronée a disparu du texte de la douzième édition.

(2) Id. *ibid.*

associés, sont-ils devenus conquérants et triomphants? C'est la question même, que nous avons posée à l'occasion de ce titre de roi, auquel on avouait malgré soi attacher une pensée de supériorité (1) et qui, en dépit des prétentions de la Bretagne et des diverses tentatives du midi de la Gaule, disparut tout à fait pour résider uniquement sur les enfants de la famille capétienne, si chère à saint Benoît (2). Il y a là un mystère. M. Thierry l'explique par le hasard, et il y reconnaît les artifices de l'Église.

Cette suprématie de Rome et cette puissance des Papes, si efficaces à assurer le succès des conquêtes, ne sont cependant qu'une « hiérarchie épiscopale « CRÉÉE par la politique des empereurs (3). » Le Pape saint Grégoire s'appliquait à resserrer les liens de cette hiérarchie ; et M. Thierry ne suppose pas que le souci du salut des âmes ait pu inspirer ses desseins (4). Les Bretons d'ailleurs n'étaient-ils pas d'excellents chrétiens? Ils rejetaient l'enseignement de l'Église, et suivaient l'hérésie de Pélage. L'historien ne voit là qu'une subtilité; l'hérésie est à son gré une partie de la liberté morale du christia-

---

(1) *Lett. sur l'hist. de Fr.* Lett. IX, p. 116.
(2) Mabillon. *Annales.*
(3) *Hist. de la conq. d'Angl.* Tom. I, p. 76.
(4) Il en convient dans ses dernières corrections : il tient néanmoins à voir dans ce saint l'habileté politique et l'esprit d'action des vieux patriciens romains. T. I., p. 59.

nisme (1). Les Bretons pouvaient donc en paix nier le péché originel et croire que les hommes ne naissent pas coupables. Le Pape saint Grégoire avait tort de ne pas agir et de ne pas penser comme un philosophe. « Dans son purisme d'orthodoxie, il allait jus-
« qu'à refuser la grâce du salut aux hérétiques morts
« pour la foi de Jésus-Christ (2). » M. Thierry ignore que la foi de Jésus-Christ réside uniquement dans son Église, et que les hérétiques, qui sont sortis de cette Église, ne peuvent pas mourir pour cette foi. Il s'étonne qu'on puisse trouver des hommes prêts à soutenir un tel *purisme d'orthodoxie*.

Il s'indigne de l'alliance des Papes avec les conquérants. S'il ne voit pas pourquoi « du cinquième
« siècle jusqu'au treizième, il n'y a pas une seule
« conquête qui n'ait profité à la cour de Rome au-
« tant qu'à ceux qui l'avaient opérée par la lance et
« par l'épée (3) ; » si l'expérience de nos jours et les résultats qu'a presque partout pour la foi catholique la présence des armées européennes dans les pays infidèles, ne sont pas capables de lui donner la solution de ce problème, nous ne voyons pas de notre côté pourquoi l'historien s'applique à présenter sous un jour odieux l'entreprise de saint Grégoire sur la Grande-Bretagne. Il n'y avait point là en effet d'ar-

(1) *Hist. de la conq. d'Angl.* Tom. I, p. 74.
(2) *Ibid.*, p. 85.
(3) *Ibid.* Introd., p. 22.

mée ni de conquérants. Quoi de plus pacifique que d'envoyer une troupe de missionnaires? Si les Bretons pouvaient en paix croire à l'hérésie de Pélage, le Pape ne pouvait-il pas, dans une paix aussi profonde, charger saint Augustin et ses compagnons de prêcher la foi de l'Église romaine ? Faut-il croire que l'hostilité de M. Thierry est moins contre les conquérants que contre l'Église ? et son amour est-il plutôt pour les églises schismatiques que pour les races vaincues ? le scrupule de l'historien tient-il à ce que la mission de saint Grégoire s'adressait aux Angles plutôt qu'aux Bretons ? dans sa haine pour les conquérants, veut-il interdire à l'Église de travailler à leur salut ?

Un historien protestant, le R. Fred. Oakeley, de l'Université d'Oxford, a rapporté toutes les péripéties de l'entreprise de saint Augustin (1). Il a montré les ardeurs de saint Grégoire, bien longtemps avant son pontificat, tournées toutes vers l'Angleterre, et il a raconté la tentative que fit le saint pour y aller lui-même annoncer la parole de vérité et de vie. Il a signalé tout le détail des difficultés de la mission confiée ensuite à saint Augustin. Le zèle des missionnaires s'effrayait du lointain voyage et de l'œuvre inconnue dont ils étaient chargés ; ils hésitaient, ils s'arrêtaient dans les Gaules ; ils erraient parmi les cours des divers rois Francs, implorant leur pro-

(1) *Hist. de S. Augustin.*

tection, mais ne tirant leur véritable appui que du saint Pape Grégoire. Inébranlable dans ses résolutions, celui-ci, à travers tous les obstacles, ne voyait que son but ; il usait de son autorité pour obliger les missionnaires à braver les dangers et à parvenir à leur destination ; il les couvrait de son prestige auprès des rois Francs, soutenu dans toutes ses démarches par son amour pour Dieu, son zèle pour les âmes et la pensée de la mission, qu'il avait reçue d'en haut, de travailler à la dilatation de la sainte Eglise et à la prédication de la vérité. L'historien protestant n'a pas scrupule d'enregistrer les miracles que saint Augustin fit à l'appui de sa prédication : ces faits merveilleux attestés par les anciens documents lui paraissent dignes de remarque ; il trouve, avec le vénérable Bède, que la multitude des miracles opérés par les missionnaires servit à accréditer la vérité de leur doctrine. M. Thierry ne nie pas non plus, en toute occasion, ces faits miraculeux et leurs conséquences. Il les affirme même expressément, et il dit avec une légère ironie : « les « missionnaires frappèrent les imaginations par de « grandes austérités, ils firent *même* des miracles (1). » Mais l'historien est trop grave pour

---

(1) *Hist. de la conq. d'Angl.* T. I, p. 84. Cette dernière phrase est modifiée dans la nouvelle leçon; « les missionnaires, dit l'historien,..... *passèrent même pour avoir le don* des miracles. » T. I, p. 67.

voir dans ces miracles autre chose que de purs artifices ; les principes de la certitude historique ne sont pas assez puissants sur son esprit pour lui faire admettre ce que son orgueil et son irréligion repoussent. En dépit de tous les témoignages, les miracles de saint Augustin et de ses compagnons ne peuvent être que des jongleries. C'est un *prétendu* aveugle à qui le saint rendit la vue, sur les bords de la Saverne, dans sa conférence avec les prêtres cambriens qu'il essayait de ramener à la vraie foi (1). Ces supercheries de saint Augustin étaient d'ailleurs concertées avec le pape S. Grégoire « qui se servait ha-
« bilement du bruit des œuvres merveilleuses des
« missionnaires de l'Angleterre, pour ranimer dans
« le cœur des rois Francs l'amour et la crainte de
« Rome (2). » Toutefois, si on en croit l'incroyable délire de l'historien, le Pape s'émut de jalousie contre l'archevêque de Cantorbéry, en voyant son
« agent subalterne érigé en émule des Apôtres. Il
« existe une lettre ambiguë, où le pape, n'osant ex-
« primer toute sa pensée à cet égard, semble avertir
« l'apôtre des Saxons de ne point oublier son rang
« et son devoir, et de ralentir *modestement l'exer-*

---

(1) *Hist. de la conq. d'Angl.* T. I, p. 93. L'édition corrigée accepte le miracle de l'aveugle, mais avec réserve : « Si on en croit, dit-elle, un vieil historien ». Le rôle de saint Augustin reste louche pour le lecteur.

(2) *Hist. de la conq. d'Angl.* T. I, p. 89.

« *cice* de ses pouvoirs surnaturels. » Il faut citer de telles paroles : on se refuse à les croire. Comment admettre qu'un historien, qui passe pour sérieux et grave, ait donné dans de tel écarts ? Que Voltaire ou un autre, dans un jour de joyeuseté, se permette des propositions pareilles, on y verra un horrible libertinage d'esprit condamnable en toutes circonstances ; mais qu'une telle absurdité se trouve dans un ouvrage historique qui a pris rang parmi les chefs-d'œuvre de l'étude et de l'esprit de notre siècle, dans un livre qui a ouvert à son auteur les portes de l'Institut, qui lui a attiré une considération universelle et lui a donné un grand renom de science, n'est-ce pas là, nous le répétons, une honte et un scandale ? et qui faut-il chercher à stigmatiser davantage, de l'auteur capable d'inventer de pareilles billevesées, ou du public disposé à les accueillir.

On ne s'attend pas à une réfutation. Il n'y a rien à dire à l'historien, qui travestit aussi honteusement les grands hommes et les grands dévouements, qui fait de saint Grégoire et de saint Augustin des manières de saltimbanques, qui transforme en grimaces de la foire les événements les plus sublimes et les plus solennels du temps passé. Ce n'est pas cependant l'impudence qui fait défaut : notre homme a ses preuves : il les étale, il cite cette lettre *ambigüe*. C'est simplement un de ces avis, que tout directeur éclairé donnera à une âme privilégiée et ornée de dons surnaturels ; le pape y rappelle que ce ne sont pas les prodiges qui font le mérite ni la vertu du chrétien et que l'humilité est l'unique fondement sur lequel il doit s'appuyer. Nous citerons en entier le passage donné par M. Thierry, nous reproduisons sa propre traduction. « En apprenant les grandes « merveilles que Dieu a voulu opérer par vos mains « aux yeux de la nation qu'il a élue, je me suis « réjoui, disait saint Grégoire, parce que les pro- « diges extérieurs servent efficacement à donner aux « âmes du penchant vers la grâce intérieure ; mais « vous-même prenez garde qu'au milieu de ces pro- « diges votre esprit ne s'enfle et ne devienne pré- « somptueueux ; prenez garde que ce qui vous élève « au dehors en considération et en honneur ne vous « soit au dedans une cause de chute par l'amorce de « la vaine gloire (1) ! » Que voir dans ces paroles, sinon le souci tendre de saint Grégoire pour une âme, qui lui appartenait à double titre, qu'il aimait non-seulement comme l'instrument heureux et béni d'une entreprise qui avait été le rêve de toute la vie de ce grand pape, mais qu'il avait connue,

(1) *Hist. de la conq. d'Angl.* T. I, p. 89. Dans sa nouvelle rédaction fortement et profondément corrigée, M. Thierry prend encore parti pour l'Eglise pélagienne de Bretagne, — c'est le fond du système — et il accuse le peu de perspicacité du pape et l'orgueil de saint Augustin.

aimée, et dirigée dans les voies de Dieu au milieu du silence du monastère de Saint-André, dont Augustin avait été moine quand Grégoire en était abbé.

§ II. — De la conquête de l'Angleterre. — Des droits de Guillaume et de ceux d'Harold.

Après cet exemple de la dignité de l'historien, il est inutile de relever ce qu'il dit sur les progrès de la foi catholique en Angleterre : les succès de saint Paulin, archevêque d'Yorck, et ses miracles (1) ne sont pas mieux respectés que ceux de saint Augustin. En voyant toute l'explosion de colère, que fait naître cette pacifique entreprise, on comprend combien celle de Guillaume-le-Conquérant a pu éveiller de passion. La partialité de l'historien, dans une certaine mesure, se concevrait en ce cas, et on est naturellement porté à partager la compassion dont il se dit saisi en présence du sort des vaincus.

On comprend que, dans le récit des divers détails de la conquête, il ait mis quelque exagération aux récits des souffrances des Saxons. Tous les documents historiques proclament qu'il y eut de grands scandales et de grandes misères. L'orgueil effréné des vainqueurs, l'enivrement de leurs succès, toutes

(1) *Hist. de la conq. d'Angl.* T. I, p. 100 et suiv. Les miracles des compagnons et des successeurs de saint Augustin sont rejetés par M. Thierry comme appartenant à la légende et indignes de l'histoire. 12e éd., T. I, p. 90.

les passions brutales déchaînées, pour ainsi dire, dans la Grande-Bretagne y exercèrent d'odieuses tyrannies; elles furent telles qu'elles remplirent de scrupules l'âme du Conquérant : « J'ai été dès mon en-
« fance nourri dans les combats, » disait-il (si on en croit le long discours qu'Orderic Vital lui prête à son lit de mort), « et je me suis largement souillé
« de l'effusion du sang humain. La victoire m'a
« accompagné dans toutes mes guerres contre les
« Anglais; mais je suis épouvanté en pensant à tant
« de cruautés qui ont été commises. O prêtres de
« Jésus-Christ, ne m'oubliez pas dans vos prières;
« obtenez pour moi de l'inépuisable miséricorde de
« Dieu la rémission de tant de crimes, dont le poids
« m'accable en ce moment! J'ai cruellement persé-
« cuté les puissants et les faibles de ce royaume;
« j'en ai injustement déshérité un grand nombre;
« j'en ai fait mourir un plus grand nombre par le
« fer et par la faim. J'ai parcouru comme un lion
« furieux toute la contrée septentrionale de l'Angle-
« terre; j'ai incendié les maisons et les moissons;
« j'ai détruit les troupeaux et j'ai causé une famine
« épouvantable. Hélas! hélas! j'ai ainsi causé la mort
« de milliers de vieillards et d'enfants. Je n'ose,
« ajoutait-il, je n'ose décider du sort d'un royaume
« que j'ai acquis par tant de crimes : je tremble d'y
« être après ma mort la cause de nouveaux désas-
« tres. Mais je le recommande à Dieu, sous la main

« de qui je suis en ce moment et qui règle à son gré
« la destinée des empires (1). »

Ces terreurs et ces remords de Guillaume n'étaient pas imaginaires : l'historien avait le droit de chercher à faire connaître les détails des violences qui les avaient fait naître. Mais Guillaume n'était pas seulement le vainqueur et l'oppresseur des Saxons ; et il y a chez notre historien, on le sait, un sentiment plus vif que la sympathie qu'il éprouve pour les races vaincues. C'est la haine de l'Église catholique. Les droits de Guillaume sur l'Angleterre avaient été reconnus par le Pape : Alexandre III avait envoyé au duc de Normandie, sur le point de s'embarquer, des bénédictions, des reliques et un étendard. Il n'en faut pas davantage pour que M. Thierry nie absolument les titres du Conquérant. Il lui est impossible de supposer que le Pape ait eu pour se décider des raisons sérieuses de justice ou de politique. Il ne voit dans les souverains Pontifes qu'une ambition aveugle et cruelle, un désir d'oppression que rien ne justifie et une horrible délectation en présence des souffrances des peuples. Faisant confusion entre la juridiction pontificale et le tribut auquel les rois d'Angleterre s'étaient engagés envers le Pape, il ne trouve pas à la sympathie d'Alexandre pour l'entreprise de Guillaume, d'autres motifs que la négligence de

(1) Ord. Vit. Lib. VII., c. xv.

l'Angleterre à acquitter le denier de Saint-Pierre. Il ne reconnaît même pas dans ce refus un symptôme d'éloignement pour l'Eglise de Rome ; il nie que cette dernière ait jamais été le centre de l'unité orthodoxe, et il ne voit pas pourquoi elle ne se serait pas satisfaite de la *soumission de charité fraternelle* (1), que les Bretons, du temps de saint Augustin, avaient offerte au Pape au même titre qu'à tous les chrétiens, et dont les Anglo-Saxons, au moment de la conquête, voulaient se contenter encore. On aura occasion de voir jusqu'où allait cette soumission de charité fraternelle et les beaux fruits de piété et de civilisation qu'elle produisait.

Un événement comme celui de la conquête d'Angleterre présente de grandes difficultés à l'historien. Quand deux partis sont en présence, séparés par des haines nationales aussi fortement motivées, les interprétations les plus contradictoires sont données aux actions et aux caractères. Parvenu aux démêlés des Saxons avec les Normands, un historien, postérieur de moins d'un siècle à la conquête, Guillaume de Malmesbury, disait : « Je vois ici comme un double « fil du récit, et j'en veux prévenir mon lecteur, « car la vérité des faits reste dans le doute (2). »

(1) *Hist. de la conq. d'Angl.* Tom. I, p. 94.
(2) « Lectorem præmonitum volo quod hic quasi ancipitem viam narrationis video, quia veritas factorum pendet in dubio. » *De gest. reg. Angl.* Lib. II.

M. Thierry n'a garde d'hésiter de la sorte; il embrasse comme vérité, comme pure et unique source de la vérité, la tradition saxonne, ou plutôt il appelle tradition saxonne tout fait injurieux à Guillaume, aux Normands et à l'Eglise romaine. Malgré ses affirmations de n'avoir compulsé « que des documents et des textes originaux » (1), il raconte souvent les événements du xie siècle à l'aide des historiens du xive ou du xve : il cite comme des autorités historiques incontestables les poètes du xiiie; leurs imaginations et leurs poésies sont présentées comme des réalités. De cet assemblage de textes confus et de traditions romanesques, il sait composer un agréable récit, auquel il ne manque qu'un fondement et des témoignages historiques.

Il ne fallait pas que la femme de César pût être soupçonnée; dans le système de M. Thierry, il ne faut pas que le héros saxon, ou plutôt que le compétiteur au trône de l'Angleterre, repoussé par le Pape, puisse être accusé du moindre tort. Aussi l'historien a-t-il soin d'écarter les nombreux témoignages qui accusent les violences, l'orgueil et la rapacité d'Harold et de sa famille. Les historiens contemporains font souvent défaut, il est vrai, et on doit avoir de la réserve à accepter sur ces personnages les récits de ceux que M. Thierry appelle les chro-

(1) *Hist. de la conq. d'Angl.* Préf., p. 12.

niqueurs normands : toutefois pourquoi l'écrivain, qui a cité si souvent Ingulf de Croyland, à l'occasion des violences des Normands, passe-t-il sous silence les renseignements que fournit le même auteur sur cette famille saxonne? Ingulf était contemporain, il était Saxon ; il avait été élevé dans le palais d'Édouard-le-Confesseur ; il avait connu Harold, ses frères et leur père Goduin. Il avait été l'objet des prévenances de la douce reine Édithe, qui s'était souvent enquise elle-même de ses progrès à l'école, et lui avait prodigué les encouragements et les récompenses. Ingulf n'hésite pas cependant à flétrir cette famille (1), *malam sobolem,* comme il l'appelle ; et il disait de sa bienfaitrice la reine Edithe, fille de Goduin, qu'elle ne partageait en rien la barbarie de son père et de ses frères, et qu'elle était née au milieu d'eux comme une rose au milieu des épines (2).

La renommée accusait Goduin de la mort d'Alfred, frère du roi Edouard ; Guillaume de Malmesbury et Henry de Huntingdon racontent qu'un jour, à la table du roi, Goduin se prit à protester et à jurer de son innocence ; il en attesta le morceau de pain qu'il allait avaler ; et la bouchée s'embarrassant dans son gosier l'étrangla : il mourut incontinent. M. Thierry

---

(1) Ing. Croyl., p. 899.
(2) « In nullo patris aut fratrum barbariem sapiens.... Sicut spina rosam genuit Godwinus Egitham. » — Ingul., p. 905.

ne croit pas aux miracles ni même à l'intervention de la Providence. Toutefois, par compassion sans doute pour les esprits faibles, il veut éloigner les accusations que cette mort étrange pourrait susciter contre ses héros : il ajoute donc du ton le plus absolu : « la vérité est que cette mort ne fut pas aussi « prompte : tombé de son siége et emporté de la « salle par deux de ses fils, Goduin expira cinq jours « après (1). » Non content de citer, pour preuve de cette dernière assertion, Roger de Hodeven, qui est postérieur de près d'un siècle à Henry et à Guillaume, il ajoute : « En général le récit de ces « événements varie selon que l'écrivain est Normand « ou Anglais de race (2). » Mais l'historien ne parle pas d'Ingulf, qui était contemporain et Saxon, dont le témoignage accuse Goduin de la mort d'Alfred et confirme entièrement les récits de Guillaume et d'Henry (3). Eadmer, un Saxon encore très-favorable à Harold, Eadmer dit que Goduin mourut d'une vilaine mort (4).

Ce détail fait comprendre l'abus et l'arbitraire

---

(1) *Hist. de la conq. d'Angl.* T. I, p. 276. Le docteur Lingard s'exprime dans les mêmes termes.

(2) *Hist. de la conq. d'Angl. Ibid.*

(3) « Post multa sacramenta tandem per buccellam deglutiendam abjuravit et buccella gustata continuo suffocatus interiit. » Ingul. Croyl., p. 898.

(4) « Mala morte. » *Hist. novorum.* Lib. 1.

dont use M. Thierry dans cette distinction de témoignages normands et saxons. Il n'est pas difficile de démêler la raison de l'artifice qui éloigne ainsi de ses récits tout ce que les histoires peuvent rapporter à la honte de la famille d'Harold : les vertus et les mérites, dont on l'entoure, rendent plus odieuse et plus incompréhensible la conduite des Papes, qui prirent parti contre elle, et ne lui permirent pas de s'élever au trône de l'Angleterre, auquel l'historien a su lui trouver des droits.

Il ne faut pas oublier que l'*Histoire de la conquête* est spécialement consacrée à raconter les malheurs des races opprimées sur le sol de la Grande-Bretagne; on y entre par conséquent dans le détail des cruautés exercées par les invasions saxonnes et danoises; toutefois on ne signale pas les reproches adressés par les historiens à Goduin, qui amassait de grandes richesses en abusant de sa puissance pour enlever des jeunes gens qu'il envoyait et faisait vendre en Danemarck. Il étendait ce commerce jusqu'aux jeunes filles : et cet article surtout était lucratif (1). On passe sous silence le détail des inimitiés d'Harold et de son frère Tosti. Ils en vinrent aux mains en présence du roi Edouard : les violences et les ressentiments furent tels, que Tosti, se rendant dans une

(1) G. Malmes. *De gest. reg. Ang* Liv. II. L'historien de S. Edouard dépeint Goduin : astutiæ singularis, regum regnique proditor, doctus fallere, dissimulare consuetus.

des maisons d'Harold, où se préparait un festin pour le roi, tua et mutila les serviteurs, fit mettre leurs jambes, leurs têtes ou leurs bras, dans les jarres de vin, d'hydromel, de cervoise, de piment, et des autres liqueurs (1); il envoya ensuite dire à Edouard de se rendre promptement à la métairie, où il trouverait des viandes salées en abondance. Surtout on n'a garde de parler de ce que le même historien raconte de la rapacité et de l'avarice d'Harold : lorsqu'il voyait une métairie à son gré, plaisante et de bon rapport, il n'avait pas scrupule de faire tuer le propriétaire et sa famille, afin de réclamer ensuite et d'obtenir un bien qui n'avait plus de maître (2). Guillaume de Malmesbury, sans entrer dans les mêmes détails, indique néanmoins le même trait de caractère chez le héros saxon; la raison de la faiblesse de l'armée qui accompagna Harold à Hasting, fut, dit-il, le mécontentement des guerriers saxons, qui avaient vu le roi s'approprier et se réserver les dépouilles des Norwégiens vaincus à York (3).

Ce n'était pas le tout de passer ainsi sous silence les témoignages des hontes et des vices de la famille d'Harold. Ce n'était pas assez de doter ces person-

(1) « In singulis vasis vini, medonis, cervisæ, pigmenti, morati, siceræ crus humanum vel caput vel brachium imposuit » Henry Huntingdon. *Hist.* Lib. VI.
(2) H. Hunt. *Ibid.*
(3) G. Malm., *De gestis reg. Angl.*, lib. II,

nages des qualités et des grâces des héros de roman, il fallait leur trouver encore des droits à la couronne d'Angleterre. Sur cette question surtout on pouvait rappeler la parole de Guillaume de Malmesbury et montrer quelque hésitation entre les assertions contradictoires des divers historiens. Roger de Hoveden dit, en effet, qu'Edouard avait désigné Harold pour son successeur, et qu'il fut élevé au trône au milieu des acclamations unanimes de tous les grands de l'Angleterre (1). Henri de Huntingdon, au contraire, affirme que les Anglais voulaient prendre pour roi le jeune Edgard, lorsque Harold, fort de ses richesses et de l'état de sa famille, s'empara du diadème (2) ; Guillaume de Malmesbury, de son côté, dit positivement que le roi Edouard avait choisi le duc Guillaume pour successeur (3), et qu'Harold, dans son voyage en Normandie, avait été messager de cette nouvelle. Dans cette dernière hypothèse, on pourrait croire qu'Edouard avait à dessein chargé Harold de cette mission, afin, comme il arriva effectivement, d'engager ce puissant personnage dans les intérêts du duc de Normandie. Mais Eadmer, qui a

(1) « Quem rex... regni successorem elegerat, totius Angliæ primatibus ad culmen regale electus. » *Ann.*, pars prior., p. 447.

(2) « Viribus et genere fretus regni diadema invasit. » Hist. Lib. VI.

(3) « Willelmo successionem Angliæ dedit. » *De gest. reg. Angl*, lib. II.

revêtu d'une teinte de mélancolie poétique le voyage d'Harold et les derniers instants de la vie du roi Edouard, Eadmer entre dans des détails qui feraient supposer au contraire une violente aversion du saint roi contre le duc Guillaume et une vive affection pour Harold. Il confirme le témoignage de Roger de Hoveden en disant qu'Harold succéda à Édouard, ainsi que le roi en avait ordonné avant sa mort (1). La chronique de Normandie pourrait peut-être contribuer à accommoder ces diverses assertions : elle montre Edouard sur son lit de mort, obsédé par Harold et ses partisans, et donnant à leurs importunités cette dernière parole : « qu'Héraut soit roi, « je l'octroie, lui ou tout autre (2). »

Nous pourrions multiplier ainsi les autorités; et en partageant les historiens conclure que les faits restent douteux. Guillaume de Malmesbury ne fut pas seul, en effet, à garder cette réserve : le Roman de Rou, après avoir rapporté tous les détails du voyage d'Harold tels que les donne Eadmer; après avoir raconté les efforts d'Edouard pour empêcher ce voyage, et les craintes exprimées par le saint roi quand il connut le serment d'Harold à Guillaume, le Roman de Rou ajoute :

> Ensi l'ai-je trové escrit:
> Et un autres livres me dist

(1) *Hist. novorum.*
(2) *Hist. de Fr.* Tom. XI, p. 223.

> Que li rois rova aller
> Par le royaume asseurer
> Au duc Willaume son cousin
> Que il l'eust après sa fin.
> N'en saie mie voire ocoison ;
> Mais l'un et l'autre escrit trovons (1).

Une pareille réserve n'est peut-être pas dramatique, et elle nuit aux grâces de la narration. Toutefois elle témoigne du souci de la vérité et paraît sortir d'un scrupule de conscience fort convenable à l'historien. M. Thierry n'a pas de telles délicatesses : il n'hésite pas à affirmer qu'Edouard choisit Harold pour son successeur (2). Il ne parle pas des droits attribués à Guillaume par tant d'historiens. S'emparant des paroles qu'Eadmer prête au duc de Normandie (3), il insinue que les droits que s'arrogeait Guillaume, reposaient uniquement sur des paroles vagues, sur de frivoles engagements d'enfant (4), que le jeune Edouard, exilé en Normandie, aurait, avant d'être roi, échangés avec le jeune duc. Il oublie que la chronologie s'oppose à cette prétendue liaison fraternelle, basée sur la conformité d'âge des deux héros. Edouard avait environ trente ans de plus que Guillaume (5). Les mots d'Eadmer, *juvenis cum*

(1) *Hist. de Fr.* Tom. XI.
(2) *Hist. de la conq.* T. I, p. 297 et suiv.
(3) *Ibid.*, p. 291.
(4) *Hist. de la conq.*, p. 295.
(5) Nous ignorons la date de la naisance d'Edouard, mais en 1014 il était assez âgé pour que son père le char-

juvene, et la suite du discours mis dans la bouche de Guillaume, ne peuvent donc pas être véridiques : et tout le récit semble être une tradition populaire dénuée de certitude historique. Guillaume de Malmesbury a remarqué judicieusement qu'en disant que le roi Edouard choisit Harold pour son successeur, les Anglo-Saxons écoutent leurs désirs plutôt que des témoignages sérieux (1) ; car, ajoute-t-il, il n'est pas raisonnable de croire que le roi ait choisi pour son héritier celui-là même dont, toute sa vie, il avait craint et surveillé la puissance (2).

Le bon sens et la chronologie s'accordent à infirmer le récit d'Eadmer ; il faut même conclure, en vertu des règles les plus simples de la composition historique, que les droits de Guillaume ont une certitude autrement établie que ceux d'Harold. Le choix exclusif qu'a fait M. Thierry, s'explique par l'amour du dramatique et du pittoresque, le peu de souci de la vérité et surtout la haine aveugle et vio-

---

geât de jurer en son nom l'engagement de défendre le peuple anglais contre les Danois. *Hist. de la conq.* Tom. I, p. 212. Guillaume le Conquérant est né en 1027. Dans la nouvelle édition, M. Thierry modifie le sens du témoignage qu'il avait invoqué d'Eadmer : il ne parle plus des jours de jeunesse d'Edouard, mais des promesses que ce roi avait faites jadis à un enfant, p. 274.

(1) « Magis benevolentiâ quam judicio. » G. Malm.

(2) « Ut illi transfunderet hereditatem, cujus semper suspectam habuerat potentiam. » G. Malm. 93.

lente pour tout ce qui s'est soumis à l'autorité du Saint-Siége. Il y a, en effet, un témoignage contemporain en faveur de Guillaume : c'est celui de l'abbé de Croyland, du Saxon Ingulf : il précise la date, l'occasion et la raison du choix que fit Édouard de son successeur. Il est donc inutile de chercher à faire concorder les témoignages des écrivains postérieurs; et les principes de la composition historique, professés par M. Thierry, lui commandaient de s'en tenir au récit d'Ingulf. Celui-ci raconte qu'en l'an 1065, après la mort de son neveu Édouard Cliton, à qui il avait destiné le trône, le roi Édouard voyant que le jeune Edgar, par son âme comme par son âge, était incapable de régner, surtout en présence de la race perverse de Goduin qui s'augmentait tous les jours en nombre et en puissance, le roi Édouard choisit d'une manière solennelle et authentique son cousin, le duc Guillaume, pour son successeur (1). Ingulf contredit encore, s'il était besoin d'une autorité sur ce point, les prétendus engagements antérieurs qu'Eadmer dit avoir été pris entre le roi et le duc au temps de l'exil d'Édouard : racontant la visite du duc Guillaume en Angleterre (1051) avant la mort d'Edouard Cliton, il ajoute : Quant à la succession du roi, il

(1) «Cernens... Goduini multam malamque sobolem quotidie super terram crescere... Willelmum... sibi succcdere in regnum Angliæ voce stabili sancivit. Ing. Croy. 899, 900.

n'y en avait pas encore d'espérance, et il n'en fut nullement question entre eux (1).

Nous insistons sur ce fait. Il confirme ce que nous avons dit précédemment des facilités avec lesquelles M. Thierry embrasse les assertions les moins sérieuses, lorsqu'elles peuvent prêter quelque relief de pittoresque et de dramatique à ses narrations, ou donner un peu d'aliment à ses antipathies religieuses et à ses préjugés d'esprit fort et libéral. Cela montre aussi en outre combien tout ce que l'historien a prétendu de l'ambition de la cour de Rome et de l'autorité excessive qu'elle se serait attribuée au fait de la succession du roi Edouard, a peu de fondement. On se demande alors ce que deviennent la vérité et la valeur de tout ce grand travail sur la conquête de l'Angleterre. La clé de voûte, pour ainsi dire, de tout l'édifice est imaginaire et ne peut supporter l'examen. C'est l'inconvénient des histoires systématiques. Elles sont susceptibles de plus d'agréments, et surtout elles sont plus faciles à faire que les simples récits des anciens maîtres, que l'on méprise aujourd'hui ; mais aussi elles peuvent contenir des erreurs capitales qui suffisent à faire suspecter la véracité de tout l'ouvrage. Il est fort commode de coordonner les faits selon son ima-

---

(1) « De successione autem regni spes adhuc aut mentio nulla facta inter eos fuit. » Ing. Croy. 898.

gination ou sa passion ; on peut de la sorte donner à la narration une certaine unité, qui attache l'esprit du lecteur et que des écrivains habiles font apparaître vivement en passant sous silence ou en falsifiant tout ce qui contredit leurs théories ; toutefois la réfutation aussi devient facile : en renversant un seul fait, on fait justice de plusieurs volumes.

Toute l'économie de *l'Histoire de la conquête de l'Angleterre* est basée sur le fait que Guillaume n'avait aucun droit à la couronne et qu'il se jeta dans cette entreprise sans autre motif qu'une ambition aveugle et les encouragements impies donnés à l'oppression des Anglo-Saxons pour la cour de Rome : toute la composition converge à ce point, et on a accommodé toutes choses à cette fantaisie. Les droits de Guillaume sont passés sous silence ; ceux d'Harold restent sérieux et sacrés. On a prétendu faire de lui tout à la fois l'héritier légitime d'Edouard et l'élu du peuple anglais. On voulait ainsi donner plus de lustre au héros. Le système électif était une belle chose aux yeux des jeunes libéraux de 1820. Ils le considèrent un peu moins aujourd'hui, et ne lui trouvent plus autant d'agrément. Naguère, il était le droit devant lequel tout devait s'incliner, et on le tenait pour la consécration de toute justice. M. Thierry en réclamait donc ardemment le bénéfice. Il ne s'attache pas à peser ou à faire connaître les expressions des divers historiens :

Diadema invasit (1), *diadema arripuit* (2), *thronc regio se intrusit* (3). Il ne croit pas utile de borner cette élection au seul suffrage des grands indiqués par Roger de Hoveden (4). Il veut qu'il y ait eu une élection populaire et nationale, et que toute l'Angleterre se soit exprimée en faveur du fils de Goduin. Il a soin de ne pas marquer combien cette élection a dû être instantanée et combien le vœu populaire a été prompt à s'exprimer, puisque au dire de Roger de Hoveden lui-même (5), Harold fut sacré le jour de l'enterrement d'Edouard, le lendemain de la mort du roi (6).

Cette élection eût été ainsi le fruit d'un enthousiasme et d'un entraînement unanimes. Les historiens parlent cependant du doute qui saisit à la mort d'Edouard tous les esprits : ils les montrent flottant entre les divers candidats, et ne sachant pour qui se décider d'Harold, d'Edgar ou de Guillaume. L'Angleterre tout entière, incertaine à qui remettre

---

(1) H. de Huntingdon.
(2) W. Malmesb.|
(3) Ing. Croy.
(4) A primatibus electus, p. 447. Rog. de Hoved. Ces paroles concorderaient assez facilement avec celles de Henry de Huntingdon : « Viribus et genere fretus diadema invasit. » *Hist.* Lib. VI. Tout dans les historiens anciens indique ici une violence et une usurpation de la part d'Harold.
(5) Ann., p. 447.
(6) Ing. Croyl., p. 900.

ses destinées, chancelait dans cette hésitation, dit le moine de Malmesbury (1).

L'héritier le plus proche était le jeune Edgar, mais les règles de l'hérédité étaient loin d'être fixes; l'insuffisance de l'âge et du caractère était un motif suffisant pour choisir un héritier plus éloigné. L'histoire d'Angleterre en offrait des exemples. L'aïeul d'Edgar, Edmond Côte-de-Fer, fils naturel d'Ethelred, avait reçu la couronne au détriment des enfants légitimes de son père. Aussi les historiens, qui veulent défendre les droits d'Harold, se contentent d'invoquer le choix qu'aurait fait de lui le roi Edouard. On sait ce qu'il faut penser de cette assertion. Celle, embrassée par M. Thierry, de l'élection d'Harold par le peuple, ne peut s'établir dans le peu d'intervalle qui s'écoula entre la mort d'Edouard et le couronnement d'Harold, et elle n'est appuyée sur aucun témoignage historique.

§ III. — De l'état du royaume et de l'église d'Angleterre. — Le champ de bataille d'Hasting.

Une fois résolu d'interpréter l'histoire à son gré, l'écrivain s'est donné toute carrière pour dissimuler les caractères évidents et authentiques de la conduite

---

(1) « Dubio favore nutabat, cui se rectori committere incerta. » *De gest. reg.* Lib. III, p. 99.

de Guillaume. Elle fut modérée et réservée dans les commencements de son entreprise, comme il convenait à un homme sage et politique qui ne se dissimulait rien des difficultés ou plutôt des impossibilités de son succès.

Il ne faut pas juger des grands événements d'après les résultats que nous connaissons : il faut se placer au point de vue des acteurs, à qui le dénouement est inconnu. La conquête de l'Angleterre était une tentative folle, et Guillaume paraissait se soucier peu de soutenir à ce prix son droit et son honneur, qui y étaient engagés. Il commença par rappeler pacifiquement son droit et le serment d'Harold (1). Quand celui-ci eut repoussé les premières réclamations, le Conquérant se borna à demander l'exécution du serment en ce qui concernait le mariage promis à sa fille. Après un nouveau refus, il propose de s'en rapporter à l'arbitrage du pape. Une fois débarqué en Angleterre, il ne s'avance pas à travers le pays, il ne paraît pas chercher à s'étendre : il ramasse ses forces, il se campe, il se fortifie ; en présence de l'ennemi, il renouvelle encore ses propositions pacifiques. Il paraît décidé à quitter son entreprise pourvu que son compétiteur veuille bien donner une satisfaction apparente à ses droits et à son honneur.

(1) M. Thierry a entouré ce serment de circonstances romanesques inconnues aux historiens contemporains.

Si Guillaume mettait une si grande réserve, Harold, de son côté, n'en mettait point : il était loin de penser que le duc de Normandie pût lui faire courir le moindre danger. Il se souciait peu des menaces de son adversaire; il méprisait ses réclamations, il dédaignait l'intervention du Pape. Il se croyait fort, puissant, inébranlable. Qui eût pu croire en effet, dit un historien, que les menaces du duc Guillaume auraient le moindre effet (1)? Aux difficultés de l'entreprise, il fallait ajouter celles résultant de la position du duc impliqué dans de grandes querelles avec tous ses voisins. La conviction d'Harold était s fortement établie qu'il n'avait fait aucun préparatif pour repousser l'attaque de Guillaume; et sans la guerre qui éclata contre les Norwégiens, le Conquérant, en débarquant en Angleterre, n'eût pas trouvé un seul homme d'armes préparé à le combattre (2). Ses armements et ses constructions de navires n'étaient donc pas aussi considérables qu'on a prétendu; et jusqu'aux derniers moments on a pu les considérer comme de vaines bravades et un étalage destiné à épouvanter plutôt qu'à agir.

Le succès de Guillaume dépendit moins peut-être

(1) « Qui putaret minas... ad factum erupturas. » G. Malm. Lib. III.
(2) « Nisi quod Noricorum regem adventare didicit, nec militem convocare, nec aciem dirigere dignatus fuisset. » *Id.*, p. 99.

de son droit et de ses armes que du débordement des mœurs et de la situation de l'Eglise d'Angleterre. Les historiens s'étonnent de la faiblesse et de l'imbécillité du peuple anglo-saxon; après sa première défaite, il ne put jamais s'entendre et tenter, pour recouvrer sa liberté, un suprême et généreux effort (1). Toute la force du royaume était tombée avec Harold au champ d'Hasting. L'explication de cet aveuglement ou de cette lâcheté se trouve dans les mœurs de la race vaincue. Il y avait longtemps déjà qu'à cause des désordres et des hontes de ce peuple, sa ruine avait été prédite : on disait hautement que les souillures de l'Angleterre (où le meurtre, l'ivrognerie, l'oubli de Dieu et la prostitution avaient cessé de paraître criminels), appelaient les vengeances divines. Si l'on croit Henry de Huntingdon, dès l'an 1002, un saint homme avait annoncé aux Anglo-Saxons que leur châtiment viendrait de France (2). Au milieu de l'éclat apparent et de la force extérieure de son royaume, le saint roi Edouard ne s'en dissimulait pas les causes de ruine. A son lit de mort, il prévoyait que, comme les grands de l'Angleterre, les ducs, les évêques et les abbés n'étaient plus des serviteurs de Dieu mais des instruments du diable, le royaume entier serait livré

---

(1) *Vita S. Vulstani*. Lib. II.
(2) *Historiarum*. Lib. VI.

aux mains de ses ennemis : le saint roi priait pour son peuple, demandait que la colère de Dieu s'arrêtât devant sa pénitence, comme autrefois devant celle de Ninive ; mais il lui fut répondu que ce peuple ne se repentirait point, et que Dieu n'aurait pas pitié de lui (1).

Tous les historiens dépeignent cette nation avec les mêmes traits : le temps de sa gloire, de sa sainteté et de sa culture était passé. Les clercs et les prêtres ne s'occupaient que de vanité ; c'était une merveille d'en trouver parmi eux qui connussent les règles de la grammaire. Ils ne songeaient point à réciter des formules de prières ou à administrer les sacrements (2). Ils poussaient l'oubli de leurs devoirs et leur cupidité jusqu'à ne pas donner le sacrement de baptême sans réclamer un salaire. Aussi s'en fallait-il de peu que ces populations ne retombassent dans le paganisme. Lorsque saint Vulstan, touché de compassion et ému de charité pour ces pauvres âmes, quitta son monastère et se mit à parcourir les campagnes de Worcester, la multitude se pressait autour de lui, lui amenant un grand nombre d'enfants et d'adultes qui n'avaient pas encore reçu les eaux de la régénération (3). Tout sentiment honnête disparaissait peu à peu du sein de ce peuple privé de com-

---

(1) Malmesb. *De gest. reg.* Lib. III.
(2) Id. *Ibid.*
(3) Angl. Sac. T. II. *Vita S. Vulstani.*

munication avec la vérité. Les infamies et les cruautés reprochées à Goduin étaient passées dans les mœurs. Journellement des troupes de jeunes gens étaient ramassées de toutes les parties de l'Angleterre et embarquées pour être vendues sur les rivages étrangers. L'historien de saint Vulstan raconte les efforts et les travaux du saint évêque pour faire renoncer à cet odieux trafic les habitants d'un des ports de son diocèse : cette coutume était si enracinée que la crainte de Dieu et la toute-puissance du roi Guillaume purent à peine en triompher (1). On voyait là un droit national.

La vie des grands et des riches s'écoulait dans la débauche la plus grossière : ils employaient des journées et des nuits entières à boire, et nous ne pouvons consentir à traduire les expressions dont se servent les historiens pour signaler leurs désordres (2). Sous l'influence et la protection de cette église, que M. Thierry célèbre, et qui ne voulait rendre au Pape que le devoir fraternel dû à tous les chrétiens, les sentiments les plus saints de la nature disparaissaient presque entièrement. L'adultère et l'inceste étaient regardés comme peu de chose, la promiscuité n'était

---

(1) Angl. sac. Tom. II. *Vita S. Vulstani.*
(2) « Gulæ et Veneri dediti, in cibis urgentes crapulam, in potibus irritantes vomicam. » G. Malm. *De gest. reg.* Lib. III.

rien (1). Le sentiment paternel s'effaçait : les pauvres livraient leurs fils ou leurs filles à ces trafiquants dont nous avons parlé ; et les grands ne rougissaient pas, après avoir abusé de leurs servantes, de les vendre elles et le fruit de leurs entrailles, ou d'en disposer pour une prostitution publique (2). Comment parler des *crinosi ?* Tant de scandales ne pouvaient rester impunis ! Saint Vulstan prédisait à Harold les désastres qui tomberaient sur lui et sur l'Angleterre s'il ne réprimait toutes ces turpitudes. Quand même les droits de Guillaume auraient été moins certains et les prétentions d'Harold mieux fondées, faudrait-il trouver étonnant que le Pape eût voulu repousser la puissance destinée à perpétuer dans la Grande-Bretagne un état de choses aussi odieux ?

Aucune force intérieure ne pouvait y ranimer la vie. Les évêchés étaient en proie aux ambitions les plus grossières. Le roi et les grands en disposaient à leur gré. M. Thierry insiste beaucoup sur le vieux droit saxon qu'avaient les moines et les clercs de choisir leurs prélats (3). Il méconnaît encore, pour vanter cette ancienne discipline, le témoignage

---

(1) « Adulterium, incestum pro modico, vagum vero concubitum et illegitimum pro nihilo reputabant. » Girald. Cambriensis. *Vit. Remigii*, epis. Lincoln. Angl. Sæc. T. II.

(2) *Vita Remigii* — G. Malm. De G. R. Liv. III.

(3) *Hist. de la conq.* Tom. II. p. 434 12ᵉ éd. T. II. p. 120.

d'Ingulf : il y avait déjà longtemps, dit cet historien, qu'on ne voyait plus en Angleterre d'élections libres et canoniques d'évêques ni d'abbés ; toutes les dignités étaient conférées par la cour et selon le bon plaisir du roi (1).

Cette remarque est confirmée par les faits : ils montrent les rois et les grands disposant à peu près à leur gré de toutes les prélatures. Ce n'était pas des apôtres qu'ils y instituaient. Ces évêques, de mœurs assez semblables à celles de leurs patrons, se souciaient peu des droits et des disciplines de l'Eglise. On ne voyait plus les saintes réunions des conciles (2), et il n'apparaissait plus aucune sorte de vigueur ecclésiastique. Tout allait au gré du plus fort. Les comtes et les ducs ne se faisaient point scrupule de reprendre les donations que leurs ancêtres avaient faites aux moines. Le saint roi Edouard recueillit dans son palais une troupe de ces malheureux expulsés par toutes sortes de chicanes du monastère de Sainte-Pége. Il leur ouvrit ensuite le monastère de Croyland, dont il donna le gouvernement à leur abbé Vulfeketel dont ils n'avaient point abjuré l'autorité. Les moines de Croyland accueillirent avec charité ces

---

(1) « A multis annis retroactis, nulla electio prælatorum erat more libera et canonica, sed omnes dignitates tam episcoporum quam abbatum, per baculum et annulum, regis curia pro suâ complacentiâ conferebat. » Ingulf. Croyl., p. 906.

(2) *Vita S. Lanfranci.*

nouveaux venus; ils partagèrent avec eux comme s'ils avaient toujours été de la maison ; et un accroissement si subit gêna beaucoup le couvent, disent les historiens. On y était auparavant dans l'abondance, et on eut grand'peine désormais à subvenir aux besoins de tous les frères (1). Ingulf a pu connaître à Croyland quelques-uns de ces réfugiés.

Malgré cet exemple de charité, les monastères se ressentaient de l'affaiblissement général de la discipline. Beaucoup de moines n'auraient pas été aussi fermement attachés à leur règle que les moines de Pegeland, ni aussi compatissants que ceux de Croyland. La grossièreté des mœurs publiques avait pénétré dans les asiles des lettres et de la prière. Dès le temps de saint Elfeg, plusieurs de ses moines, malgré les exhortations du saint, dérobaient tout ce qu'ils pouvaient trouver de boissons et de victuailles : et la nuit, tandis que le saint était retiré dans son oratoire, ils se livraient à leur appétit et à leur ivrognerie (2). Avec l'esprit de tempérance, l'esprit de soumission, d'humilité et de piété s'était aussi retiré : Ingulf parle avec douleur des flatteries excessives et des grandes soumissions que des moines ambitieux prodiguaient au roi et à ses officiers (3). Il paraîtrait en outre que ceux-ci ne se contentaient pas de pro-

(1) Ingulf. Croyl.
(2) *Vita S. Elphegi.*
(3) Ingulf. Croyl.

testations : ils ne prêtaient leur crédit qu'à bon escient. L'évêque de Durham, Eadred, avait acheté l'épiscopat du roi Hardecanut en lui livrant les trésors de l'église. A la mort d'Eadred, la protection de Goduin éleva sur le siége de Durham, Egelric, que repoussèrent les clercs du diocèse, et que le comte Siward leur imposa par la force des armes (1). On voit ce qu'étaient la puissance et la liberté du droit d'élection qui, au dire de M. Thierry, était resté une des coutumes de l'Eglise anglo-saxonne. Les évêques intronisés comme ce dernier étaient sans aucun doute surtout avides de richesses. Egelric, ayant trouvé un trésor qui le rendit le plus riche des évêques d'Angleterre, ne songea plus qu'à résigner ses fonctions. Il se démit de son évêché en faveur de son frère Egelwin, et l'appui du comte Tosti maintint ce dernier dans l'épiscopat (2).

Les successions aux autres évêchés témoignent de faits analogues. Ces évêques suivaient les diverses phases politiques ; tantôt ils étaient chassés de leurs diocèses, tantôt ils en administraient plusieurs, ou plutôt en percevaient et en accumulaient les revenus.

Le roi Harold cédait aux intrigues de Living, déjà possessseur de deux siéges (3), et lui accordait l'évêché de Worcester. Mais pour s'être mêlé aux tumultes

(1) *Angl. sacr. Episc.* Dunelm.
(2) *Angl. sacr. Episc.* Dunelm.
(3) *Cridiensis* et *Cornubiensis.*

qui amenèrent le meurtre d'Alfred, frère de saint Edouard, Living fut banni de ce dernier évêché, dont s'empara Alfric, archevêque d'Yorck. Sous le roi Hardecanut, Living rentra dans la possession de Worcester et à son tour chassa Alfric de l'archevêché d'Yorck. Il y fit nommer cet Egelric, dont nous parlions tout à l'heure, qui fut ensuite évêque de Durham. A la mort de Living, Eldred lui succéda à Worcester. Il joignit bientôt à cet évêché, celui de Hereford, il essaya même d'y ajouter encore l'archevêché d'Yorck. Mais le Pape Nicolas résista à ses prétentions ; et ne lui accorda le pallium qu'à condition qu'il se démettrait de l'évêché de Worcester. Eldred se soumit ; mais en quittant l'évêché, il en conserva les revenus.

Remarquons toutefois qu'Eldred est un des pieux évêques de cette nation ; il est de ceux dont les historiens n'accusent pas les mœurs ; d'autres n'y gardaient pas autant de réserve et ne rendaient même pas à l'Eglise romaine la soumission incomplète, dont Eldred donnait l'exemple. Ils bravaient les anathèmes du Pape et prétendaient, en dépit de sa puissance, exercer leur juridiction. L'archevêque de Cantorbéry, Stigand, était de ceux-là. Il était, au temps du roi Edouard, entré dans les complots de Goduin ; après l'expulsion de Robert de Jumiéges, archevêque de Cantorbéry, il s'était emparé de l'archevêché, tout en conservant l'évêché de Winchester. Il y joignait en outre un grand nombre d'abbayes. C'était un homme sans lettres et uniquement occupé de s'enrichir (1) : il vendait publiquement son intervention et faisait marchandise des évêchés et des églises. A cause de tous ces déportements, Stigand fut excommunié par le Pape : il n'en faut pas davantage pour engager M. Thierry à en faire un héros. Le saint roi Edouard n'avait pas les mêmes raisons pour penser de la sorte. Le maintien de Stigand en l'archevêché de Cantorbéry dut être le supplice des dernières années de son règne. Ce devait être encore là une des causes de son ressentiment contre la famille de Goduin, toujours occupée à soutenir, à maintenir et à élever partout ces évêques impies et fornicateurs.

Ces scandales de l'Eglise d'Angleterre ont existé dans toute l'Europe : mais depuis longtemps déjà, on s'occupait partout à les réformer. Le glorieux pontificat de saint Léon IX avait donné un élan sublime au mouvement religieux, dont le grand cardinal Hildebrand était l'âme et l'Ordre de Clugny l'instrument. L'Angleterre seule, au milieu de ses mers et entourée de ses brouillards, échappait à cette influence et s'obstinait à croupir dans les vices et l'abrutissement, que dissipaient partout les divines

---

(1) G. de Malm. *De gest. Reg.* — *De gestis Pontif.* — Thom. Rudborne.

lumières de la foi et les saintes austérités de la discipline. Il ne faut pas se placer à un point de vue exclusif et on doit se méfier des formules historiques; toutefois il semble que dans la plupart des hommes, en qui M. Thierry a cru reconnaître les soutiens et les protecteurs de la nationalité anglo-saxonne, on peut bien plutôt démêler les champions de passions basses, grossières et débordées, refusant obstinément tout frein de civilisation et de religion.

Tout le règne d'Edouard n'est qu'une lutte où le saint roi s'efforce vainement de faire briller sur l'Angleterre quelques rayons de science et de piété. Il appelait de France et de Normandie des moines instruits dans les lettres et les disciplines de l'Eglise comme Robert de Jumiéges; il envoyait ceux des Anglais, qui échappaient à la grossièreté de leur nation, étudier dans les grandes écoles monastiques du continent. Ingulf avait raison de parler de la barbarie de Goduin et de ses fils. Il ne sert de rien d'opposer à son témoignage un fait particulier, une action éclatante ou même une grande qualité. Harold pouvait obéir parfois à de généreux instincts : il a généreusement rempli son devoir de général et de soldat au champ de bataille d'Hasting. L'historien de la vie de saint Vulstan est même pour prouver que le fils de Goduin aimait et recherchait la compagnie du pieux évêque; il écoutait respectueusement ses avis. Il restait néanmoins le soutien des évêques prévaricateurs : c'était pour ainsi dire la nécessité de sa position, de son ambition et des intrigues, où elle l'avait engagé lui et son père. Stigand était son conseiller, et M. Thierry le montre comme son ami particulier. La lutte entre la civilisation et la barbarie, que nous reconnaissons à travers la guerre entre les nations normande et anglo-saxonne, se signale manifestement au champ de bataille d'Hasting. Tous les historiens sont unanimes ; M. Thierry lui-même n'a pu passer ces faits sous silence. La veille de la bataille, les deux vices anglo saxons, la gloutonnerie et l'ivrognerie, se montrèrent ignominieusement. Le camp d'Harold retentit toute la nuit de cris et de chansons (1) ; on mangeait, on buvait, on vidait rapidement au succès de la bataille les grandes cornes de bœufs remplies de liqueurs enivrantes. Au camp de Guillaume, on priait, on s'humiliait, on se confessait ; on demandait à Dieu son secours ; le 14 octobre, fête de sainte Calixte, et jour de la bataille, l'évêque de Bayeux célébra le matin la sainte messe : Guillaume participa aux divins mystères (2), il vint y puiser la force, le courage et la victoire ; d'un visage serein et d'une voix claire, en présence de toute son armée, il attesta

---

(1) « Noctem insomnem cantibus potibusque ducentes. » G. Malm. De g. Reg. Lib III.

(2) « Divinis sacramentis corpus et animam munivit. » Ord. Vital. Lib. III.

ensuite la justice de sa cause et supplia Dieu de la prendre en main (1). Pendant ce temps, dans l'autre armée, après la débauche s'éveillaient l'inquiétude et l'hésitation ; les frères d'Harold lui rappelaient son serment, le suppliaient de ne pas combattre. Il ne faut pas imiter l'école moderne et conclure du particulier au général ; il est permis toutefois de trouver dans ces faits comme une indication ; et en considérant les deux armées en présence, il n'y a pas à se scandaliser de celle qui avait reçu les bénédictions du Pape.

Nous ne prétendons pas laver la mémoire de Guillaume de tous les crimes qui excitèrent en lui les remords que nous avons signalés. L'enivrement du succès et les besoins de la politique lui firent dépasser de beaucoup les limites de la justice ; ses successeurs marchant dans les mêmes voies s'attirèrent bientôt de graves démêlés avec l'Eglise. Mais il fallait préciser les premières circonstances de la conquête, marquer l'inanité des droits d'Harold, la légitimité de ceux de Guillaume et le péril de l'extinction complète de la foi catholique où le triomphe de la faction, que M. Thierry appelle le nation anglosaxonne, eût mis inévitablement l'Angleterre.

(1) « Vultu serenus et clarâ voce suæ parti utpote justiori Deum affuturum pronuncians. » G. Malm. *De g. reg.* Lib. III.

§ IV. — L'archevêque de Cantorbery Stigand.

Harold et Guillaume sont les héros politiques. A côté d'eux se trouvent les hommes religieux de cette lutte, et l'imagination de M. Thierry ne pouvait pas être en défaut à leur sujet.

Il y a, même dans les élucubrations des muses, une certaine loi mystérieuse, une fatalité ou une providence, qui dévoile le secret des intentions des auteurs et ne leur permet pas, malgré leurs artifices et leur habileté, de trahir ou de déguiser la vérité aussi complétement qu'ils le désireraient. M. Thierry, sans aucun doute, est fort expert; et nous avons signalé sa hardiesse à plier les textes à sa fantaisie. Il a néanmoins une manière de franchise, et on a vu combien il ménage peu ses tendresses à l'hérésie. Il ne s'en dit pas moins partisan du christianisme et de l'orthodoxie, qu'il ne fait pas consister, on le sait, dans la soumission à la papauté.

Dans le désir d'élever un monument glorieux à la mémoire d'une Eglise aussi pervertie et aussi abaissée que celle des Anglo-Saxons, il eût été adroit peut-être de lui trouver un représentant plus recommandable et plus illustre que l'archevêque de Cantorbéry, Stigand. Ce choix, auquel s'est arrêté l'historien, est comme un aveu involontaire de toutes les infirmités que nous avons reconnues. Ce n'est pas que M. Thierry ait négligé d'employer les moyens de donner, aux yeux de ses lecteurs, une conduite généreuse à son triste héros. Il épuise en sa faveur les insinuations, les réticences et tous les autres artifices dont il peut disposer. L'intrusion violente dans l'archevêché de Cantorbéry et l'expulsion de Robert de Jumiéges sont racontées sans donner matière à l'apparence d'un grief ; ce fut gratuitement et par une partialité inconcevable que « le pontife et les cardinaux romains en firent un crime au prélat saxon (1). » Toutefois Stigand que M. Thierry appelle « l'élu du peuple anglais, » sans autre motif que de séduire un lecteur ignorant ou prévenu et de contrebalancer autant que possible la condamnation portée par la cour romaine, « Stigand *sentant le « danger de n'être point reconnu à Rome* ; négocia « et adressa au *Pape régnant* la demande du pal-« lium (2). » Il n'est pas nécessaire de nous arrêter sur chacun de ces mots ; on y voit aisément comme l'historien s'entend à dissimuler l'aveu que ses chers héros, les évêques excommuniés et simoniaques, ont fait maintes fois de la suprématie romaine.

(1) *H. de la conq.* T. 1, p. 284. La dernière rédaction corrigée insiste encore sur les torts du pape saint Léon IX, lui reproche de subordonner la question de sûreté nationale à celle de la discipline ecclésiastique, et l'accuse d'être sorti de ses attributions spirituelles pour se mêler des affaires politiques du pays.

(2) *Id., ibid.*

« Mais un *hasard impossible à prévoir*, fit naître
« de cette demande même d'autres incidents fâ-
« cheux. » Ce hasard *impossible à prévoir*, était que
le Pape auquel s'adressa Stigand, *le pape régnant*.
comme dit M. Thierry, n'était pas un pape (1). C'était
l'anti-pape Benoît (1058), usurpateur du siége de
saint Pierre comme Stigand l'était de celui de saint
Augustin. Le prétendu archevêque de Cantorbéry
s'empressa de reconnaître le prétendu Pape ; et celui-
ci, heureux de trouver au moins un adhérent dans la
chrétienté, envoya le pallium à Stigand *quia similis
similem diligebat*, dit l'abbé de Croyland (2) qui,
décidément, sur ces questions, avait non-seulement
plus de lumières mais aussi plus de philosophie que
M. Thierry.

Celui-ci a grand soin de dissimuler les griefs reprochés à Stigand par la cour romaine. Il ne parle
pas de l'évêché de Winchester que le prélat saxon
unissait à l'archevêché de Cantorbéry : il avoue que
Stigand s'était emparé et revêtu du *pallium* que
Robert avait abandonné dans sa fuite ; il ne dit rien
du signe mystérieux, du caractère sacré et réservé
de cet ornement ; et bornant de la sorte tous les at-

---

(1) La nouvelle rédaction a biffé ce hasard, mais elle plaid
la bonne foi de Stigand qui ne connaissait pas les vices de
l'élection de Benoît IX, élection « en apparence conforme à
tant d'autres. » T. 1, p. 263.

(2) Indulg. Croyl. 8»8.

tentats de Stigand à un petit fait matériel, qu'il s'applique à montrer sans consistance, il poursuit le récit des négociations avec Rome et raconte le dénouement de la ridicule tentative de l'anti-pape Benoît. Il veut trouver dans l'exaltation de Nicolas II des détails analogues à ceux de l'usurpation de Stigand. « Le nouveau pape ayant, dit-il, chassé Benoît se « para sans aucun scrupule des ornements pontifi- « caux abandonnés par le vaincu (1). »

Nous n'avons pas besoin de dire que l'imagination fait tous les frais de cette ressemblance qui n'a aucun fondement (2). Stigand, qui, par *un hasard impossible à prévoir*, s'était ainsi adressé à un faux pape et à un excommunié « ne s'empressa pas d'aller se « justifier devant le *rival heureux* de Benoît X. Le « voyage de Cantorbéry à Rome était pénible dans « ce siècle (3) » Néanmoins l'archevêque d'York, Elred, l'avait fait : et à la condition de quitter l'évêché de Worcester, qu'en s'appuyant sur les perverses

---

(1) *Hist. de la conq. d'Angl.* Tom. I, p. 285. Tous ces détails sont reproduits dans la nouvelle rédaction ; ils y sont même allongés, expliqués et aggravés. Stigand est l'archevêque patriote, et le pape Nicolas II lui avait donné l'exemple du cumul des charges épiscopales, en gardant l'évêché de Florence avec celui de Rome. Tom. I, p. 263.

(2) Rohrbacher Tom. XIV, p. 54, 255. L'antipape fut touché de repentir et quitta le S. Siége. Nicolas entra à Rome paisiblement et sans troupes.

(3) *Hist de la conq.* Tom. I, p. 285.

traditions de l'Eglise anglo-saxonne il avait pensé, avons-nous dit, conserver en même temps que son archevêché, il avait reçu le *pallium* des mains même de Nicolas. Les légats du Pape vinrent aussi à cette époque, en Angleterre ; ils y choisirent saint Vulstan pour successeur d'Eldred à l'évêché de Worcester. Il était facile à l'archevêque de Cantorbéry de se justifier devant eux. M. Thierry n'a garde de faire connaître ces circonstances. Il ne tient pas à lui que le lecteur ne croie à l'injustice de Rome, condamnant un homme laissé dans l'impossibilité de se défendre. La position du héros ainsi éclaircie et rendue autant que possible légitime, M. Thierry sait encore prêter au prélat un rôle généreux, dévoué et persévérant.

Un historien du XVe siècle raconte qu'après la bataille d'Hasting et la prise de Douvres, comme Guillaume marchait à travers le pays de Kent, il lui arriva de voir l'horizon se mouvoir autour de lui et de reconnaître comme une forêt mobile qui s'avançait en l'entourant de toutes parts. Quand cette forêt eut entièrement fermé et suffisamment resserré le cercle, au milieu duquel se trouvaient le duc et son armée glacés de terreur, ils entendirent le son des trompettes, et voyant tomber les arbres, dont le mouvement les avait si fort épouvantés, ils reconnurent devant eux des étendards dressés, des glaives sortis des fourreaux, des arcs tendus, toute une armée enfin qui se préparait à combattre. C'étaient les hommes de Kent, réunis par l'archevêque Stigand et l'abbé Egelfin, qui venaient défendre leur liberté et leurs droits. La ruse, au moyen de laquelle ils avaient épouvanté Guillaume et l'avaient enveloppé, avait été ourdie par les deux prélats : animés par l'exemple des Machabées, dit l'historien, ils s'étaient constitués généraux, aimant mieux mourir que de subir la servitude. Toutefois cette belle ruse et ce beau courage aboutirent à une demande de paix et à un discours de l'archevêque : « Seigneur duc, dit-il à Guillaume, « inquiet déjà de sa vie, seigneur duc, voici le peuple « de Kent qui *vient te demander la paix* (1) pourvu « qu'il conserve ses lois, sa liberté et ses coutumes. « Sinon, il est prêt à combattre contre toi et les tiens, « aimant mieux mourir que de subir une servitude « à laquelle il n'a jamais été soumis ! » Guillaume, on le conçoit, promit et jura tout ce qu'on voulut ; et les gens de Kent, heureux de leurs succès, laissèrent marcher l'armée normande sur Rochester ; « ainsi » ajoute le chroniqueur auquel nous empruntons ce récit, « par l'industrie de Stigand, les antiques lois « anglaises et la vieille liberté restèrent en usage dans « le pays de Kent, tandis que toute l'Angleterre fut « soumise à des lois étrangères. »

M. Thierry s'appuie de l'autorité de Guill. Thorn.

---

(1) « Ecce populus Kantiæ... rogantes ea qua pacis sunt... » W. Thorn. *Chronica.* 1786.

mais il n'a garde de donner tout son récit un peu dur à croire, même pour un philosophe, malgré la gloire qui en rejaillit sur un excommunié. Cette gloire néanmoins est si précieuse, et M. Thierry est si habile qu'il parvient à en économiser la moindre parcelle; il fait deux parts du récit du moine de Cantorbéry, il oublie la forêt cheminante : « Mais dans un lieu « où la route se rapprochait de la Tamise, et près « d'une forêt, propre à cacher une embuscade (1), « un grand corps de Saxons armés s'offrit à la vue « des Normands. Il était commandé par deux prêtres : « Eghelsig, abbé du monastère de Saint-Augustin, « à Cantorbéry, et l'archevêque de Cantorbéry, « Stigand, le même qui avait sacré le roi Harold (2). » A cela, M. Thierry ajoute qu'il ne sait pas précisément ce qui se passa en cette rencontre, et si un traité précéda ou suivit la bataille. En tout cas, il le

---

(1) M. Thierry a toujours ainsi des détails particuliers et locaux qui animent la physionomie du récit.

(2) Tom. II, p. 4. M. Thierry, contrairement à sa coutume, admet, relativement à ce sacre, la tradition normande plutôt que la saxonne. Les historiens favorables à Harold, disent qu'il fut sacré par l'archevêque d'York, ou prétendent qu'il prit lui-même la couronne à cause de l'excommunication qui pesait sur Stigand. M. Thierry tient à laisser à ce dernier la gloire de ce sacre : il méprise trop l'Église romaine pour ne pas dédaigner ses condamnations ; il tient à marquer l'unité et la persévérance du caractère de son héros. Ce n'est pas le souci de la vérité qui le dirige: c'est toujours la passion et le besoin de donner de l'intérêt à ses récits.

blâme comme plus nuisible à la cause commune aux gens de Kent; « car, dit-il, aucun acte du temps « ne prouve que l'étranger leur ait tenu parole (1). » Assurément, sans parler du merveilleux, cette dernière assertion eût été suffisante pour faire rejeter tout le récit de Guill. Thorn, qui écrivait au xve siècle; mais Stigand était excommunié!... Pour éloigner d'une tête aussi chère le reproche de participation à un accord dont l'opportunité paraît douteuse, M. Thierry ajoute, en contradiction formelle de l'historien dont il invoque l'autorité : « l'arche« vêque Stigand, soit qu'il eût pris part à cette ca« pitulation, *soit qu'il s'y fût opposé*, conjecture « plus conforme à son caractère fier et audacieux, « quitta la province où l'on déposait les armes, et « alla vers Londres où personne encore ne songeait « à se soumettre (2). »

Cette opinion sur le caractère fier et audacieux de Stigand est appuyée d'une phrase de Gervais de Cantorbéry, mise en note au bas de la page : *Magnanimus enim erat valde et inestimabilis præsumptionis* (3). Sans insister sur la difficulté d'interpréter en bonne part ce mot *magnanimus*, surtout si on rapproche l'*inestimabilis præsumptionis* de la

---

(1) *Hist. de la conq.* Tom. II, p. 4 et 5.
(2) *Id., ibid.*, p. 4.
(3) *H. de la conq.* T. II, p. 5. — Gerv. Gant., Chronic.

phrase qui précède, où l'écrivain rappelle les invasions des églises de Winchester et de Cantorbéry, il faut se demander comment concilier le caractère *fier et audacieux* et l'unique souci de la résistance nationale, que M. Thierry prête à Stigand, avec le témoignage de Guillaume de Malmesbury; celui-ci dit que l'archevêque de Cantorbéry, semblable à un roseau agité par le vent, inclinait tantôt pour le roi et tantôt pour les Anglais (1). En fait Stigand, M. Thierry le reconnaît avec les anciens historiens, vint à la rencontre de Guillaume à son approche de Londres, se soumit à son pouvoir et le reconnut pour roi. Le moine de Malmesbury dit même qu'il sut briguer et obtenir les bonnes grâces du Conquérant, et entrer avec lui dans une assez grande familiarité pour lui donner le nom de fils et en recevoir celui de père (2). Guillaume, toutefois, ne voulut pas être couronné par le prélat. Il suscita avec adresse, en cette circonstance, disent encore les *Gestes des Pontifes*, des oppositions et des difficultés. M. Thierry, ferme dans sa résolution de montrer le caractère inflexible de l'archevêque, assure néanmoins que « Stigand refusa « de bénir le Conquérant couvert du sang des hommes

---

(1) « Similis arundini ventis agitatæ nunc regi, nunc Anglis videbatur inclinare. » W. Malm. *Vitæ abbat.*, p. 30.

(2 « Willelmus cum in patrem et archiepiscopum et ipse Willelmum in regem et filium. » *De Gest. Pont.*, 204.

« et envahisseur des droits d'autrui (1). » Ce refus est certain. M. Thierry en multiplie les preuves, il cite à l'appui quatre historiens : tout lecteur en croira leurs témoignages : l'un est celui de Jean Bromton ; il a conduit sa chronique jusqu'à la fin du XIIe siècle, vers l'an 1198. Il mentionne ce que quelques-uns ont rapporté du refus de Stigand « auquel, » disent-« ils, Guillaume ne pardonna jamais, bien qu'il le « traitât avec ménagement (2). Mais, ajoute le chro-« niqueur, d'autres prétendent au contraire que Sti-« gand ne pouvait sacrer le roi, puisqu'il était sus-« pendu par le Pape : aucun homme de bien, en « effet, élevé en ces temps à une prélature ou à un « évêché, ne voulait recevoir de lui la bénédiction « ni la consécration ; Guillaume ne se soucia pas non « plus de lui demander la couronne ni l'onction « royale (3). » On voit comment le témoignage de Jean Bromton confirme l'assertion de M. Thierry. Eadmer, que l'historien cite aussi, est bien plus

---

(1) *Hist. de la conq. d'Angl.* T. II, p. 16.

(2) « Multis modis blande honoravit. » *Chron.* J. Bromton, 962.

(3) « Quidam tamen dicunt quod Stigandus munus conse-crationis conferre non potuit eo quod jamdudum suspensus esset... et ideo nullus quisque bonus tunc ad episcopatum sive ad prelatiam electus munus consecrationis sive benedic-tionis, sicut nec ipse Willelmus coronam sive sacramentum regiæ unctionis ab eo libenter suscepit. » *Chron.* J. Bromton, 962.

décisif encore. « Le roi, dit-il, savait, comme tout le « monde, que c'était le droit et le privilége de l'ar- « chevêque de Cantorbéry de donner l'onction « royale ; cependant, comme on racontait de grands « méfaits et d'horribles crimes de Stigand, qui était « archevêque à cette époque, Guillaume voulut être « sacré par l'archevêque d'Yorck, crainte de paraître « recueillir une malédiction plutôt qu'une bénédic- « tion (1). » Un historien moins habile eût été embarrassé pour tirer de telles assertions une preuve du refus de Stigand. M. Thierry ne s'arrête pas aux difficultés vulgaires. (2)

§ V. — Le bienheureux Lanfranc.

Les saints, les bienheureux et tout le lustre qui les accompagne, n'inspirent pas beaucoup de respect à M. Thierry : on le sait déjà ; nous allons le montrer

(1) « Quam consecrationem licet ipse rex et omnes alii optime nossent debere specialiter fieri et proprie a pontifice Cantuariensi ; tamen quia multa mala et horrenda crimina prædicabantur de Stigando, qui eo tempore ibi pontifex erat, voluit eam ab ipso (Eboracensi) suscipere ne maledictionem videretur induere pro benedictione. » *Hist. novorum*, 29.

(2) Toute cette rédaction a été abandonnée dans la nouvelle édition, M. Thierry y recueille les divers témoignages que nous indiquions ici : il les mêle et les balance dans une narration savante où les torts de Stigand sont énoncés, contestés et diminués pour laisser au personnage une figure de fermeté et de dignité qui ne rappelle en rien le roseau agité par le vent, ni la présomption incomparable des anciens historiens.

encore à l'occasion d'un des grands hommes, dont l'Eglise a recommandé la mémoire, et dont la vie est mêlée à l'*Histoire de la conquête d'Angleterre.* C'est au bienheureux Lanfranc, successeur de Stigand à l'archevêché de Cantorbéry, qu'on doit attribuer la principale influence dans le travail de régénération qui suivit en Angleterre les douleurs de la conquête. Instrument presque toujours docile des aspirations des Papes, tenu en grande estime par le Conquérant, Lanfranc releva les églises et rétablit la discipline ; il remit en vigueur les règles monastiques, répara les monastères, et fit refleurir partout les lettres et la piété. Au milieu des discordes et des violences, qui avaient précédé et qui suivirent l'arrivée des Normands, son action bienfaisante, patiente et vigoureuse embrassa tous les besoins de l'Angleterre, au bien de laquelle la Providence lui avait déjà permis de travailler, avant même de l'élever sur le siége de Cantorbéry.

Au fond de la solitude du Bec, il avait, en effet, instruit, préparé et formé saint Anselme, qui plus tard fut son successeur : la gloire et les mérites du disciple ont dépassé ceux du maître, ils ne doivent pas les faire oublier. L'âme du bienheureux Lanfranc, énergique et tendre, passionnée pour la solitude, embarrassée de l'éclat des honneurs, et dans laquelle on retrouve ainsi tous les traits qui plus tard distinguèrent si éminemment saint Anselme, cette âme semble à M. Thierry, n'avoir été douée que d'une certaine habileté politique et n'avoir eu d'autre guide que le désir de satisfaire à l'ambition de Guillaume. « La mission de Lanfranc, sa mission spéciale et « avouée, c'était de faire servir la religion à l'asser- « vissement des Anglais, et d'étouffer le peuple « vaincu, comme dit un vieil historien, sous les « embrassements mutuels de la royauté et du sacer- « doce (1). » L'historien invoqué ici est Gervais de Cantorbéry : les paroles sur lesquelles M. Thierry croit pouvoir s'appuyer (2), ne sont pas tirées de la chronique de Gervais, bien que M. Thierry l'affirme (3) ; elles sont extraites d'un ouvrage singulier

(1) *Hist. de la conq. d'Angl.* Tom. II, p. 136. — Nouvelle édition, Tome II, p. 121. Cette dernière édition modifie un peu les expressions sans modifier le sens de ce langage. La mission *spéciale* de Lanfranc devient *réelle* ; et elle consiste non plus « à étouffer le peuple vaincu mais « à achever la « ruine du peuple vaincu par de mutuels embrassements de « la royauté et du sacerdoce. » La traduction est toujours libre, et l'interprétation inexacte. Faut-il remarquer que le « vieil historien » des premières éditions devient « un vieux narrateur », dans la dernière qui restitue aussi son titre d'*Imaginationes* à l'ouvrage de Gervais. Mais le lecteur n'est nullement averti de la bizarrerie de ce document ni du sens restreint et personnel des mots : *Nostrum detrimentum*, que Gervais n'appliquait pas au peuple anglais, mais simplement aux moines de Saint-Augustin.

(2) « Dum regnum et sacerdocium in nostrum detrimentum mutuos commutarent amplexus. » Gerv. Cant., p. 1333.

(3) Tom. II, p. 136. *Note*.

portant le titre bizarre d'*Imaginationes*. Ce titre ne semble pas de nature à donner au livre un grand crédit parmi les historiens.

Gervais, moine de Cantorbéry, qui a composé une chronique d'Angleterre, s'étendant jusqu'à la mort de Richard Ier (1199), a pris part à de vifs démêlés qui eurent lieu entre l'archevêque Baudouin, les moines de l'église du Christ et ceux de Saint-Augustin de Cantorbéry (1185-1190).

C'est à l'occasion de ces démêlés qu'il a écrit les *Imaginationes*. Il place devant le tribunal du souverain Pontife toutes les parties intéressées, et met dans la bouche de chacune d'elles, sous les titres d'*Imaginatio Gervasii quasi contra monachos*, *Imaginatio Gervasii quasi contra archiepiscopum*, des sortes de plaidoyer où chacun énumère les divers griefs dont il a à se plaindre. Les moines arguaient de graves atteintes portées à leur indépendance et à leurs biens. Le Pontife réclamait contre l'insubordination des moines et leur résistance à ses ordres. La position particulière des églises d'Angleterre rendait de pareils démêlés fréquents. Comme l'archevêque Baudouin, beaucoup d'évêques auraient voulu dans leurs églises cathédrales, substituer des clercs aux moines, qu'y avaient installés saint Augustin et ses disciples. Lanfranc, d'après l'avis de l'Eglise romaine, s'était opposé énergiquement à cette tentative, et il avait maintenu l'ancienne tradition de

l'Angleterre. Les moines de l'église de Saint-Augustin reprochaient néanmoins à sa mémoire, d'avoir, avec l'appui de Guillaume, usurpé sur leur indépendance. C'est dans l'*Imaginatio causæ quasi pro abbate* contre l'archevêque Baudouin, que se trouve ce grief, énoncé par l'abbé de Saint-Augustin contre Lanfranc, dont l'union avec le roi Guillaume aurait ainsi tourné au détriment des moines de Saint-Augustin (1) et non pas à celui du peuple anglais, comme interprète M. Thierry. Dans l'*Imaginatio*, mise dans la bouche de l'archevêque Baudouin en réponse à l'abbé de Saint-Augustin, l'archevêque de son côté faisait porter sur Lanfranc la responsabilité des torts que, disait-il, l'autorité archiépiscopale avait subis de la part des moines de Saint-Augustin. Il n'en accusait pas, il est vrai, l'intimité du prélat avec Guillaume; mais la force des choses et les nécessités où se « trouvait alors réduite l'Eglise d'An-
« gleterre, dont la réformation avait besoin de tout
« le concours du prince (2), empêchèrent Lanfranc
« de réclamer contre les prétentions qu'éleva le
« roi (3) de conférer lui-même toutes les investi-

---

(1) « In nostrum detrimentum. »
(2) « Propter majores ecclesiæ Christi utilitates quas sine rege perficere non potuit. » *Imaginationes*, 1327.
(3) Si on en croit la *Chronique* de Guil. Thorn., p. 1792, cette prétention ne devrait pas être attribuée au Conquérant en cette circonstance, et l'intimité de Lanfranc avec

« tures : *Hæc est origo malorum* (1). » Nous avons vu cette prétention du Conquérant appuyée de la pratique des anciens rois saxons. Elle était, en outre, favorisée par les moines de Saint-Augustin, qui préféraient le joug du roi à la juridiction de l'archevêque (2). Mais si, en cette circonstance comme en plusieurs autres, Lanfranc se crut obligé de céder en silence; s'il espéra, grâce à son influence personnelle, pouvoir réserver tacitement les droits de l'Eglise et laisser à Guillaume toutes ses prétentions, en en esquivant plus ou moins heureusement la reconnaissance, on sait comment après la mort du prélat l'Eglise reprit la parole sur ce point, et comment saint Anselme maintint énergiquement son indépendance et ses droits.

L'archevêque de Cantorbéry et les moines de Saint-Augustin, selon Gervais de Cantorbéry, élevaient donc des griefs, non pas sur les intentions de Lanfranc, mais sur les résultats de quelques-uns de ses actes : les moines de l'Eglise du Christ, au contraire, au dire du même historien et d'après les paroles qu'il leur prête, gardaient à son souvenir une véné-

---

Guillaume ne pouvait être la cause de la faiblesse reprochée à l'archevêque, puisque le démêlé, dont il s'agit, n'aurait eu lieu qu'au temps du roi Roux, après la mort de l'abbé Scotland (1087).

(1) *Imaginationes*, p. 1327.
(2) Thorn, *Chron.*, p. 1792.

ration profonde : c'était un homme de bonne mémoire; c'était le père des moines; il avait retrouvé et fait revivre les traditions de saint Augustin, il avait complété ses règlements. On disait que c'était lui qui avait fait le partage des revenus de l'église de Cantorbéry entre l'archevêque et les moines du Christ. Il ne l'avait pas fait pour scinder l'ancienne unité, qui les reliait par un lien de charité et de douceur, comme la tête et les membres d'un même corps, mais seulement pour assurer à chacun la disposition et le libre emploi de ses revenus (1).

On voit combien, à un siècle de distance, les actes par lesquels Lanfranc avait réglé les relations des moines des deux monastères et de l'archevêque de Cantorbéry, pouvaient être interprétés différemment.

Si M. Thierry avait tenu à connaître l'opinion de l'historien qui rapporte ces divers jugements, au lieu de s'arrêter aux *Imaginationes*, qu'on peut considérer comme un ouvrage de polémique, il eût dû consulter les *Actes des archevêques de Cantorbéry*; là en effet, Gervais parle en son nom, et il s'étend avec amour sur l'éloge de Lanfranc. « Il eût pu dire
« avec le prophète : depuis mon enfance la com-
« passion a grandi avec moi. Il était d'une gaîté ai-
« mable, toujours recueilli dans son humilité et
« large dans ses aumônes. Il fut le réparateur de la

---

(1) *Imag.*, p. 1311.

« religion chrétienne, le soutien des pauvres, le pro-
« tecteur des orphelins, le consolateur des veuves et
« des opprimés (1). » Voilà ce qui s'accorde peu
avec l'opinion sur Lanfranc, que M. Thierry a voulu
étayer de l'autorité de Gervais de Cantorbéry.

Il veut l'appuyer aussi des actes des archevêques
d'Yorck, composés, au xive siècle, par Thomas
Stubbs. On sait que l'église d'Yorck se prétendait
égale à celle de Cantorbéry. Lanfranc eut à soutenir
les antiques droits de son siége (2). Thomas Stubbs
défend les prétentions des archevêques d'Yorck, et

(1) Gerv. Cant. « *Actus pontificum cantuariensium* », 1655.
(2) M. Thierry ne reconnaît pas ces droits anciens, il n'y voit qu'une innovation ambitieuse de Lanfranc. Il s'appuie d'Eadmer, et en cite les paroles suivantes : *Ut Britannia uni quasi primati subderetur... nova res huic nostro sæculo et a tempore quo in Angliâ Normanni regnare cœperunt Anglis inaudita.* (*Hist. de la conq.* T. II, p. 138.) Il note la page d'où il a tiré cet extrait: p. 3. Nous ne savons de quel texte M. Thierry a fait usage, et nous n'avons rien trouvé d'analogue dans celui imprimé à la suite des œuvres de saint Anselme éditées par Dom Gerberon. Mais nous y avons trouvé les paroles suivantes qui contredisent le sentiment sur la nouveauté des prétentions de Lanfranc, attribué à Eadmer : *Quemadmodum ipsum Thomam* (archevêque d'Yorck), *ad* MENSURAM ANTECESSORUM SUORUM *humiliaverit supervacaneum est... scribere. Ipse* (Lanfranc) *verum inde veritate plena et totius regni assensu confirmata sub testimonio regii sigilli scripta reliquit* (*Hist. nov.*, p. 31, 2e col. A.)
M. Thierry dit encore, à l'occasion de ce démêlé: Thomas... renonça entre les mains de Lanfranc à tout le pouvoir que *ses prédécesseurs avaient exercé* au sud de l'Humber (*Hist.*

M. Thierry recueille toutes ses paroles qui peuvent tourner au détriment de Lanfranc. Il embrasse ainsi la cause de l'église d'Yorck contre celle de Cantorbéry, sans avoir d'autre motif que celui de contredire à la décision portée dans cette affaire par la cour de Rome. Nous ne nous arrêterons pas à entrer dans un détail de citations à ce sujet; ce que M. Thierry a avancé de l'ambition de Lanfranc (1) sera d'ailleurs suffisamment réfuté par quelque faits de la vie de ce personnage.

Il était Lombard, d'une noble famille de Pavie. Versé dans la jurisprudence, et, au dire de Robert du Mont, ayant retrouvé le texte des lois romaines (2), il les étudia et les enseigna quelque temps à Bologne. Comme tous les savants de cette époque, le désir de la science le poussa à entreprendre de lointains voyages ; il vint en France et y fréquenta les diverses écoles, cherchant partout à s'instruire des lettres

---

de la conq. d'Angl. T. II, p. 139); et il cite à l'appui de cette assertion : Rudborne, *in Anglia sacra,* tom. I, p. 253. Or, que dit Rudborne du droit de Thomas et de ses prédécesseurs ? Après avoir raconté la discussion et énuméré les raisons et les autorités qui appuyaient le droit de Lanfranc, l'historien ajoute : *Succubuit tantis rationibus Thomas.* On ne se lasse pas à citer ces merveilles de l'art de l'interprétation. Toutes ces merveilles, l'appel au témoignage de Th. Stubbs, le texte introuvable d'Eadmer ont persisté dans la dernière rédaction. T. II, pp. 121-124.

(1) Tom. II, p. 136.
(2) Dom Luc d'Achery. *Opera Lanfranci,* p. 37.

divines et humaines. A Tours, il vit Béranger qui enseignait avec un grand retentissement, et, au dire des contemporains, ménageait et augmentait sa réputation à l'aide d'artifices peu convenables à la dignité d'un maître (1). Il affectait une démarche imposante, se prodiguait peu, parlait lentement et comme d'une voix plaintive (2). Il charmait ses auditeurs, et les séduisait par des mots étranges et des interprétations nouvelles et subtiles plutôt qu'il ne les instruisait par la solidité de sa doctrine. Il ne recherchait pas la vérité; il ambitionnait surtout la gloire. Il croyait l'avoir obtenue, et voyait sa chaire entourée de nombreux auditeurs, lorsqu'il s'avisa de provoquer Lanfranc. On dit qu'il espérait triompher facilement d'un étranger inconnu; mais le contraire arriva, et l'inconnu confondit le docteur. Lanfranc acquit de la sorte un grand renom; et lorsqu'il alla ouvrir une école à Avranches, la plupart des élèves de Béranger l'y suivirent (3). Quoi qu'il en soit de cette anecdote, Lanfranc en effet enseigna à Avranches, et les historiens racontent que ses succès firent déserter l'école de Béranger; celui-ci se voyant abandonné, désirant ramener vers lui l'attention et rappeler les disciples, aborda les enseignements théo-

(1) Mabillon. *Acta. S. Ord. S. Bened.* Sæc. VI. Pars. II. Præfatio.
(2) Guitmundus. Mabillon. *Ibid.*
(3) Chron. Becc.

logiques auxquels il était peu préparé. Il y apportait son esprit de nouveauté, son mépris de la tradition et son amour des opinions particulières : le tout le conduisit bientôt à développer les propositions de Jean Scot, et le fit tomber dans des opinions hétérodoxes que Lanfranc combattit énergiquement.

Au milieu des déboires que l'esprit d'orgueil et de curiosité suscitait à l'archidiacre d'Angers, Lanfranc voyait son succès s'affermir tous les jours, et de tous côtés on accourait à ses leçons. La grâce l'attendait au milieu de l'enivrement des joies de cette gloire naissante. Se rendant d'Avranches à Rouen, en traversant la forêt de Risle, il tomba entre les mains des voleurs qui le dépouillèrent entièrement, ne lui laissant qu'un vieux manteau (1). En cette extrémité le docteur se rappela ce que saint Grégoire-le-Grand raconte en ses dialogues du clerc Libertinus : arrêté aussi par des bandits, qui le firent descendre de son cheval, et les voyant embarrassés à le conduire, Libertinus les avait rappelés pour leur donner le fouet qu'ils avaient oublié de lui prendre : cette simplicité et cette douceur avaient désarmé les ravisseurs ; ils rendirent immédiatement au saint homme tout ce dont ils l'avaient dépouillé, et le laissèrent continuer sa route. Lanfranc donc, trouvant ce trait en sa mémoire et n'ayant d'ailleurs aucun

---

(1) *Chronicon. Beccense*, ap. Dachery.

moyen de résistance, voulut essayer de la pratique de Libertinus. Mais, dit le naïf chroniqueur, il n'y apportait pas la même intention ; il ne faisait pas acte de vertu ni de simplicité ; c'était une ruse et une subtilité à quoi il avait recours ; aussi tomba-t-il de mal en pis, et lorsqu'il eut dit aux voleurs de lui prendre encore son manteau, ceux-ci ne furent nullement touchés ; et maltraitant le voyageur impudent qui les bravait de la sorte, ils l'entraînèrent dans l'intérieur de la forêt et l'y laissèrent attaché à un arbre. Au milieu des angoisses et des terreurs de la nuit, le docteur voulut sanctifier son cœur en unissant ses prières à celles des âmes pieuses, qui dans le fond des monastères chantaient en ce moment les louanges de Dieu ; mais il ne vaquait pas habituellement à cet exercice, et sa mémoire ne put lui en fournir les paroles (1). Faisant alors retour sur lui-même : « Seigneur Dieu, disait-il, j'ai dé-
« pensé tant de temps à étudier, j'ai usé mon âme
« et mon corps dans les travaux des lettres, et je
« n'ai pas encore appris à vous prier ni à participer
« aux officess de vos louanges. Délivrez-moi de
« cette tribulation, ô mon Dieu ! et je prendrai soin
« avec votre secours de corriger et de régler ma
« vie de manière à pouvoir et à savoir désormais

(1) « Voluit laudes debitas persolvere et non potuit. » *Vita S. Lanfranci*, Dachery, p. 2.

« vous servir. » Au matin, des gens qui passaient entendirent ses cris et le délivrèrent. Fidèle à sa promesse, il s'enquit immédiatement du monastère le plus pauvre et le plus inconnu de la contrée. On lui en indiqua un, que bâtissait alors à peu de distance un homme de bien, lui dit-on. Sans songer à continuer son voyage, Lanfranc se rendit au lieu indiqué. Il trouva l'abbé occupé à construire un four auquel il travaillait de ses mains.

— Dieu vous garde, lui dit Lanfranc!

— Dieu vous bénisse, répondit l'abbé ; que demandez-vous?

— A être moine, reprit le docteur.

L'abbé alors, sans interrompre son travail, commanda à un de ses religieux, occupé avec lui à la maçonnerie, de donner au postulant le livre de la règle. Lanfranc la lut et promit à l'aide de Dieu de l'observer fidèlement. L'abbé lui accorda alors ce qu'il demandait, et le docteur, se prosternant le visage contre terre à l'entrée même du four, embrassa les pieds de celui qui était désormais son supérieur. L'abbé l'introduisit ensuite dans le monastère. C'était celui du Bec, auquel la présence de Lanfranc donna plus tard un grand renom. L'abbé était le bienheureux Herluin.

Cet Herluin était un gentilhomme normand, dont la vie est une des merveilles dont abonde l'histoire du moyen âge. Issu de la race des pirates, il avait joui d'un grand crédit auprès de Gislebert, comte de Brione, et avait toujours vécu au milieu des armes et des honneurs, lorsque vers l'âge de trente-sept ans, il commença à se dégoûter de ce qu'il avait toujours aimé, à négliger le soin de son armure comme celui de sa fortune. Il tourna ses désirs vers Dieu : il priait, il pleurait, il jeûnait : il répandait des aumônes, et son âme restait dans le trouble. Il bravait les mépris : son humilité les provoquait souvent. Il ne voulait plus monter à cheval et se servait d'un âne. Il ignorait néanmoins ce que Dieu demandait de lui et quel genre de vie il devait mener. Car, comme dit son historien, en ce temps-là les guides de la vie pieuse étaient rares en Normandie. Les prêtres et les évêques s'y mariaient sans vergogne, et portaient les armes tout aussi bien que les laïques, dont un grand nombre observait encore les rites du culte d'Odin (1). C'est l'état que nous avons signalé en Angleterre et qui était à peu près le même dans toute l'Europe. Mais malgré ses pontifes scandaleux, la Normandie suivait le mouvement réparateur. Jumiéges, Fécamp, S. Wandrille étaient, dans les contrées de la rive droite de la Seine, des foyers de lumière et des asiles de piété, dont l'influence, puissamment aidée par les ducs, se faisait sentir au loin. Il n'y avait encore rien d'analogue dans les pays de

(1) *Vita B. Herluini*, p. 344.

la rive gauche du fleuve, et lorsque Herluin, se fut délivré de tout service militaire et féodal, pour suivre librement l'attrait qui l'appelait vers la vie pénitente, il ne trouva pas de monastère réglé selon son désir. Il en bâtit un de ses mains dans une de ses terres (1034).

Il y avait déjà plusieurs années qu'il avait commencé à attirer autour de lui quelques âmes vivant sous sa direction dans la pratique de la plus extrême pauvreté, lorsque Lanfranc se présenta comme nous avons vu, aux portes du petit monastère (1041). En l'y introduisant, Herluin rendit grâces à Dieu qui exauçait ses prières. Depuis quelque temps déjà, il demandait en effet au Seigneur un homme éclairé pour instruire et former ses moines. Le saint abbé, comme la plupart des chevaliers de son pays et de son temps, n'avait aucune culture des lettres : à quarante ans, lorsqu'il travaillait déjà à bâtir son monastère, il commença à apprendre à lire. Son historien signale ses progrès étonnants, et ceux qu'il fit aussi dans la connaissance des saintes écritures. L'humilité de l'homme de Dieu lui laissait cependant sentir son insuffisance. Il vit entrer Lanfranc dans son monastère comme une bénédiction du ciel. De son côté, Lanfranc admirait la gravité et l'humilité du bon abbé, et il ne se départit jamais des sentiments de respect qu'il lui avait voués. Pendant trois ans, il vécut dans l'intérieur du couvent, uniquement occupé des saintes lettres et répandant souvent devant Dieu ses larmes avec ses prières. Herluin s'était réservé le soin des affaires extérieures et temporelles du monastère ; il laissait à Lanfranc tout le souci de l'instruction des âmes. Mais les frères réunis au Bec étaient grossiers, ils paraissaient peu susceptibles de culture ; et Lanfranc aurait quitté volontiers la tâche ingrate de les instruire : il eût préféré à leur commerce une solitude absolue, si la grâce qui agissait si fortement sur le cœur d'Herluin ne se fût communiquée au dehors. Cet homme simple exerçait une grande autorité sur tous ceux qui l'approchaient. Il avait attiré au couvent sa mère, heureuse d'y être employée aux services des frères : il y retint Lanfranc. Entre ces deux âmes, dont la vie et la culture avaient été si différentes, il se forma une de ces saintes et fortes amitiés du cloître que le monde ne connaît pas. S. Anselme vint plus tard en partager les délices. Herluin avait véritablement pour eux des entrailles de mère. Ce vieux chevalier, cet ancien homme de guerre, avait au sujet de ses enfants, une tendresse d'une exquise délicatesse. Il s'y mêlait tous les pressentiments, les larmes et les joies des âmes les plus douces et les plus sensibles. Lanfranc était particulièrement cher au cœur du bon abbé : il reconnaissait en lui ce qu'il aimait le plus au monde. C'était le fils aîné, qui avait partagé toutes les fatigues et toutes les joies de la fondation, dont les conseils, la gaîté et la science n'avaient jamais été en défaut, dont le renom avait puissamment contribué au succès de l'entreprise. Lanfranc, en effet, en entrant au monastère, avait déjà trop de réputation, et le désir de s'instruire était trop grand en ce siècle pour que le lieu de sa retraite ne fût pas bientôt divulgué. Les disciples commencèrent à prendre le chemin du Bec, et par l'ordre d'Herluin on y ouvrit bientôt une école publique. Rien n'avait encore approché de la splendeur qu'elle jeta : les rayons s'en répandirent sur le monde entier ; on y accourut de toutes parts. Le Pape Alexandre II y vint étudier, saint Anselme s'y forma. Celui-ci ne s'instruisit pas seulement aux doctrines et aux lettres; il apprit encore la piété et l'humilité : ces deux vertus lui firent immoler les vanités littéraires, qui le poussaient à fuir un lieu où Lanfranc brillait de tant d'éclat, qu'il ne paraissait pas y avoir près de lui place pour une autre illustration. On sait comment la Providence se chargea de récompenser le sacrifice de S. Anselme : elle le conduisit avec une sorte d'affectation dans tous les lieux où Lanfranc avait enseigné, brillé et combattu; au Bec d'abord, elle lui remit la dignité de prieur quand Lanfranc la quitta; plus tard, en Angleterre, elle lui conféra encore sa succession au siége de Cantorbéry, et partout elle sut revêtir le disciple d'un éclat et d'une gloire qui éclipsèrent ceux du maître.

La gloire de celui-ci cependant paraissait de son temps sans égale ; et pour la célébrer dignement les historiens épuisent toutes les formules de l'admiration. En même temps qu'un si grand éclat entourait ce moine qui n'avait voulu apprendre qu'à prier Dieu et à le servir, les dignités vinrent le trouver dans sa solitude. Le duc Guillaume avait distingué les solides vertus de Lanfranc ; il appréciait les qualités de cet esprit vigoureux, plein de gaîté, de finesse et d'énergie ; il usa de toute sa puissance pour élever le prieur du Bec et le mettre en position de rendre de plus grands services à l'Eglise. Quand il fonda l'abbaye de Saint-Etienne à Caen, il y mit Lanfranc pour abbé. Plus tard il voulut l'élever au siége de Rouen (1067) (1). Mais malgré les instances unanimes du clergé et des fidèles, Lanfranc refusa énergiquement cet honneur. Pour en éloigner plus sûrement le fardeau, il proposa de le confier à Jean, évêque d'Avranches, dont il connaissait le zèle et la vigueur (2). Il employa toute son activité à écarter les obstacles qui s'opposaient à cette installation ; il fit le voyage de Rome à cet effet et en rapporta lui-même le *pallium* au nouvel archevêque. Pour lui,

---

(1) Les scandales de ce siége étaient déjà effacés. Maurille l'avait tenu douze ans environ ; son prédécesseur, Mauger, de la famille des ducs de Normandie, avait été déposé et exilé à Jersey (1055).

(2) Ord. Vit., lib. IV, § III. — *Vita S. Lanfranci*, p. 7.

il aimait mieux obéir que commander ; s'il l'eût pu, il se serait volontiers démis de son abbaye de Caen pour retourner au Bec, à son humble charge de prieur. Mais le temps de la solitude et du repos monastique était fini pour Lanfranc. L'an 1070 Stigand avait été déposé, au concile de Winchester. A celui de Windsor, qui eut lieu quelques semaines après, Guillaume déclara que pour le remplacer à l'archevêché de Cantorbéry, il avait songé à Lanfranc. Les conseillers du roi et les légats du Pape, l'évêque de Sion (1), Ermenfred, et les deux cardinaux Pierre et Jean, applaudirent à cette pensée. On trouvait qu'une lampe aussi brillante serait bien placée à ce sommet pour dissiper les ténèbres et les brouillards des mauvaises coutumes, qui enveloppaient l'Angleterre, et tout purifier de son salutaire éclat (2).

Mais il y avait à prévenir la résistance qu'on craignait de la part de Lanfranc. Les légats vinrent en Normandie, et rassemblant les évêques, les abbés et les grands, ils annoncèrent l'intention du roi. Tout le monde l'approuva. Lanfranc seul voulut contredire ; au nom du Saint-Siége les légats lui ordon-

(1) Pourquoi M. Thierry a-t-il traduit : *Sedunensis episcopus* par évêque de Sienne ? — La nouvelle édition a corrigé cette erreur matérielle.

(2) « Uberrimum luminare in hac arce elatum, nebulas undique pravitatum et caligines dilueret, saluberrimo fulgore cuncta honestans. » *Vit. S. Lanf.*, p. 7.

nèrent de se soumettre. Il entra alors dans une tristesse et une douleur si profondes qu'on crut un instant qu'il allait absolument se refuser à obéir. Il invoqua la faiblesse de ses forces, son indignité et son ignorance de la langue et des mœurs saxonnes. Voyant toutes ses excuses inutiles, il demanda au moins quelque délai pour se décider. Le roi était pressant, par ses ordres la reine Mathilde et son fils unirent leurs instances auprès de Lanfranc. Le bienheureux Herluin lui-même crut devoir lui commander de ne pas se soustraire à la volonté de Dieu et au choix de la sainte Eglise. Lanfranc ne voulait pas se rendre encore. Le fardeau épiscopal lui paraissait si effrayant qu'il désira faire une tentative auprès de Guillaume. Il alla en Angleterre supplier le roi de ne pas l'arracher à sa vie, à ses livres, à ses études, à ses prières surtout et à toutes les observances monastiques qu'il savait bien devoir être incompatibles avec les travaux de l'épiscopat. Guillaume l'accueillit avec joie, honneur et respect ; et il répondit à ses sollicitations en lui envoyant les dignitaires de l'église de Cantorbéry et les évêques d'Angleterre qui le saluèrent comme leur archevêque et leur primat. Il fallut bien céder à cette volonté de Dieu exprimée si unanimement ; mais au milieu des honneurs et de l'éclat de son siége primatial, Lanfranc regretta toujours la vie monastique. Les inquiétudes et les peines de l'épiscopat, les vices des Saxons et

les violences des Normands ajoutaient à ses chagrins. Il supplia le pape Alexandre de le laisser libre de retourner au Bec. Il lui écrivait : « Je ne saurais à
« qui expliquer mes calamités mieux qu'à vous,
« Mon Père, qui en êtes la cause : j'ai obéi à vos
« ordres, je suis venu ici, et j'ai travaillé ; mais j'ai
« à supporter chaque jour tant de chagrins et d'a-
« mertumes, tant de faiblesse de cœur pour toute
« espèce de biens ; j'entends, je vois, je reconnais
« à chaque instant chez les autres tant de troubles,
« de tribulations, de dommages, d'endurcissements,
« de cupidités et de hontes, une si grande ruine
« enfin de la sainte Eglise que je suis dégoûté de la
« vie ; je pleure d'avoir vécu jusqu'à ce moment.
« Cependant si le présent nous offre bien des mi-
« sères, l'avenir en annonce de pires encore.

« Je prie Votre Grandeur, je la supplie au nom
« de Dieu et pour le salut de votre âme, de me déli-
« vrer du lien que m'a imposé votre seule puissance,
« à laquelle il n'est pas permis de résister. Rendez-
« moi la liberté de retourner à la vie monastique
« que j'aime uniquement ; ne rejetez pas ma de-
« mande... Souvenez-vous avec quelle bienveillance,
« dans les monastères où j'ai autrefois résidé, j'ai
« accueilli vos parents et tous ceux qui m'appor-
« taient de vos lettres. Rappelez-vous avec quel
« soin je me suis appliqué, suivant mon pouvoir, à
« les instruire dans les sciences sacrées et profanes.

« Je n'ai pas besoin de rappeler tant d'autres occa-
« sions où selon les temps et les circonstances j'ai pu
« vous être utile à vous et à vos prédécesseurs. Je
« ne dis pas ceci pour me vanter et pour récriminer ;
« en rappelant les services de mon obéissance passée,
« je ne désire pas non plus m'attirer désormais un
« plus grand crédit : tout ce que je désire, tout le
« but de cette lettre est de vous faire voir les justes
« et légitimes raisons que j'ai d'obtenir la grâce que,
« par l'inspiration du Christ, je réclame de Votre
« Munificence.

« Si, en considération de l'utilité des autres, vous
« pensiez à refuser ma demande, prenez bien garde,
« Saint Père, et craignez d'être en péril de péché
« (ce que je prie Dieu d'éloigner à jamais de vos
« actions), prenez garde de vous mettre en péril de
« péché, là même où vous croiriez vous acquérir
« quelque mérite devant Dieu. Car il ne se fait en
« ce pays, par moi ou à mon occasion, aucune espèce
« de bien sur les âmes : ou s'il y en a, il est si chétif
« qu'il se saurait être mis en comparaison avec les
« dommages que je souffre (1). »

Voilà les supplications que ce prélat ambitieux, au dire de M. Thierry, adressait au Pape. Il gardait ses sentiments de vénération et de respect pour le saint homme Herluin ; lorsque le bon abbé du Bec

---

(1) *Lanfranci op.* Epist.

vint à Cantorbéry, l'archevêque, le primat de toute l'Angleterre était en sa présence humble et soumis comme le plus simple des moines. Au chœur et partout, il lui donna la première place; il le servit à la messe; et lorsqu'il recevait quelque chose de lui, il s'inclinait et lui baisait la main. Tout le monde, les Anglais surtout, s'étonnaient de ces marques de soumission et de respect prodiguées à un simple abbé par un si puissant prélat. Mais l'humilité et la douceur de Lanfranc éclatèrent encore davantage dans la visite qu'il fit au Bec en 1077. Aussitôt que du haut de la colline, qui domine le monastère, il eut reconnu les bâtiments de l'abbaye, il ôta son anneau, signe de sa dignité pastorale, et tant qu'il demeura au couvent il ne voulut le porter que pour célébrer la messe. En abordant Herluin, l'archevêque se fût agenouillé et prosterné si l'abbé ne l'eût retenu. Après avoir embrassé tous les frères, le primat s'assit au milieu d'eux dans le cloître : les jeunes, les vieux, les enfants même l'entouraient : il parlait à tous, et il sut adresser à chacun des paroles douces et salutaires. Il refusa toute distinction et s'appliqua à rester confondu avec les frères. A table, il voulut que ceux qui étaient assis à sa droite et à sa gauche mangeassent avec lui à la même écuelle et bussent au même gobelet. A l'église, il refusa la chaire épiscopale qu'on lui avait préparée; il s'assit dans la stalle du prieur (qui était alors saint Anselme), disant avec son esprit gracieux et aimable qu'il était toujours prieur du Bec et qu'il n'avait pas donné sa démission. Il passa ainsi au couvent trois jours, qui furent sans aucun doute les plus heureux et les plus doux de son pontificat. Après quoi, il prit congé des frères et, dit l'historien, les yeux n'y restèrent point secs ; les enfants surtout était inconsolables, leurs cris et leurs larmes étaient tels qu'il fallut hâter le départ du prélat et abréger leurs adieux. Le vénérable Herluin, âgé alors de quatre-vingts ans, et tout courbé de vieillesse, accompagna près de deux milles son ami qu'il aimait plus que tout au monde et qu'il n'espérait plus revoir (1). Tous les détails de cette visite, l'émotion qu'elle produisit, et le profond souvenir qu'on en garda au Bec, sont des témoignages de l'amabilité et de la grâce qui caractérisaient Lanfranc. Il les puisait aux vraies sources de la charité, et tous ces agréments n'étaient si puissants que parce qu'ils naissaient en lui de la pratique des vertus chrétiennes. Les contestations et la différence de sentiments ne paraissent pas avoir altéré sa douceur et sa condescendance envers ses contradicteurs. Au milieu de leurs discussions sur la suprématie de Cantorbéry, il fit le voyage de Rome avec l'archevêque d'Yorck ; et il s'employa auprès du pape Alexandre II (2)

(1) *Vita S. Lanfranci.* — *Vita B. Herluini.*
(2) Et non pas S. Grégoire VII, comme dit M. Thierry. T. II, p. 115. Nouv. édit., T. II, p. 129.

pour détruire les oppositions faites jusqu'alors à la reconnaissance de l'élection de Thomas. C'est à ce voyage que, contrairement à toutes les coutumes de l'étiquette romaine, le Pape se leva à l'approche de Lanfranc pour saluer en lui non pas l'archevêque de Cantorbéry, mais le maître illustre, disait-il, sous lequel il avait étudié au Bec.

§ VI. De la faiblesse du bienheureux Lanfranc. — Du caractère du roi Guillaume.

Cette immense considération de Lanfranc dans l'Eglise l'a désigné tout naturellement à la haine de M. Thierry. La mémoire du bienheureux cependant n'avait pas été à l'abri de certains griefs qui auraient dû rendre l'historien plus favorable. Le savant abbé Rohrbacher condamne en plusieurs occasions les condescendances de Lanfranc et la mollesse de son attachement à l'Eglise romaine.

Les premières relations, si respectueuses et si pleines de confiance, dont nous venons de parler, étaient loin de faire supposer un pareil reproche. Saint Grégoire VII cependant l'adressait à Lanfranc. Il s'étonnait, après son installation sur la chaire de Saint Pierre, que le souvenir d'une ancienne amitié et surtout le respect dû au Saint-Siége n'eussent pas conduit l'archevêque à Rome. Il l'avertit que la crainte du roi ne doit pas affaiblir l'expression de son amour pour l'Eglise romaine. Les avis de saint Grégoire et les ordres formels, qui les suivirent, furent sans résultats. Lanfranc s'était déjà excusé auprès d'Alexandre II (1) de ne pouvoir se rendre à Rome, malgré l'invitation expresse que le pape lui avait faite d'y venir passer trois mois dans son palais. Les raisons qui s'opposaient à la réalisation de ce désir auquel il eût accédé si volontiers, disait-il, ne pouvaient s'exprimer par lettres. La vérité était que Guillaume refusait de laisser les évêques se rendre auprès du Pape. Il leur défendait même de correspondre directement avec lui, et voulait voir toutes les lettres venues de Rome (2). Il ne paraît pas que les évêques se soient soumis à ces prétentions. Le langage que Lanfranc tenait sur le roi et l'état de l'Angleterre ne permet pas de croire que Guillaume ait toujours été en tiers dans la correspondance.

A mesure que la conquête s'affermissait et que ses luttes tournaient à l'avantage des Normands, Guillaume devenait plus despotique et plus jaloux de son autorité. Avant son entreprise, il avait promis, conformément aux anciens usages des rois saxons, de tenir son royaume de Dieu et du Pape. Mais lors-

(1) Lanf., epist. I.
(2) « Non ergo pati volebat quemquam in omni dominatione pontificem... ejus (apostolici) litteras si primitus sibi ostensæ non fuissent, ullo pacto recipere. » Eadm. *Hist. nov.* Lib. I.

que saint Grégoire en réclama l'hommage en même temps que le denier de saint Pierre, le Conquérant consentit bien à payer le denier; mais refusa de rendre l'hommage. Dom Luc d'Achery a marqué le peu de fondement de ce refus de Guillaume; on peut l'attribuer à l'enivrement du succès, à l'impatience de tout frein qui l'accompagne, et surtout aux suggestions des hommes toujours nombreux dans les conseils royaux, jaloux de l'influence de l'Eglise et intéressés à la combattre. Lanfranc, en cette circonstance, n'aurait donc pas résisté assez énergiquement à la volonté royale. Si les liens qui l'attachaient à l'Eglise romaine, n'en furent pas relâchés, au moins les relations qui avaient été si fréquentes et si pleines d'abandon entre lui et le Pape Alexandre, ne gardèrent plus le même caractère vis-à-vis du Pape saint Grégoire VII. Rien n'est rompu cependant, rien n'est affaibli peut-être, et lorsque les suppôts de l'antipape Clément veulent essayer des démarches auprès du roi Guillaume et s'efforcent d'attirer Lanfranc à eux et au parti de l'empereur Henri IV, l'archevêque repousse leur prétention et blâme leur langage irrespectueux. « Beaucoup de choses me déplaisent « dans votre lettre, écrit-il au cardinal Hugues Le-« blanc, je n'approuve pas que vous outragiez le « pape Grégoire, que vous l'appeliez Hildebrand, « que vous insultiez ses légats (1) » : il dissuadait

(1) *Lanf.*, epist. 59.

ensuite le légat schismatique de se rendre auprès du roi. Toutefois, le primat d'Angleterre ne mit pas à blâmer l'entreprise de l'empereur l'énergie qu'on pouvait attendre de lui. Henri IV avait suscité le schisme à trois reprises différentes; il avait pris les armes et il avait marché contre saint Grégoire VII ; il l'avait assiégé dans Rome et l'en avait chassé; Lanfranc se contente d'écrire : « Je pense que l'empe-
« reur a eu de puissantes raisons pour entreprendre
« une si grosse affaire, et qu'il n'a pu remporter
« une si grande victoire sans un grand secours de
« Dieu. Mais je n'approuve pas que vous veniez en
« Angleterre, avant d'en avoir reçu la permission
« du roi ; notre île n'a pas encore rejeté Grégoire,
« et elle n'a pas décidé à quel Pape elle obéirait (1). »
Il ne faut pas croire, d'après ces paroles, que Lanfranc attendît une décision pour savoir s'il devait rejeter ou garder l'obéissance du pape saint Grégoire. Il est permis de supposer, malgré les réserves de son langage, que l'entreprise de Henri lui faisait horreur et que le succès lui en paraissait une malédiction plutôt qu'une bénédiction ; néanmoins cette discrétion excessive et cette considération de la puissance temporelle marquent la justesse des paroles de saint Grégoire, lorsqu'il souhaitait à Lanfranc plus d'amour pour sa mère l'Eglise romaine.

(1) Epist. 59.

Le caractère de Guillaume réclamait, il est vrai, de grands ménagements ; les exigences et les violences croissantes du monarque n'auraient pas dû cependant empêcher Lanfranc, au temps de saint Grégoire comme à celui dA'lexandre, de soumettre sa prudence aux désirs du saint Père. Le bien qu'il espérait que sa condescendance pourrait faire auprès du roi, n'était pas à comparer au bien suprême, qui est toujours l'union filiale et cordiale avec Rome.

Cette manière de refroidissement envers la cour romaine exigée par la politique de Guillaume fut une cause des malheurs qui affligèrent plus tard l'Eglise d'Angleterre. Les condescendances de Lanfranc furent souvent opposées à la résistance de saint Anselme ; les partisans du roi Henry prétendaient ne demander que la continuation des coutumes observées par Lanfranc. *Leges Lanfranci*, disait-on, voulant comme toujours pour justifier des prétentions exorbitantes, s'appuyer sur certaines faiblesses, que des circonstances particulières peuvent parfois imposer à des hommes illustres. C'est le malheur des hommes, comme Bossuet ou Lanfranc, qui veulent substituer les prévisions de leur prudence aux inspirations du saint Siége, de paraître couvrir de l'autorité de leurs noms les ennemis les plus irréconciliables de l'Eglise. C'est aussi le péril de la faveur des grands rois d'entraîner à des ménagements excessifs les prélats qui la possédent. On se laisse aller à croire à la réalité du pouvoir qu'on exerce et à l'utilité qu'il y a de le conserver.

Lanfranc néanmoins ne se faisait pas illusion sur l'écueil où il courait : il écrivait au pape Alexandre : « Priez Dieu d'accorder une longue vie au roi d'An- « gleterre et d'incliner toujours son cœur vers l'amour « et le respect de la sainte Eglise ; tant qu'il vivra « nous aurons comme une ombre de paix. A sa mort, « nous n'aurons plus à espérer ni paix ni aucune « espèce de bien (1). » Ce triste pressentiment était pour beaucoup dans le dégoût de la vie et le désir de la retraite que le primat exprimait si éloquemment ; ces angoisses étaient toujours toutes vives dans son âme : il en entretenait douloureusement ses amis : « J'éprouve, écrivait-il à l'archevêque de Rouen, « tant d'amertumes, et en considérant l'état actuel « des affaires de ce pays, je prévois tant de malheurs « que je n'ai ni le courage, ni le temps de les expri- « mer (2). » Il s'épanchait dans le cœur de saint Anselme ; et prévoyant le temps de la lutte, il entrevoyait la possibilité du martyre ; il demandait des conseils et des prières, et épuisant toutes les expressions de la tendresse : « à son seigneur, son père, « son frère et son ami Anselme, le pécheur Lan- « franc, écrivait-il. Votre Sainteté connaît parfaite-

(1) Lanfranci. Epist. 1.
(2) Lanfranci. Epist. 16.

« ment tout ce qui m'intéresse ; à mon départ je
« vous ai dit tout ce que j'avais à vous dire sur le triste
« état de mes affaires : priez pour moi et demandez
« des prières à nos amis ; que le Seigneur tout-puis-
« sant me fasse produire de meilleurs fruits ou que
« mon âme sorte de la prison de ce corps en con-
« fessant le saint nom de Dieu. Le pays où nous
« sommes est toujours accablé de tant de maux, il
« est souillé de tant de crimes et de hontes qu'il n'y
« a pour ainsi dire aucune manière d'hommes, qui
« pense à son âme ou qui désire même entendre la
« doctrine de salut et faire quelques pas vers
« Dieu (1). »

Dans cette indifférence et cette opiniâtreté de toute l'Angleterre, abrutie par les vices ou enivrée par la conquête, Guillaume était encore la seule espérance de l'Eglise, le seul appui du bien. Si faible que fût cette espérance, si dangereux que fût cet appui, on comprend que Lanfranc s'y soit attaché. Le Pape saint Grégoire, du reste, avait partagé les bons sentiments de Lanfranc pour le Conquérant, et, après lui avoir rappelé longuement les devoirs d'un prince chrétien, il ajoutait : « Nous insistons sur ces vérités auprès de
« vous parce que de tous les rois vous êtes celui qui
« les aimez le plus (2). »

---

(1) Lanf. Ep. 43.
(2) Ep. Lib. IX, p. 14.

Le caractère de Guillaume, malgré ses violences et ses emportements, avait assez de générosité et de grandeur pour que cette parole du Pape fût souvent vraie. M. Thierry, en suivant uniquement les « ré-« criminations saxonnes qui sont aussi loin de la vé-« rité que les traditions normandes (1), » a ôté à ce personnage tout ce qui peut justifier jusqu'à un certain point et faire comprendre l'affection et la faiblesse de Lanfranc.

Aux premiers jours de son entreprise, Guillaume avait montré des sentiments de modération. Sur le champ de bataille d'Hasting, il fit ou laissa volontiers enterrer les morts des deux armées. Il rendit à la mère d'Harold le corps de son fils, sans vouloir accepter l'énorme rançon qu'elle offrait. Cette générosité avait été remarquée par les historiens. « Le « roi Guillaume, disait un contemporain saxon, était « un homme très-sage et très-riche, plus respectable « et plus puissant qu'aucun autre de sa cohorte étran-« gère. Il était doux avec les bonnes gens qui aimaient « Dieu, et sévère au delà de toutes bornes à ceux qui « résistaient à sa volonté. Dans tous les lieux où Dieu « lui permit de vaincre l'Angleterre, il éleva un « noble monastère... Il était très-rude et très-fa-« rouche ; aussi personne n'osait entreprendre contre « sa volonté. Il renvoya des évêques de leurs évêchés,

---

(1) M. Leprevost. Ord. Vital. Tom. II, p. 117. Notes.

« des abbés de leurs abbayes ; il mit des comtes en
« prison ; il n'épargna même pas son propre frère
« Eudes, évêque de Bayeux ; il le mit en prison... Il
« ne faut pas oublier le bon ordre qu'il mit dans cette
« contrée : il était tel qu'on pouvait, sans craindre
« aucune entreprise, voyager à travers le pays avec
« une ceinture pleine d'or ; aucun homme n'eût osé
« attenter à la vie d'un autre... Cependant les hommes
« de son temps ont beaucoup souffert et de très-
« grandes oppressions ; il fit construire des châteaux
« pour renfermer et opprimer les pauvres gens. Il
« était vraiment dur. Il prit à ses sujets plusieurs
« marcs d'or et plusieurs centaines de livres d'ar-
« gent ; il les prit quelquefois de droit, mais le plus
« souvent de force et sans nécessité. Il était tombé
« dans l'avarice... Il établit plusieurs forêts de chasse
« royale, et il fit des lois portant que quiconque y
« tuerait un cerf ou une biche serait puni de la perte
« des yeux. Ce qu'il avait établi pour les biches, il le
« fit pour les sangliers ; il aimait les bêtes fauves
« comme s'il eût été leur père... Les gens riches se
« plaignaient, les pauvres gens murmuraient ; mais
« il était si dur qu'il n'avait souci de la haine d'au-
« cun. Il était nécessaire de suivre en tout la volonté
« du roi si on voulait vivre, si on voulait avoir des
« biens, des terres ou sa faveur. Hélas ! un homme
« peut-il être aussi bouffi d'orgueil, et se croire lui-
« même autant au-dessus des autres hommes ?

« Puisse le Dieu tout-puissant avoir merci de son âme et lui accorder le pardon de ses fautes (1). »

Un jour cependant, à une des trois grandes fêtes où cet homme, bouffi d'orgueil, tenait sa cour, entouré de la magnificence royale, un de ces flatteurs, dont les cours abondent, voyant le roi la couronne en tête, le sceptre à la main et tout ruisselant de pierreries, s'écria comme frappé d'étonnement à la vue de cette majesté :

— « C'est Dieu, c'est Dieu que je vois (2)! »

Lanfranc était auprès du monarque ; se retournant vers lui en entendant ces paroles :

— « Ne souffrez pas un tel excès, dit-il, c'est là le nom incommunicable. Châtiez immédiatement cet homme, et si sévèrement que jamais personne n'ose renouveler une pareille folie (3). »

Le roi ordonna de fouetter le flatteur impudent et blasphémateur.

Pour l'historien anglo-saxon, que nous venons de citer, ce qu'il raconte de la conduite du roi Guillaume, s'applique aussi bien aux Normands qu'aux Saxons. Le crime, aux yeux du roi, n'était pas dans la nationalité, mais dans la résistance à ses ordres :

---

(1) *Chron. sax.*
(2) « Ecce Deum video, ecce Deum video. » *Vita S. Lanf.*, p. 14.
(3) « Nolite talia pati imponi vobis, non sunt hæc hominis sed Dei : Jubite illum acriter verberari ne audeat unquam talia iterare. » *Vita S. Lanf.*, p. 15.

et l'exemple de l'évêque de Bayeux est pour prouver que les paroles de l'écrivain s'appliquent à l'élévation des condamnés et non à la justice de leur cause. Il a voulu montrer qu'il n'y avait pas de grandeur, qui pût échapper à la justice et à la sévérité de Guillaume. Le chroniqueur saxon ne pouvait, en effet, chercher à rappeler de la sentence qui avait frappé l'évêque de Bayeux.

Lorsque Guillaume était à son lit de mort, on le suppliait de mettre cet évêque en liberté. « Je m'é-
« tonne, répondait le roi, je m'étonne de votre de-
« mande, ne savez-vous pas que c'est un contem-
« pteur de la religion, un habile artisan de com-
« plots; il devait être un juste gouverneur de l'An-
« gleterre il n'y a été qu'un inique oppresseur des
« peuples, un destructeur des moines : vous faites
« mal de demander la liberté de ce séditieux; je le
« connais ambitieux et frivole, attaché aux désirs de
« la chair, plein de cruauté et de vanité; sans au-
« cun doute, s'il est une fois mis en liberté, il trou-
« blera encore le royaume et occasionnera de grands
« malheurs. Je ne dis pas cela par haine ni parce
« qu'il est mon ennemi; mais en père de la patrie,
« je prévois les dangers du peuple chrétien.... S'il
« se conduisait modestement et chastement, comme
« il convient à un prêtre et à un ministre de Dieu,
« mon cœur en ressentirait certainement la plus
« grande joie qu'il puisse encore éprouver, mais

« j'ai appris à le connaître. Ce n'est pas l'évêque,
« c'est le tyran, ajoutait-il, que je retiens en
« prison (1). »

Guillaume persévérait ainsi dans la distinction qu'il avait faite le jour de l'arrestation d'Eudes : les seigneurs, malgré tous les griefs qu'avait rappelés le roi et malgré ses ordres, n'avaient osé attenter à la personne de l'évêque qui s'était relevé fièrement en disant :

— « Je suis clerc et ministre de Dieu : il faut le jugement du Pape pour condamner un évêque.

— « Aussi bien n'est-ce pas le clerc ni l'évêque que je condamne, répartit le roi, c'est mon comte, celui que j'ai proposé à ma place en mon royaume, à qui je viens demander compte de sa gestion ! »

Et au milieu de la stupéfaction de tous, le roi avait lui-même porté la main sur le prélat et l'avait remis à ses hommes d'armes (2).

C'est à cet évêque de Bayeux, comte de Kent et alors tout-puissant, que Lanfranc n'avait pas craint de résister en face. Il avait réclamé énergiquement les droits de son église et vivement reproché à Eudes toutes les exactions qu'il avait commises contre les hommes de Cantorbéry. Le roi Guillaume, grand justicier, comme l'a remarqué notre chroniqueur saxon, avait reconnu et confirmé la liberté des

---

(1) Ord. Vital. Lib. VII, § 6.
(2) Ord. Vital. Lib. VII, § 6.

hommes de l'Eglise du Christ, après que Lanfranc l'eut établie sur des témoignages irrécusables (1). Ce triomphe de l'archevêque et cette justice du roi étaient célèbres et admirés; il y en a, dit l'historien de la vie de Lanfranc, il y en a qui vivent encore aujourd'hui, qui se rappellent et qui racontent tous les détails de ce procès : on montre l'endroit où le plaid eut lieu (2).

Cette justice de Guillaume, n'était pas uniquement tournée au profit des Normands. Au concile de Londres, où fut déposé Stigand, avant la nomination de Lanfranc à l'archevêché de Cantorbéry, tandis que les prélats d'Angleterre tremblaient en présence du Conquérant et craignaient de se voir dépossédés de leurs honneurs, le Saxon saint Vulstan, agissant avec la simplicité et la confiance d'un saint, ne craignit pas de prendre la parole ; et au milieu des clercs normands et des barons de la conquête, il réclama contre le roi lui-même les biens de son église. L'archevêque d'York, Eldred, l'avait en effet privée de plusieurs possessions, et elles étaient après sa mort, tombées dans le domaine du roi. Le roi ne s'irrita pas de cette réclamation; il remit la

---

(1) Malmes. *De Gestis pontif.* Lib. I, p. 214. *Vita Lanf.*, p. 10.

(2) « Adhuc plures supersunt qui et locum placiti et nomen loci norunt et modum finemque litis... referunt. » *Vita S. Lanf.*, p. 10.

cause à un temps, où l'église d'York ne serait plus privée de pasteur et pourrait défendre ses droits. Lors donc qu'un des chapelains de Guillaume, Thomas, chanoine de Bayeux, eut été élevé à l'archevêché d'Yorck (1), saint Vulstan renouvela ses réclamations; il les soutint par des raisons si pertinentes que l'église de Worcester fut rétablie dans ses biens et dans son ancienne liberté (2). Tout n'était pas livré au caprice et à la violence; et il y avait une justice pour les Saxons même contre les Normands.

Les moines du monastère de Péterborough, après la mort de leur abbé Liéfrick, tué à la bataille d'Hasting, avaient choisi pour lui succéder leur prieur Brand. Au lieu de demander au roi Guillaume la confirmation de son élection, Brand s'adressa au jeune Edgar Cliton, ce descendant d'Ethelred, que les ennemis de Guillaume avaient essayé de lui opposer. L'historien saxon qui raconte ce fait (3), assure, il est vrai, que tous les habitants de la contrée pensaient qu'Edgard avait succédé à Harold. « Le bruit en parvint aux oreilles de Guillaume, et sa colère fut au comble, » dit M. Thierry (4). L'historien saxon ajoute toutefois, et M. Thierry se garde bien de mentionner que des hommes de bien s'in-

(1) *Act. pontif.* Eborac., 1705.
(2) *Vita S. Vulstani.*
(3) Chron. sax. *Hist. de Fr.*, Tom. XIII, p. 48.
(4) *Hist. de la conq. d'Angl.* Tom. II, p. 26.

terposèrent entre le roi et le nouvel abbé ; comme celui-ci était d'ailleurs un homme de bien, le roi s'apaisa et se contenta de lui imposer une amende pécuniaire. Dans les habitudes des gouvernements, on a peine à trouver cette sévérité excessive.

Le même abbé Brand, bénit plus tard les armes du Saxon Hereward et lui conféra le titre de chevalier selon les rites anglo-saxons. « En se prêtant à faire pour un chef de rebelles la bénédiction des armes, dit encore M. Thierry, il donna un second exemple de courage patriotique et de mépris pour le pouvoir étranger. Sa perte était inévitable ; mais la mort l'enleva de ce monde avant que les soldats normands vinssent le saisir au nom du roi (1). » C'est ici une interprétation gratuite sans plus de fondement que le caractère fier et incapable de plier attribué à l'abbé Brand, « qui ne songeait en aucune manière à rentrer en grâce auprès du roi Guillaume. » L'historien saxon, que nous avons cité, était d'un avis différent, et il a enregistré les conditions d'accommodement où recourut cet abbé. Mais il convient à M. Thierry de trouver dans la race saxonne une opposition fière et incapable de plier.

En s'arrêtant à d'aussi minimes détails, on admire combien M. Thierry a été partout fidèle à son système et avec quel art il a su faire disparaître de ses

(1) Tom. II, p. 171.

histoires les moindres traits, qui pouvaient signaler en Guillaume quelques qualités de condescendance ou de justice. L'historien voulait avilir le vainqueur des Saxons ; on le connaît assez pour croire qu'il avait aussi le désir de rendre odieux l'allié de l'Eglise, et de faire paraître monstrueux les respects et la considération de Lanfranc pour le roi d'Angleterre.

Ce n'est pas chercher à pallier les torts et les cruautés de Guillaume de rappeler cette parole de la chronique saxonne : que Guillaume était le plus respectable de tous les Normands. Eadmer dit qu'il introduisit en Angleterre des coutumes nouvelles, qui semblent assez fâcheuses pour la discipline et l'indépendance ecclésiastiques (1). Néanmoins il restitua certaines libertés, dont l'Eglise était privée depuis longtemps et dont l'exercice contribua à assurer sa dignité et son indépendance. Avant la conquête, il n'y avait pas dans la Grande-Bretagne de tribunaux ecclésiastiques. Sur les dépositions des témoins, l'évêque citait les causes religieuses devant les tribunaux ordinaires : elles y étaient décidées, d'après la loi du pays, par les juges séculiers, au milieu desquels siégeait l'évêque en cette circonstance. Guillaume ne trouva pas bonne cette coutume ; elle était d'ailleurs contraire aux canons. Il décida qu'au-

---

(1) Eadmer. *Hist. nov.*, p. 29.

cun évêque ni archidiacre ne serait obligé désormais de tenir les plaids ecclésiastiques aux assemblées de justice : les causes qui intéressaient les âmes ne devant pas être soumises aux décisions des laïques, elles furent réservées aux évêques. Selon les canons ils purent citer les parties à comparaître en leur présence dans un lieu qu'ils désignaient à cet effet (1). M. Thierry ne se méprend pas sur les résultats de cette mesure. Elle accrut la puissance des évêques « d'une manière exorbitante, » dit-il; et il y voit la cause de la force qu'ils trouvèrent plus tard pour lutter contre les rois normands. Toutefois il assure que Guillaume, en restituant ce droit de justice, agit sciemment, par politique et non par dévotion; car ce droit, conféré aux gens d'église, devait tourner au profit de la conquête et de l'autorité royale, puisque, dit l'historien, tous les évêques lui étaient dévoués (2). N'est-il pas aussi raisonnable de penser que Guillaume rendit à l'Eglise cette liberté de se juger elle-même, parce qu'il était juste qu'il en fût ainsi? en soumettant « la puissance royale à l'obliga- « tion de faire exécuter les arrêts rendus par la « puissance ecclésiastique (3) », le Conquérant témoignait qu'il partageait l'opinion de Constantin sur

---

(1) *Exacta Willelmi conquestoris.* Joan. Selden in Eadm. Notæ.
(2) *H. de la conq. d'Angl.* Tom. II, p. 281-178.
(3) *H. de la conq. d'Angl.* T. II, p. 282.

les obligations de l'autorité temporelle vis-à-vis la spirituelle.

Les hommes ont ainsi leurs contradictions ; les effacer peut être une opération de logique ; ce n'est pas une œuvre d'histoire. Il faut accepter les choses telles qu'elles sont : il faut voir Guillaume-le-Conquérant refusant aux évêques d'Angleterre la liberté de leurs relations avec Rome, et leur conférant « le pouvoir exorbitant » de se juger eux-mêmes et de contraindre l'autorité royale à faire exécuter leurs jugements. Il faut reconnaître, avec le chroniqueur saxon, qu'il ne s'arrêta pas devant la majesté épiscopale, qu'il mit des prélats en prison, qu'il en chassa de leurs siéges ; mais il faut le voir en même temps respectueux pour Lanfranc et pour saint Anselme, réprimant et contenant à leur approche ses accès de fureur, se montrant enfin toujours doux et empressé auprès de ces hommes brillants des sciences divines et humaines (1).

Cette sensibilité et ce respect de Guillaume pour la vertu sont des traits de caractère, que M. Thierry se garde de mettre en relief.

Les philosophes ne connaissent rien du cœur de l'homme ni du travail de Dieu à travers les passions. Ils ne conçoivent pas la foi subsistant au milieu de l'emportement des frénésies humaines ; ils ne peu-

(1) Eadm. *Hist. nov.*, p. 33.

vent pas comprendre ces retours d'une âme débordée, entraînée à chaque instant dans le mal, et cependant fidèle par la volonté au dessein de ne point se séparer de Dieu et d'observer sa loi. Aussi ne croient-ils pas aux hommages rendus à la sainteté par les pécheurs. Cela leur paraît illogique et peu rationnel. Les hommes, qui ont essayé de modérer leur vie selon la loi divine, s'expliquent mieux les choses. Les mouvements de leur cœur leur donnent des lumières que les philosophes n'ont pas; les passions peuvent être bruyantes et forcenées, pour ainsi dire, comme aux temps de barbarie, ou raffinées et contenues comme aux époques de civilisation, l'histoire est néanmoins toujours la même. Cette histoire est celle des hommes aussi bien que des peuples. On en trouve les faits épars dans les livres. La pratique des préceptes chrétiens en donne seule l'explication et en fait voir l'ensemble.

Lorsque le bienheureux Herluin, dont nous parlions tout à l'heure, sans conseil et sans guide, s'agitait dans les inquiétudes et les angoisses de son esprit, cherchant les moyens de mener une vie mortifiée et chrétienne, il visitait les divers monastères de son pays; mais au milieu de la grossièreté et de la licence des mœurs, il ne trouvait le plus souvent que des exemples de scandales. Il ne se rebutait pas et persévérait dans ses recherches et ses visites. Un jour de Noël, il alla à un monastère de grand renom que l'historien se garde de désigner autrement. Les richesses y étaient abondantes et les moines nombreux. Mais pendant la procession, sans aucun souci de la dignité des offices, ces moines saluaient les laïques et riaient indécemment avec eux ; ils se pavanaient sous les beaux ornements de fête dont ils étaient revêtus, et les faisaient admirer : ils se poussaient, voulant se précéder les uns les autres, et un d'entre eux donna même à un de ses compagnons un si furieux coup de poing qu'il le fit tomber. L'historien, qui avait été disciple de saint Anselme, a raison d'ajouter que les mœurs de la Normandie étaient alors fort barbares (1). De pareils traits étaient pour décourager Herluin et lui faire désespérer de trouver jamais les conseils et les exemples dont il avait besoin. La nuit donc, après l'office de matines, il resta dans l'église, offrant à Dieu ses faiblesses et comme noyé dans l'amertume de son cœur ; il vit un moine venir se mettre en prières devant l'autel : tantôt prosterné et tantôt à genoux, ce bon moine persévéra jusqu'au jour dans les larmes et la méditation. Cette vue réjouit et raffermit le cœur d'Herluin. Elle l'encouragea à persévérer dans son dessein en lui prouvant que, malgré les désordres et la grossièreté dont il se scandalisait, d'ardentes et constantes prières s'élevaient encore vers Dieu. Ce moine

---

(1) *Vita S. Herluini.*

passant la nuit en prières au milieu d'une maison si peu réglée, peut aussi paraître comme un représentant fidèle de l'époque à laquelle il appartenait. J'imagine même que le moine et le couvent sont une image exacte de ce que renfermaient tous les cœurs de ce temps. Au milieu des passions, des convoitises et des brutalités de toutes sortes, il y avait toujours dans un des replis de l'âme, comme le moine en prières, quelque pensée tournée vers Dieu, et dans certaines occasions quelque cri élevé vers sa Providence. C'est ce sentiment que Guillaume sentait se remuer et se réveiller au-dedans de lui-même à l'approche du bienheureux Lanfranc et de saint Anselme.

§ VII. De la conduite de Guillaume et de Lanfranc à l'égard des moines et prélats saxons.

Le respect que le Conquérant témoignait à l'Eglise dans la personne de ces deux docteurs, il le lui témoignait encore quand elle était représentée par des Anglo-Saxons. Malgré la haine et le mépris que M. Thierry assure que Guillaume avait pour cette nation, l'histoire le montre, en effet, aux genoux de l'archevêque d'Yorck, le Saxon Eldred ; il y implorait humblement son pardon, se justifiant des violences commises contre l'Eglise d'Yorck et promettant de faire justice des Normands, auteurs de ces désordres. M. Thierry, avec son talent habituel, a rapporté cette anecdote d'une façon vive et dramatique (1) : mais il en a retranché la conclusion, ou plutôt il y a contredit formellement le seul historien qui en ait parlé (2). Après avoir raconté les violences commises contre l'Eglise d'Yorck et les plaintes et les malédictions portées à ce sujet contre le roi par l'archevêque, l'historien moderne ajoute : « Le roi « normand écouta sans aucun trouble l'impuissante « malédiction du vieux prêtre : il modéra même l'in- « dignation de ses flatteurs qui, frémissant de colère « et tirant à demi leurs épées, demandaient à le ven- « ger de l'insolence du Saxon (3). » Thomas Stubbs, de son côté, rapporte les termes de la malédiction, et il continue : « A ces paroles, le roi épouvanté tomba « aux pieds de l'archevêque, le suppliant de le re- « lever de cette sentence portée contre lui. Les « courtisans s'emportaient contre Eldred, le mena- « çaient et voulaient l'effrayer ; ils disaient qu'il fallait « le chasser du royaume et l'envoyer en exil : ils s'in- « dignaient de ce qu'il ne s'empressait pas de relever le « roi prosterné à ses pieds ; l'archevêque impassible « leur disait : — « Laissez, laissez-le s'humilier ; ce « n'est pas devant Eldred qu'il s'incline, c'est devant

---

(1) *Hist. de la conq. d'Angl.*, Tom. II, p. 71. — 12ᵉ édition. Tom. II, p. 64.
(2) Th. Stubbs. *Act. pont. Ebor.*, p. 1704.
(3) *Hist. de la conq. d'Angl.* Tom. II, p. 71.

« l'apôtre Pierre, au vicaire duquel il n'a pas craint
« d'attenter. » Ayant cependant relevé le roi, Eldred
« lui expliqua la cause de son voyage, lui exposa
« toute l'affaire et ses griefs contre les envahisseurs
« de ses biens. Le roi écouta ces détails avec dou-
« leur ; il justifia de son ignorance et demanda au
« prélat de convertir en bénédiction la malédiction
« fulminée contre lui. Il le combla ensuite de
« présents, ordonna au comte d'Yorck de faire
« restituer intégralement tout ce qui avait été enlevé
« au prélat, et fit mettre à sa disposition, pour être
« châtié à son gré, le vicomte auteur des violences
« dont l'Eglise avait eu à se plaindre. Désormais,
« ajoute Th. Stubbs, aucun grand n'osa s'attaquer
« à l'archevêque, ni à aucun des siens (1). »

Th. Stubbs est un écrivain du xvi⁰ siècle. On peut supposer qu'il a travaillé sur des traditions inexactes ; comme il était l'historien des archevêques d'Yorck, on peut même croire qu'il a quelque peu accommodé les choses à l'avantage de ses héros. La critique contemporaine prétend savoir démêler la vérité du milieu des altérations que le temps ou la passion lui peuvent faire subir. Toutefois les procédés de cette alchimie ne

---

(1) *Acta pontificum Eborac.*, p. 1704. M. Aug. Thierry a ajouté la plupart de ces détails dans sa nouvelle édition, tout en les accommodant un peu à la doctrine philosophique et en traitant Guillaume d'esprit « accessible aux terreurs soudaines d'une forte impression religieuse. » T. II, p. 65.

doivent pas être de pure fantaisie, et il y faut quelque règle. On ne peut, dans le récit d'un même historien, faire deux parts, dont l'une sera véridique jusque dans les plus petits détails, et dont l'autre, falsifiée et mensongère dans son essence même, devra être rejetée et absolument contredite.

M. Thierry a agi de la sorte à l'occasion de ces démêlés de l'archevêque d'Yorck avec Guillaume-le-Conquérant. S'il y a des raisons, que nous n'examinons pas, de croire le récit de Th. Stubbs, orné et surchargé de détails destinés à frapper l'imagination, et si l'on croit possible de dépouiller ce qu'on peut appeler le tissu même des faits de toutes les broderies dramatiques qui le relèvent, il faut reconnaître en simplicité que l'archevêque d'Yorck, lésé dans ses droits, réclama et obtint justice de Guillaume. L'historien moderne n'a aucun prétexte de conclure, contrairement à l'écrivain du xve siècle, que les plaintes de l'archevêque furent inutiles. Le seul amour de la vérité n'a pas conduit M. Thierry à cette conclusion, et les raisons qu'il a eues d'y parvenir montrent leur influence dans tous les cas analogues.

L'archevêque Lanfranc, de concert avec le roi Guillaume, voulait déposer de son siége saint Vulstan. Au concile de Westminster (1076), le primat, trompé par la simplicité des mœurs du saint, et prenant sa modestie pour de la grossièreté et de l'ignorance, lui redemanda le bâton pastoral. Saint Vulstan était de mœurs douces : il repoussait l'usage des fourrures de prix et se contentait à la mode saxonne de peaux d'agneau, disant que dans leur simplicité elles convenaient bien aux évêques, qui sont ministres de l'Agneau de Dieu. Mais devant la prétention de Lanfranc, le saint se releva avec une singulière énergie. Il marcha vers le tombeau de saint Édouard, qui se trouve dans l'église de Westminster, et s'adressant au mort :

— « Édouard, dit-il, c'est toi qui m'as remis ce bâton, c'est à toi que je le confie. »

Il frappa en même temps de sa crosse la dalle du tombeau, et le bâton s'y enfonça comme dans une terre molle ; l'évêque se retourna vers Guillaume :

— « Un meilleur que toi m'a remis ce bâton, je le lui restitue : prends-le, si tu peux. »

Il est inutile de dire que M. Thierry rejette sur l'imagination populaire le miracle de la crosse de saint Vulstan. L'historien pense que « l'air et le geste
« inattendu de l'évêque produisirent sur l'assemblée
« une grande impression de surprise mêlée d'un
« effroi superstitieux : le roi et le primat, ajoute-t-il,
« ne réitérèrent point leur demande (1). »

Un geste, une attitude, un effroi superstitieux suf-

---

(1) Tom. II, p. 216. Nouv. édit. T. II, p. 183. M. Thierry n'a nullement modifié son récit ni les explications qu'il avait imaginées des faits.

fisent ainsi aux esprits philosophiques pour expliquer les déterminations les plus contradictoires, et les décisions politiques les plus importantes. Des changements aussi subits ne seraient-ils pas aussi merveilleux que les miracles, auxquels on refuse de croire? Sans vouloir forcer personne à admettre la réalité du miracle, que les anciens historiens attribuent en cette circonstance au saint évêque de Worcester, nous y voyons un motif du changement de Guillaume beaucoup plus raisonnable que le geste et l'air dont se satisfait M. Thierry, tout en se taisant d'ailleurs sur les soumissions que le roi et l'archevêque firent à saint Vulstan, lorsqu'ils eurent de la sorte reconnu sa sainteté : ils s'agenouillèrent devant lui, lui demandant sa bénédiction et l'assurant qu'ils ne voulaient en rien attenter à ses droits.

Ce silence de l'historien, toutes les fois qu'il s'agit des soumissions de Guillaume envers l'Eglise, contribue à établir indirectement et à confirmer ce qui a été dit : « que la mission de Lanfranc, en Angleterre, « sa mission spéciale et avouée, fut de faire servir la « religion à l'asservissement du peuple anglais (1). » La responsabilité de cette mission remonte à l'Eglise romaine : en montrant le roi sans raison et sans scrupule dans ses actes, en passant sous silence les retours à la justice et à l'humilité, que les historiens

___
(1) T. II, p. 136. — Voir plus haut, p. 284 de ce volume.

racontent de cet homme bouffi d'orgueil, on attaque subtilement et avec force cette sainte Eglise. C'est un point, à ce qu'il paraît, où les philosophes trouvent une certaine délectation dont ils sont avides. On outrage encore l'Eglise romaine en faisant voir son représentant en Angleterre, le primat de Cantorbéry, soumis à tous les caprices de la royauté, sans souci du juste ni de l'injuste comme un simple et docile instrument de tyrannie aux mains de Guillaume. Nous n'avons pas dissimulé les reproches que saint Grégoire VII adressait à Lanfranc : mais les faits que M. Thierry lui attribue ont une autre portée. Un peu d'indépendance à l'égard du Saint-Siége ne déplaît pas d'ailleurs à notre auteur : si Lanfranc en eût marqué davantage, il n'eût sans doute pas été en butte à cette savante et astucieuse diatribe.

Après ses premières victoires, Guillaume remplaça en Angleterre un certain nombre de prélats condamnés et destitués par les conciles. Sans aucun doute, la politique n'était pas étrangère à la part que prit le Conquérant à ces décisions, mais elles étaient d'ailleurs suffisamment motivées par le déplorable état de l'Eglise d'Angleterre. M. Thierry, qui approuve et trouve légitime l'expulsion violente de Robert de Jumiéges chassé de l'archevêché de Cantorbéry par Stigand et la famille d'Harold, n'admet pas que le souci de la discipline ecclésiastique, le bien des âmes et le soin des bonnes mœurs aient pu être la cause de la destitution d'aucun évêque saxon. Les évêques dégradés sont tous à ses yeux des saints et des héros au même titre que Stigand : leurs successeurs, choisis par l'influence normande, sont comme Lanfranc des hommes ambitieux et cruels. L'unique raison de la dégradation des uns est leur origine saxonne ; la seule cause de l'exaltation des autres est une avidité sans bornes et une soumission servile aux caprices du tyran. Le bon sens se refuse à admettre que Guillaume ait cherché à compromettre la durée de ses succès par des choix à plaisir scandaleux et odieux. Dans le tumulte qui suivit la conquête, au milieu des ambitions allumées et des luttes de la résistance, il ne faudrait pas s'étonner si plus d'un prélat indigne eût été préconisé ; bien que dans les discours qu'Orderic Vital met dans la bouche de Guillaume mourant, aucun mot n'ait trait à ce point, on peut croire qu'il était pour quelque chose dans les angoisses et les désespoirs de Lanfranc, ne voyant pas même l'apparence du bien dans le présent et ne prévoyant que des désastres pour l'avenir ? Toutefois, il ne faut pas oublier que, dans les douleurs du primat, Guillaume était son espérance. Si faible que fût cette espérance, elle était réelle.

L'histoire nous montre, en effet, dans le Conquérant, un certain souci du salut des âmes, que la politique suffisait d'ailleurs à lui conseiller. Nous avons parlé de son respect pour l'Eglise : ses passions pouvaient bien l'engager à l'enfreindre souvent : le ressort subsistait toujours dans le fond de l'âme et il influait sur les choix pour les prélatures du royaume. La désignation de Lanfranc avait été un gage donné à toute l'Eglise. On sait comment M. Thierry a su l'interpréter ; il s'est aussi gardé de parler des ménagements que Guillaume a pris en maintes circonstances, vis-à-vis des esprits qui lui étaient le plus hostiles.

Parmi les hommes qui lui étaient dévoués, il choisissait ceux dont le gouvernement pouvait éveiller quelques sympathies dans les âmes qui leur étaient confiées. Quand le monastère de Croyland fut devenu l'asile de l'hostilité saxonne, Guillaume fit déposer l'abbé Wulfketel, dont les menées l'inquiétaient, et il élut pour lui succéder un homme docte et pieux, de sang saxon, l'historien Ingulf, que nous avons cité si souvent. Ingulf s'était attaché à Guillaume lors du premier voyage du duc en Angleterre (1051) : il l'avait suivi sur le continent, poussé, dit-il, par le désir d'apprendre et surtout d'acquérir des honneurs et des richesses. Apprécié à la cour de Normandie et élevé à un poste important, notre historien ne voyait pas encore son ambition satisfaite ; et oublieux de la bassesse de son origine, il prétendait pousser sa carrière plus avant. Un jour, il entendit parler du voyage qu'allaient entreprendre en Terre-Sainte certains évêques de l'Empire et plusieurs grands de leur contrée. Par esprit de dévotion et par goût d'aventures, de jeunes chevaliers et de jeunes clercs de la cour du duc se résolurent d'être du pèlerinage. Au dire d'Ingulf, il était lui-même le plus considérable d'entre ces clercs. Avec la permission de Guillaume, trente cavaliers partirent ainsi de Normandie pour se joindre aux Allemands. Ils se réunirent à l'évêque de Mayence Siegfrid ; et toute la troupe, composée de sept mille pèlerins, se mit en marche (1064). C'était un prélude des croisades. Ingulf raconte toutes les vicissitudes du voyage. Les pèlerins traversèrent un nombre infini de contrées ; arrivés à Constantinople, ils saluèrent l'empereur Alexis, visitèrent Sainte-Sophie et vénérèrent un grand nombre de reliques. Attaqués ensuite et volés par les Arabes, ils n'arrivèrent qu'au péril de leur vie à Jérusalem. Accueillis avec honneur par le vénérable patriarche Sophronius, ils furent conduits à l'église du Saint-Sépulcre. Ils y prièrent, y pleurèrent et y soupirèrent. Dieu, qui voit le fond des cœurs, sait quelles larmes, quelles prières, quels soupirs ! Ils visitèrent, toujours les larmes aux yeux et les prières sur les lèvres, beaucoup d'églises que le sultan Hakem avait détruites. Ils auraient voulu toucher aux rives du Jourdain et baiser toutes les traces du Sauveur ; mais des bandits arabes infestaient les routes et ne laissaient sortir personne de la ville. Les pèlerins y répandirent d'abondantes aumônes pour la réparation des églises, et s'accordant avec des marchands gênois qui étaient venus pour négocier et adorer aussi le Saint-Sépulcre, ils s'en revinrent par mer. Ils y souffrirent toutes sortes de maux et de tempêtes. Abordés en Italie, ils allèrent vénérer le tombeau des apôtres; puis enfin, se séparant, les archevêques et les princes allemands inclinèrent vers la droite pour rentrer dans leur pays, les autres tournèrent vers la gauche pour s'en revenir en France. Des sept mille qui étaient partis, quatre mille à peine étaient de retour ; les autres avaient succombé aux fatigues et aux catastrophes du voyage. Les trente cavaliers normands, riches et splendides au départ, étaient transformés en vingt pauvres piétons amaigris et affaiblis. Lorsque ses divers compagnons furent rentrés chez eux, Ingulf, résolu de ne plus se mêler aux vanités du monde, désireux de conserver dans toute sa netteté sa maison intérieure désormais purifiée, et craignant que les sept esprits méchants ne la missent dans un état pire que n'avait été le premier, Ingulf se retira au monastère de Saint-Wandrille, où il prit l'habit monastique. Il s'appliqua à faire pénitence des péchés et des folies de sa jeunesse. Il était prieur du monastère, pendant que Guillaume attendait à Saint-Valery les vents favorables. Ingulf reçut de son abbé l'ordre de conduire au camp douze jeunes cavaliers bien équipés et pourvus de 100 marcs d'argent pour subvenir à leurs dépenses. C'était le service que l'abbaye de Saint-Wandrille rendait à son suzerain pour l'aider à soutenir sa querelle. Guillaume, en reconnaissance de ce concours, fit plusieurs donations à l'abbaye ; il conserva aussi le souvenir du prieur, et l'appela plus tard au gouvernement de l'abbaye de Croyland, dont les moines étaient devenus comme les agents d'un esprit de résistance au Conquérant.

Guillaume avait eu la condescendance de leur permettre d'enterrer dans leur église le saxon Walthéof, dont plusieurs courtisans normands avaient envié la puissance et les richesses et dont ils avaient machiné et obtenu la mort. Cette mort injuste et les vertus de Walthéof, confirmées par un grand nombre de miracles, le faisaient vénérer comme un saint. C'était justement le bruit que l'abbé de Croyland, Wulfketel, faisait des miracles obtenus à ce tombeau, et le parti, qu'il prétendait en tirer pour animer l'esprit d'hostilité contre le roi, qui avaient engagé Guillaume à demander au concile de Londres la déposition de cet abbé.

Ingulf trouva à Croyland soixante-deux moines y demeurant habituellement. Cent vingt-trois autres habitaient d'autres monastères : mais étant profès de Croyland, ils y avaient leur stalle au chœur, leur place au réfectoire et au dortoir; ils y venaient faire à leur gré, de temps à autre, des séjours de six mois ou d'un an. En temps de guerre, tous ces moines arrivaient à Croyland de toutes parts, comme des abeilles à leur ruche ; car la situation du monastère, au milieu des bois et des marécages, en faisait un asile assuré. Pour subvenir aux besoins de tous ces religieux, les biens de cette église devaient être considérables, et Ingulf eut à les défendre contre diverses prétentions. Ces prétentions témoignent que, dans le tumulte de la conquête, les Normands ne furent pas les seuls spoliateurs du bien des églises et des pauvres : quelques-uns d'entre les Saxons profitaient habilement des circonstances et savaient s'attribuer une part de butin. Le bailli de Croyland refusait de donner à l'abbé aucun renseignement sur les biens des moines; il essayait même de s'emparer de quelques-unes des terres dont la défense lui était confiée. Ingulf se trouvait fort embarrassé à soutenir les droits de son église : il eut recours à Lanfranc et le pria de solliciter l'élargissement de l'abbé Wulfketel, enfermé à Glastombury depuis sa déposition. Le primat s'y employa, et le vieil abbé put bientôt retourner à Croyland. Ingulf l'y reçut avec les égards et les honneurs dus à un supérieur. Il lui céda la place au chœur, et lui laissa tout le gouvernement du monastère, honorant Wulfketel comme son père, et ne se regardant plus lui-même que comme le paranymphe et le pourvoyeur de l'abbaye. Wulfketel, de son côté, pendant les dix années qu'il vécut, témoigna à Ingulf la plus grande affection (1).

Est-ce une illusion de ne pas voir dans les relations de Guillaume avec l'abbé Wulfketel et les moines de Croyland, telles qu'elles ressortent du récit d'Ingulf, une preuve des rigueurs excessives et violentes, dont parle M. Thierry en toutes circonstances? L'abbé Brand (2) nous a déjà été un témoignage de la longanimité du Conquérant. La vérité historique n'eût-elle pas exigé que ces faits fussent accusés dans l'*Histoire de la conquête*, quoiqu'ils eussent dû en rompre un peu l'unité? C'est pour conserver cette unité, à quoi M. Thierry tient par-dessus toutes choses, qu'il reporte à Lanfranc la responsabilité de tous les maux de l'église d'Angleterre. Le Pape avait dit au primat, en lui remettant le pallium, qu'il s'en rapportait entièrement à lui, et que tout ce qu'il ferait serait bien fait. M. Thierry, en insistant sur cette autorité dont était revêtu Lanfranc, fait à dessein confusion des dates et des circonstances. Il serait superflu de distinguer ici entre ce que le primat a désiré et ce qu'il a souffert. Mais à la manière dont il groupe les faits, M. Thierry parvient à donner à Lanfranc une part dans des actes, qui eurent lieu avant son arrivée en Angleterre ou après la ruine de son crédit à la cour. Tout cela, comme toujours, est agencé avec infini-

(1) Ingulf. Croyl. pas.
(2) Voir plus haut, pp. 319 et 320 de ce volume.

ment de grâce et d'esprit; l'art, que nous avons vu que M. Thierry sait mettre à supprimer la moitié de certaines anecdotes, se retrouve aussi délié et aussi subtil dans des circonstances opposées, quand il s'agit de donner de l'extension à une parole ou à un fait.

L'*Histoire de la conquête* nous apprend que les évêques dégradés, dont nous avons déjà parlé, étaient conduits dans une forteresse ou dans un monastère qui devaient leur servir de prison. « Ceux qui avaient « été autrefois moines, on les recloîtrait de force « dans leurs anciens couvents, et *l'on publiait offi-* « *ciellement* que dégoûtés du monde et du bruit, il « leur avait plu d'aller revoir les anciens compa- « gnons de leur jeunesse (1). » L'historien prouve ce fait avec la phrase suivante d'une lettre de Lanfranc qu'il cite : *Dehinc ad monasterium, ubi nutritus fuerat ab infantia, repedavit.* Ainsi, selon l'historien, l'archevêque de Cantorbéry aurait été chargé *officiellement* de colorer d'un prétexte honnête les attentats de Guillaume. La lettre de Lanfranc cité par M. Thierry, est adressée au Pape Alexandre. Il y est question d'un évêque de Litchfield (2) qui avait pu-

---

(1) Tom. II, p. 133. — Nouv. édit. T. II, p. 118.
(2) Dom Luc d'Achery n'a pu reconnaitre celui des évêques de Litchfield auquel doit s'appliquer la lettre de Lanfranc. Les historiens se taisent d'ailleurs sur les faits qu'elle contient. Leur silence et le doute de dom d'Achery n'infirment pas la vérité des assertions de Lanfranc.

bliquement femme et enfants. Cité par les légats du Pape, à cause de son incontinence et d'autres désordres qu'on lui reprochait, il avait refusé de se rendre au concile. Il y avait été excommunié, et le roi avait été invité à lui donner un successeur. Mais aux fêtes de Pâques suivantes, cet évêque se rendit à la cour du roi et, en présence des prélats et des laïques, sans vouloir entrer dans la discussion des faits qui lui étaient reprochés, il se démit de son évêché; de son plein gré, il s'engagea par serment à n'y plus prétendre désormais et à ne point inquiéter son successeur; ensuite il se retira, comme dit Lanfranc, au monastère où il avait été élevé. « Je suis tellement
« novice en Angleterre, ajoutait le primat, et si peu
« au courant des affaires de ce pays que je n'ai pas
« encore osé consacrer ni permettre de consacrer un
« nouvel évêque dans cette occasion. J'attendrai
« votre ordre qui me dictera ce qu'il convient de
« faire dans une circonstance aussi délicate. Je prie
« seulement Votre Paternité de ne point différer
« à me la transmettre, car il y a longtemps que cette
« malheureuse église est dépourvue de pasteur (1). »

Il ne faut plus s'extasier sur le talent de M. Thierry à interpréter.

Il sait encore, en réunissant quelques faits, leur donner une certaine couleur. Après avoir raconté

---

(1) Lanfranc, epist. II, p. 301.

l'élection de Lanfranc au siége de Cantorbéry et l'issue des prétentions de l'archevêque d'Yorck, l'historien ajoute : « Toutes les églises tombèrent sous « son joug ; il y mit des Normands, des Français, « des Lorrains (1). » Il énumère ensuite les méfaits de tous ces évêques qu'il représente comme élus par Lanfranc : il cite « Robert de Limoges, évêque « de Litchfield, qui pilla le monastère de Coventry : « il prit les chevaux et les meubles des religieux qui « l'habitaient, ouvrit par effraction leurs cassettes et « finit par faire abattre leur maison pour bâtir avec « les matériaux un palais épiscopal (2). » A en croire M. Thierry et à considérer la place qu'il donne à ce récit, on penserait que Robert avait été désigné par Lanfranc au choix du roi ; on penserait même que toutes les violences que l'historien énumère se firent sinon avec le concours, du moins avec le consentement de l'archevêque, « qui exerçait tous les « droits et tenait toutes les églises sous son joug. » Or, ce Robert — que M. Thierry appelle de Limoges et que l'*Anglia sacra* nomme de Limsy, qui était évêque de Chester et non pas de Litchfield (3) — fut

(1) *Hist. de la conq.* Tom. II, p. 140. Nouvelle édition, Tom. II, p. 124.
(2) *Hist. de la conq. d'Angl.*, t. II, p. 141. Nouvelle édit., T. II, p. 125.
(3) Lanfranc, p. 315, épist. XXIX. Robert de Limsy transféra son siége épiscopal de Chester à Coventry. Son prédécesseur Pierre l'avait transféré de Litchfield à Chester.

sacré seulement évêque en 1088, après la mort de Guillaume le Conquérant, à une époque où Lanfranc, sans crédit désormais à la cour, voyait réalisées les craintes dont il avait naguère entretenu le pape Alexandre et ses amis. Ce qu'il y a de curieux dans ce procédé de M. Thierry, c'est qu'il puise le détail des violences, dont il fait remonter la responsabilité à Lanfranc, dans une lettre que Lanfranc écrivait pour les réprimer. L'archevêque, employant en effet, toute son autorité pour arrêter les méfaits de Robert, lui écrivait : « Il y a peu de jours que je
« vous ai adressé une lettre que vous avez à peine
« daigné recevoir : à ce qu'on m'apprend vous l'avez
« rejetée avec colère et sans l'avoir lue. Je vous en
« écris donc une seconde, vous mandant et vous or-
« donnant, tant en mon nom qu'en celui du roi,
« d'avoir à vous abstenir désormais de toutes vio-
« lences contre le monastère de Coventry. Il faut
« aussi sans délai restituer tout ce que vous avez
« enlevé du monastère et de ses biens. L'abbé et ses
« moines se sont plaints à moi que vous vous étiez
« introduit de force dans leur dortoir : vous avez
« brisé leurs coffres, vous avez pris leurs chevaux
« et leurs biens. Vous avez même abattu leurs mai-
« sons et vous en avez fait porter les matériaux dans
« vos métairies. Vous êtes resté avec toute votre
« suite huit jours dans l'intérieur du monastère,
« consommant les biens des moines. Tout cela n'est

« point de votre charge ni de votre puissance : il
« vaudrait beaucoup mieux vous occuper des âmes
« avec un soin pastoral, et vous appliquer à donner
« dans vos discours et dans vos actions les salu-
« taires exemples des bonnes mœurs et des saintes
« œuvres (1). »

Ce Robert de Chester fut plus tard un des évêques qui prêtèrent au roi Henry leur concours contre saint Anselme. On voit comme nous avions raison de dire que M. Thierry sait réunir les faits ; il sait aussi les diviser, afin de les multiplier. Orderic Vital raconte que les laïques disposaient à leur gré des évêchés, des abbayes et des autres charges ecclésiastiques (2); M. Thierry, qui voit les évêchés employés de la sorte à payer les dettes de la conquête, nomme « un certain Remy, natif de Fécamp, qui

---

(1) Lanfr., epistol. XXIX. Roberto Cestrensi episcopo.
(2) « *Dabantur a laïcis, pro famulatu episcopatus et abbatiæ, ecclesiarum præpositurœ, archidiaconatus et decaniœ* » (Order. Vital). M. Thierry (p. 141) supprime la préposition *a* et suppose que les églises étaient données aux laïques. Sans le nommer toutefois, l'historien rend encore complice et agent de ces désordres Lanfranc qui réunissait tous les pouvoirs et avait toutes les églises sous son joug (p. 142). Dans ce tableau de l'état de l'Église d'Angleterre, notre historien s'appuie de l'autorité du cinquième livre de Guil. de Malmesbury, *De gestis pontificum*. Ce cinquième livre est sans doute un frère du fameux chapitre d'Aristote sur *les chapeaux*. Le *De gestis pontificum* n'a que quatre livres, dans les éditions venues à notre connaissance.

« reçut l'évêché de Dorchester, et ensuite celui de
« Lincoln, pour solde d'un navire (1) ». M. Thierry
sait fort bien que l'épithète de *Fiscannensis* ne signifie pas natif de Fécamp, et il n'ignore pas que
Remy était moine et non pas natif du monastère qu'il
nomme. Comme Ingulf, Remy fut chargé par son
abbé de conduire au duc de Normandie le service
que l'abbaye rendait à son suzerain pour l'expédition
d'Angleterre. La plupart des historiens s'accordent
à dire qu'en récompense Guillaume avait promis un
évêché à Remy : aussi le pape Alexandre arguait-il
cette élection de simonie, et refusait de la reconnaître : il fallut l'entremise de Lanfranc pour faire
cesser la répugnance du souverain pontife.

Remy était cependant de bonnes mœurs ; il avait
des lumières et de la piété. Gérard le Cambrien le
qualifie de bienheureux. Il assure que sa manière de
vivre à l'armée avait édifié tous ceux qui en furent
témoins : il exalte ses travaux apostoliques et toutes
ses vertus dans la conduite de son diocèse. Ce diocèse était celui de *Dorecestria*. M. Thierry, en traduisant par Dorchester, aurait peut-être dû prévenir
son lecteur qu'il n'était pas question de la capitale
du comté de Dorset. *Dorecestria* était au pays d'Ox-

---

(1) *Hist. de la conq. d'Angl.* Tom. II, p. 140. Dans la nouvelle édition M. Thierry reconnaît, p. 124 que Remy avait
été moine de Fécamp. Il a bien voulu supprimer la duplica-
tion de l'évêché.

ford (1) ; Remy en transféra le siége épiscopal à Lincoln. Cependant ceux qui lisent, dans les histoires de M. Thierry, que Remy reçut l'évêché de Dorchester et ensuite celui de Lincoln, ne pourraient pas soupçonner qu'il est question d'un seul évêché ; et il faut avouer que M. Thierry, contre son gré sans doute, ne s'est pas exprimé dans cette circonstance avec sa clarté accoutumée.

Ce n'est pas la clarté qui fait défaut à l'écrivain, c'est la vérité que l'historien dénie lorsqu'il ajoute que « Remy et les autres prélats venus d'outre-mer « expulsaient partout les moines qui, selon une « coutume particulière à l'Angleterre, vivaient sur « les domaines des églises épiscopales (2). » Ces moines, au dire de Guillaume de Malmesbury, vivaient comme les hommes du siècle. La chasse, l'équitation, la chair délicate, l'ivrognerie et les scandales entraient dans leur manière de vie habituelle, et le grand nombre de leurs serviteurs les faisaient ressembler à des comtes plutôt qu'à des religieux (3). Les évêques avaient à réformer cet état de choses ; plusieurs d'entre eux pensèrent que

---

(1) « Dorecestria est villa in pago Oxenfordensi. » Malm. *De gest. pontif.*, lib. II. C'est aujourd'hui un petit bourg à quatorze milles d'Oxford.

(2) Tom. II, p. 141. Tous ces détails sont reproduits dans la nouvelle édition. Tom. II, p. 125.

(3) *De Gestis pontific.* Lib. primus.

la meilleure réforme et la plus simple était l'expulsion de ces moines scandaleux et leur remplacement par des chanoines. L'instigateur de cette mesure était Vauquelin, évêque de Winchester : c'était un bon évêque, disent les historiens ; mais il suivait en ce point de mauvaises inspirations (1). Il avait amené le roi Guillaume à approuver son dessein, et il n'avait plus besoin que de l'assentiment de Lanfranc ; celui-ci eut horreur d'un pareil projet (2). Ses goûts et toutes ses prédilections monastiques s'unirent au respect de l'ancienne tradition de l'église d'Angleterre, et, disent encore les historiens avec emphase, toutes ces machinations complotées par les puissants de la terre, tombèrent devant un seul de ses regards comme des trames d'araignée (3). C'étaient les puissants barons qui sollicitaient les évêques et poussaient le roi à agir contre les moines, dont ils convoitaient les richesses. Pour garantir les monastères de nouvelles entreprises, Lanfranc porta l'affaire devant le Pape, et obtint d'Alexandre la confirmation de l'ancienne discipline (4). En présence de ces faits, on peut se demander où M. Thierry a puisé l'assertion

(1) *Angl. Sac.* Rudborne, p. 255.
(2) «Auditum facinus exhorruit. » *Angl. Sac.* Rudborne. *Ibid.* Eadmer.
(3) « Tot potentum excogitatas machinas ut casses aranearum solo intuitu dissolvit. » *Angl. Sac.* Rudborne. *Ibid.*
(4) *Angl. sac.*, p. 320.

que « les prélats venus d'outre-mer avaient chassé « les moines vivant sur les domaines des églises épis- « copales. » Eadmer, qui raconte aussi le recours de Lanfranc, en cette circonstance, à la chaire de saint Pierre, dit qu'il s'adressa au Pape, par crainte de la décision du roi (1). L'archevêque résistait donc aux volontés de Guillaume, quand il croyait l'opposition nécessaire ou possible. Il ne résista pas seulement en faveur des moines ; les Saxons avaient aussi part à sa sollicitude ; il s'opposait aux entreprises de leurs ennemis. Un Saxon riche et puissant, que nous avons déjà nommé, le comte Walthéof avait été accusé de trahison : on enviait ses biens, on voulait sa mort. On obtint du roi un arrêt contre lui. Lanfranc protesta contre cette iniquité. Le vénérable archevêque, dit un historien contemporain, ne cessa d'affirmer et de répéter que Walthéof était innocent de toute faction et de tout complot, et que s'il mourait il mourrait martyr (2). Lanfranc était le confesseur de Walthéof : ainsi les Saxons n'ont pas été les premiers à décorer ce personnage du nom de martyr, et ce titre glorieux n'eut rien de national, malgré les affirmations de M. Thierry.

(1) *Hist. nov.*
(2) « Licet cum venerabilis archiepiscopus Lanfrancus, confessor suus, totius factionis et conjurationis eum assereret penitus immunem, et, si moreretur in causa, futurum pro innocentia martyrem. » Ingulf. Croyl. 903.

Après la mort du Conquérant, Lanfranc ne consentit à sacrer son fils qu'après avoir obtenu de lui un serment solennel de défendre la paix, la liberté et la sécurité des églises, et de faire régner dans tout le royaume la justice, la miséricorde et la tranquillité. Les Saxons étaient compris dans ce serment. Mais le roi Roux ne se mit pas en peine de le tenir :

— « Est-ce qu'on accomplit toutes ses promesses, disait-il à Lanfranc, qui lui rappelait ses engagements ? »

L'archevêque fut assez pressant néanmoins pour embarrasser le roi, qui ne pouvait plus supporter la présence ni les regards du primat.

En même temps qu'il cherchait à protéger leur faiblesse, Lanfranc luttait contre les vices des Saxons, il le faisait avec prudence et discrétion. Les historiens ont rapporté la manière dont il en usa envers les moines de Cantorbéry, dont nous rappelions tout à l'heure la façon de vivre. Il ne les épouvanta pas tout d'abord par une trop grande austérité Il était expert dans le grand art de la direction des âmes ; il savait quelle est la force de l'habitude et combien une sévérité trop subite exaspère les esprits les plus dociles. Aussi prit-il toutes sortes de ménagements ; il usa d'abord d'avertissements charitables, éclairant peu à peu ces âmes sur leurs mauvaises coutumes, et les leur faisant quitter l'une après l'autre ; il les exerçait ainsi graduellement à la pratique de la vertu, et les débarrassait insensiblement de la rouille de leurs vices : il extirpait les racines du mal et jetait les semences du bien ; il ne cessa de travailler de la sorte jusqu'à ce qu'il les ait amenés à une pratique exacte de la discipline (1). Toute la tendresse de son âme était répandue sur les moines : il est inutile de rappeler ceux du Bec, où il avait formé des amitiés si tendres; il n'est pas nécessaire de parler d'Anselme, ni d'Herluin, non plus que de son très-« cher Gondulfe, » à qui « son très-cher Lanfranc « souhaitait l'heureuse persévérance de l'amitié com-« mencée entre eux (2). » Au milieu des sollicitudes de son cœur et de la perplexité des grandes affaires qui reposaient sur lui, il n'oubliait pas la direction des âmes qui lui avaient été une fois adressées : il se préoccupait de la vocation des jeunes gens, que la Providence lui avait fait connaître : il en recommandait un à saint Anselme et le priait de ne pas laisser ce jeune homme livré à lui-même ; « car, écrivait-il « au prieur du Bec, il est arrivé à l'âge où ceux qui « veulent se donner à Dieu sont agités de grandes « tentations, où ils ont à supporter toutes sortes de « suggestions de l'esprit malin, où ils souffrent in-« térieurement et extérieurement des sollicitations « de la chair : il faut que vous le fassiez souvent jouir

(1) Malmesb. *De Gestis pontif.*, lib. I.
(2) « Dilectissimo suo Gondulfo dilectissimus suus Lanfrancus dilectionis cœptæ felicem perseverantiam. » Lanf. *Op.* Ep. XLV.

« de votre conversation ; ordonnez aussi à tous ceux
« dont la doctrine peut lui être salutaire de causer
« souvent avec lui (1). » Sa sollicitude était ainsi
éveillée sur les absents. Eadmer a laissé le détail de
celle qu'il portait aux moines vivant autour de lui.
Il les voulait gais ; il entrait dans leurs préoccupations,
venant souvent s'asseoir dans le cloître et les interrogeant avec intérêt sur tout ce qui pouvait les toucher ; il voulait prendre part à leurs tristesses et leur
faisait d'aimables reproches lorsqu'ils ne lui confiaient pas leurs chagrins ; il soulageait leurs familles
lorsqu'elles étaient dans la pénurie (2), et sa tendresse était telle pour eux que les historiens lui ont
donné le titre de père des moines. M. Thierry a
voulu accommoder ce père en tyran.

Nous avons signalé déjà les dissentiments de Lanfranc avec le roi Roux. Ce fut le commencement des
démêlés de l'Eglise avec les rois normands. Lanfranc
préluda ainsi de fait à saint Anselme et à saint Thomas. Il prévoyait depuis longtemps cette lutte, et
c'était cette perspective qui remplissait son âme d'angoisses. Comme firent plus tard les deux Henry, le
roi Roux chercha dans l'Eglise des auxiliaires contre
le primat de Cantorbéry. Il en trouva parmi les
moines de Saint-Augustin. Guillaume Thorn, écri-

---

(1) *Op.* Lanf. *Epist.* XLIII.
(2) Ead., *Hist. nov.*

vain du xive siècle, a été l'historien du conflit entre les moines et l'archevêque : il ne donne pas un beau rôle à ce dernier. Mais M. Thierry a trouvé moyen de renchérir sur les griefs de Thorn, dont il accommode le récit à sa façon. Thorn raconte qu'après la mort de l'abbé Scotland, Lanfranc voulut élire l'abbé de Saint-Augustin et le choisir parmi les moines de l'Eglise du Christ. Ce que nous avons dit de la discipline que l'archevêque avait rétablie dans cette église, indique assez quelles pouvaient être les intentions du primat, en y choisissant un abbé pour celle de Saint-Augustin. Il voulut faire agréer son choix par le roi, mais les moines de Saint-Augustin réclamèrent énergiquement en disant que le droit d'élection leur appartenait à eux seuls. Lanfranc alors, dit l'historien, usa de nouvelles ruses ; par artifices, par flatteries et par offre d'argent, il essaya de faire élire celui qu'il avait destiné à cette abbaye. Les moines de Saint-Augustin repoussèrent toutes les suggestions de l'archevêque, et ils élurent un moine nommé Guy, qui était des amis particuliers du roi : Lanfranc refusa pendant longtemps de consacrer cet élu (1). Voilà le récit de Guillaume Thorn, au travers duquel il serait assez facile de composer une conduite honorable à Lanfranc. Il faudrait toujours au moins respecter ce que nous appellerons les

(1) Guil. Thorn. *Chron.*

bases du récit et laisser aux personnages la position que l'historien indique pour chacun d'eux. Mais l'accord des moines saxons avec le roi normand contre l'archevêque, ne convient point à M. Thierry. On en pourrait conclure qu'il n'était point en cette affaire question de nationalité, mais uniquement de discipline ecclésiastique et de scandale. De tout temps, les scandaleux dans l'Eglise ont cherché leur appui auprès du pouvoir temporel. Sans se soucier de l'autorité qu'il invoque, sans se faire scrupule de contredire tous les documents qui attestent l'éloignement qui exista entre l'archevêque et le roi Roux, M. Thierry assure que Guy, en cette affaire, fut l'élu de Lanfranc ; et il unit l'archevêque et le roi qui, selon lui, sévirent de concert contre les moines saxons. Cela est plus conforme au thème de l'historien et s'accorde complétement à sa théorie. « Lan« franc, dit-il, conduisit au monastère un moine « appelé Guy, très-aimé du roi. Il somma les reli« gieux de Saint-Augustin, *au nom de l'autorité* « *royale*, de recevoir et d'installer sur-le-champ ce « nouvel abbé (1). »

M. Thierry ne se contente pas de voir ainsi dans Lanfranc un ardent persécuteur des Saxons, il veut encore qu'il ait poursuivi la mémoire des saints qui avaient illustré ce peuple. « Les prélats normands,

---

(1) Tom. II, p. 305. — Nouv. édit. Tom. II, p. 257.

« dit-il, et à leur tête l'archevêque Lanfranc, ne
« tardèrent pas à proclamer que les saints saxons
« n'étaient pas de vrais saints, ni les martyrs saxons
« de vrais martyrs (1). » Un prélat normand, l'évêque de Salisbury, Osmund, chancelier du roi, fort
zélé pour la copie et la garde des livres (2), composa
cependant une vie de saint Adhelm. On pourrait
citer d'autres exemples. Nous voulons nous restreindre au seul personnage de Lanfranc. M. Thierry
affirme qu'il entreprit de dégrader saint Elfeg. C'était un archevêque de Cantorbéry. Fait prisonnier
par les Danois, il n'avait pas voulu que ses ouailles
payassent sa rançon, et il avait été tué par les païens.
« Lanfranc, dit M. Thierry, tourna en ridicule sa
« mort et son refus courageux de payer rançon aux
« Danois : il serait trop aisé d'être martyr, disait le
« prélat lombard, s'il suffisait pour cela de tenir
« plus à l'argent qu'à la vie (3). » M. Thierry note
à l'appui de cette assertion : *Et quod occisus fuerit*

(1) Tom. II, p. 150. — Nouv. édit. Tom. II, p. 192.
(2) H. Knigton.
(3) *Hist. de la conq.* Tom. II, p. 150. M. Thierry dans la nouvelle édition a adouci les expressions qu'il prêtait au B. Lanfranc : « Je ne vois là, lui fait-il dire, qu'un homme tué faute d'une rançon qu'il ne pouvait payer et qu'il ne voulut pas mettre à la charge d'autrui. » L'historien rejette ainsi le texte qu'il avait invoqué, et il en allègue un autre tiré de Jean de Salisbury ; mais en le traduisant, il le modifie encore quelque peu. *Ad redemptionem corporis sui pecuniam noluit extorquere*, avait dit Jean de Salisbury.

non pro confessione nominis Christi sed quia pecunia redimere se noluerit (1). Il nous paraît que la traduction de M. Thierry est fort libre : du moins, le latin qu'il cite ne parle ni de ridicule, ni de trop aisé, ni d'argent auquel on tient plus qu'à la vie. Ce texte, d'ailleurs, est extrait de la vie de Lanfranc, et nous y recourons.

« Il arriva un jour, dit l'historien, que le saint abbé du Bec, Anselme, successeur du bienheureux Herluin, s'en alla en Angleterre. Il y allait pour les besoins de son monastère et aussi pour voir l'archevêque, dont il goûtait beaucoup la conversation et les conseils. Il en était reçu toujours avec amour et considération. Causant ensemble de choses et d'autres et conférant de divers sujets, l'archevêque interpella l'abbé en se plaignant de ce que les hommes de la contrée honoraient divers saints que, pour lui, il ne goûtait point, entre autres, dit-il, un certain Elfeg, archevêque de cette église : ils veulent le compter parmi les saints et même parmi les martyrs, lorsqu'il est constant qu'il n'est pas mort pour la foi du Christ, mais bien pour n'avoir pas voulu être racheté des ennemis qui l'avaient fait prisonnier. Anselme répondit en raisonnant de la manière suivante : — Il est certain que celui qui n'a pas craint de mourir plutôt que d'offenser Dieu légèrement, bra-

(1) Anglia sacra, t. II, p. 462.

verait d'autant plus fermement la mort s'il s'agissait d'irriter le Seigneur par un grand crime. Il est plus grave de renier le Christ que d'incommoder quelques-uns des siens en leur enlevant un peu d'argent pour sa rançon. Elfeg n'a pas consenti à faire ce qui était moindre, à plus forte raison eût-il refusé de renier le Christ, si le peuple impie avait voulu l'y contraindre en le menaçant de mort. Il aimait donc la justice de toute son âme, puisqu'il aima mieux donner sa vie que d'offenser son prochain au détriment de la charité. A mon avis, c'est à bon droit qu'on compte parmi les martyrs celui qui est mort pour la justice. Saint Jean-Baptiste, que toute l'Eglise vénère comme un grand martyr, a été décapité à la demande d'une danseuse, pour avoir refusé, non pas de renier le Christ, mais de taire la vérité pour la défense de la loi divine. Quelle différence y a-t il entre mourir pour la justice et mourir pour la vérité? Le Christ n'est il pas justice et vérité? Mourir pour la justice ou pour la vérité, n'est-ce pas également mourir pour le Christ? Celui qui meurt pour le Christ, au dire de toute l'Eglise, n'est-il pas martyr? Saint Elfeg est mort pour la justice comme saint Jean pour la vérité. Comment douter de la vérité et de la sainteté du martyre de l'un plutôt que de celui de l'autre? Lanfranc, ajoute l'historien, suivait ce raisonnement, admirant la sagesse de son ami, la perspicacité et la subtilité de son esprit à saisir et à exposer la vérité des choses. Il accepta les conclusions de saint Anselme, et désormais honora dévotieusement saint Elfeg comme un grand et glorieux martyr (1). »

Voilà, au dire des anciens historiens, comment Lanfranc tourna en ridicule saint Elfeg et entreprit de le dégrader. M. Thierry n'a pas d'autre témoignage de son assertion que celui que nous venons de rapporter; l'*Anglia sacra*, qu'il a invoqué, n'a fait que citer un fragment de ce passage.

A toutes ces injures que M. Thierry adresse à la mémoire de Lanfranc, il faut ajouter une dernière et plus grave que toutes les autres. Il ne suffisait pas d'avoir montré ce personnage, que sa science, sa sagesse et ses vertus ont rendu illustre et vénérable dans l'Eglise, comme un orgueilleux et un cœur impitoyable; ce n'était pas assez de lui faire sacrifier à des haines politiques les intérêts spirituels des âmes des peuples commis à sa tendresse, de l'accuser d'avoir tourné en instrument de tyrannie et d'oppression un ministère de paix et de miséricorde, de lui avoir fait insulter et rejeter le culte des saints; il fallait encore l'habiller en philosophe et montrer que la vérité révélée n'était rien pour lui. Comment M. Thierry aurait-il manqué de faire pour Lanfranc

---

(1) « Ut vere magnum et martyrem gloriosum devote veneratus est. » *Vita B. Lanfranci*, XVI.

ce qu'il avait essayé pour saint Grégoire et pour saint Augustin? A la manière dont il parle de ces prétendus philosophes, on voit cependant qu'il ne croit pas lui-même aux qualités dont il les pare. S'il pouvait véritablement trouver en eux quelque nuance d'impiété ou de force d'esprit, il est probable que notre historien les traiterait avec plus de tendresse. Lanfranc ne s'est donc pas contenté de bouleverser la hiérarchie ecclésiastique et de rejeter des croyances vénérables au profit de la conquête; il a voulu faire servir au même but, et il a altéré, pour la faire servir à la même fin, la foi, la véritable foi de l'Église, la foi de Jésus-Christ, la foi enseignée par les livres saints : il ne croyait donc pas à cette foi divine; et M. Thierry range de la sorte le primat de Cantorbéry, que l'Église honore du titre de bienheureux, parmi les fourbes, les saltimbanques et les escamoteurs, en compagnie, il est vrai, de saint Grégoire et de saint Augustin.

L'erreur est quelquefois involontaire : au cas qui nous occupe, elle était impossible. C'est avec une entière connaissance de cause et une pleine conscience que M. Thierry a insisté sur son assertion calomnieuse.

Le prétexte en est ce que tous les historiens racontent du travail que Lanfranc fit en Angleterre sur le texte des livres saints. Sa science et sa vertu le rendaient digne de l'entreprendre; et les historiens exaltent le service qu'il rendit en cette circonstance à toute l'Eglise. Longtemps après sa mort, la mémoire des hommes lui en était reconnaissante; et, selon Mathieu Paris, qui écrivait au xiiie siècle, l'Eglise de France comme celle d'Angleterre profitait des lumières de cette correction et s'en réjouissait. Malgré les soins recommandés et apportés à la collation des manuscrits, on comprend que les erreurs des scribes devaient aller toujours se multipliant à chaque copie, et l'histoire de l'Église montre des saints personnages appliqués, à diverses époques, à comparer plusieurs exemplaires et à retrouver le texte véritable et authentique des saintes lettres. Une pareille correction était surtout nécessaire en Angleterre où, au dire de tous les historiens, le clergé saxon était depuis longtemps à peu près complétement étranger à la connaissance de l'idiome latin.

Avec ses visions de luttes nationales et sa manie de reconnaître en tout la conquête, M. Thierry n'a garde d'avouer cet état de choses : ce serait faire injure à sa science de croire qu'il puisse l'ignorer. Il a su reconnaître dans la conversation de Lanfranc et de saint Anselme, que nous rapportions tout à l'heure, le mystère de « la haine que le clergé por« tait aux indigènes, s'étendant jusque sur les saints « de race anglaise (1). » Il a démêlé le même mys-

(1) *Hist. de la conq. d'Angl.* Tom. II, p. 150.— Nouv. édit. Tom. II, p. 131.

tère dans cette simple parole de l'historien de la vie de Lanfranc : *Libros veteris ac novi testamenti correxit.* Nous ne priverons pas M. Thierry du bénéfice du correctif *peut-être* qu'il a mis à son assertion. Ce fut donc « *peut-être* par des vues analogues et pour
« donner une nouvelle direction à l'esprit des An-
« glais que Lanfranc fit saisir par toute l'Angleterre
« les exemplaires des Écritures et les corrigea de sa
« main, sous prétexte que l'ignorance saxonne en
« avait anciennement corrompu le texte ; mais tout
« le monde ne crut point à cette assertion hautaine,
« et Lanfranc, malgré sa renommée de vertu et de
« science, encourut dans son temps le reproche d'a-
« voir falsifié les livres saints (1) »

En preuve de cette assertion, M. Thierry nomme Édouard Brown, *Fasciculi rerum expetendarum, in Anglia sacra*. A la page 55 du tome I de l'*Anglia sacra* nous trouvons en effet, non pas le *Fasciculus rerum expetendarum*, mais une note à son occasion ; les éditeurs de l'*Anglia sacra*, publiée en 1691, disent que la mémoire de Lanfranc vient d'être dernièrement, dans la nouvelle édition du *Fasciculus*, l'objet d'une attaque de la part du savant Édouard Brown (2).

(1) *Hist. de la conq. d'Angl.* Tom. II, p. 151. Tout le passage avec ses autorités frelatées ou du moins aventurées a disparu de la nouvelle édition.

(2) « Grave crimen Lanfranco *nuper* intentavit vir doctus Edwardus Brown in prefatione sua ad *nuperam* Fasciculi .. editionem. »

M. Thierry a donc l'autorité d'Édouard Brown pour accuser l'archevêque de Cantorbéry d'avoir corrompu les textes des saintes écritures. Édouard Brown ne vivait pas au xie siècle et nous pouvons déjà dire que ce n'est pas *en son temps* que Lanfranc a encouru les reproches de ce savant.

Les éditeurs de l'*Anglia sacra* ajoutent en outre qu'Édouard Brown appuyait ses dires sur une courte note de Mathieu Parker mise en marge du texte de *Rochester;* et ils affirment que Parker, qui n'a jamais rien annoté témérairement ou oiseusement, n'a point dit ce qu'Édouard Brown lui fait dire. Parker s'est contenté de noter « ce que les historiens les « plus connus de notre histoire racontent de la cor- « rection faite par Lanfranc sur le texte des livres « saints corrompus par les fautes des scribes (1). » Il faut insister sur de tels détails. Ce n'est pas l'erreur de l'historien qu'il importe ici de constater : c'est sa mauvaise foi. L'erreur était impossible. M. Thierry s'appuie uniquement de l'autorité d'Édouard Brown ; il est allé puiser cette autorité dans *l'Anglia sacra*, où elle n'est invoquée que pour être réfutée. Notre

(1) « Non aliud ille annotavit quam quod in vulgatissimis historicorum nostræ gentis monumentis hodie omnibus legendum prostrat. Sic enim Matth. Paris : Lanfrancus lectioni assidue vacavit : libros veteris ac novi testamenti *scriptorum vitio* corruptos corrigere studuit cujus emendationis luce tam Anglorum ecclesia quam Gallorum se gaudet illustrari. » *Ang. S.* Tom. I, p. 55.

historien savait donc évidemment que cette assertion n'avait aucun crédit; il la reproduit néanmoins; pour la mieux soutenir et la faire accepter plus facilement, il a soin de lui donner de l'antiquité : ce n'est pas au xviie siècle, c'est *dans son temps* même que Lanfranc fut accusé. L'historien met encore quelques ornements au fait qu'il signale. Cette saisie opérée par toute l'Angleterre, cette correction faite de la main même du prélat, sont d'un effet plus dramatique : cela relève le récit et fait mieux voir la méchante inspiration de Lanfranc.

Mais quel profit l'historien tire-t-il de toutes ces ruses? pourquoi ces habiletés? pourquoi ces déguisements? Parce qu'on est philosophe. On hait l'Eglise. On trouve une joie non pareille à attaquer la foi chrétienne qu'on déteste, et qu'on ne peut pas combattre honnêtement. On était entré dans la lutte avec des illusions et des espérances; on croyait au nom de la science pouvoir faire bonne et prompte justice de ces doctrines et de ces saints dont on est fatigué; quand on s'est un peu approché des questions, on a bientôt reconnu que cela n'était pas aussi facile qu'on avait imaginé d'abord; il en eût peu coûté d'avouer une illusion de jeunesse; on avait ses raisons, à ce qu'il paraît, de persévérer dans sa haine: pour la satisfaire, on s'est trouvé tout heureux et tout aise de ramasser et de répéter une vieille calomnie inepte; on se donne ainsi le prétexte de citer *Edward*

Brown et ses *Fasciculi*; on peut encore prétendre aux yeux du commun des lecteurs à une certaine tournure d'érudition; et en même temps l'âme du philosophe se procure la joie, joie ineffable! de faire croire à quelques-uns de ses plus jeunes lecteurs, sollicités déjà de leurs passions, que l'archevêque de Cantorbéry, le primat d'Angleterre, le bienheureux Lanfranc, le maître de saint Anselme, l'ami et le représentant des Papes, s'est fait un jeu des textes sacrés proposés à la vénération des chrétiens.

O nouvelle école historique!

CONCLUSION.

Nous nous sommes étendus sur Lanfranc. Nous avons voulu être complet. On peut consulter l'*Histoire de la conquête*. Nous ne croyons pas qu'il y ait sur ce personnage une assertion, que nous n'ayons citée ; il n'y a donc pas dans les quatre volumes de M. Thierry un seul mot sur l'archevêque de Cantorbéry, un seul ! qui n'ait besoin d'addition, de rectification ou de contradiction expresse. Toute l'histoire de l'Eglise est traitée de la même manière. M. Thierry seulement n'emploie pas toujours la falsification formelle : il y a une sorte de falsification négative, pour ainsi dire, dont nous avons aussi parlé, qui consiste dans le silence ; l'historien en a usé à profusion. Sans doute, il est libre de choisir parmi les faits qu'il veut mettre en lumière ; cette liberté cependant doit avoir des règles.

Nous avons vu que M. Thierry n'a pas marqué le dissentiment qui éclata entre le roi Roux et Lanfranc, parce que ce dernier réclamait la paix, la justice et la miséricorde pour tout le royaume ; il a aussi couvert d'un silence complet les luttes célèbres de saint Anselme avec le roi Henry. L'éloquent historien de saint Anselme (1) s'est étonné de cet oubli. Il était nécessaire à l'harmonie de l'*Histoire de la conquête*: cette lutte entre un roi normand et un archevêque reconnu de l'Eglise romaine troublait le système de l'auteur; malgré son audace, il n'a pas osé entreprendre de faire croire que saint Anselme et le roi Henry fussent d'accord pour opprimer les consciences et les libertés saxonnes; c'était beaucoup d'avoir soutenu une pareille imagination au sujet de Lanfranc et de Guillaume-le-Roux. Ces coups hasardeux ne peuvent pas se répéter deux fois. Le parti du silence était plus prudent et plus sage : on l'eût encore gardé sur saint Thomas et son glorieux martyr, si l'on n'avait entrepris de rattacher saint Thomas au sang saxon ; car d'imaginer que l'Eglise peut défendre la vérité, la miséricorde, la paix et la justice, il n'y faut pas penser et la philosophie le défend.

Nous n'avons pas besoin de pousser plus loin notre démonstratiou ; M. Thierry nous a donné une preuve complète des artifices où sont réduits les historiens qui veuleut chercher la vérité sans s'aider des lumières de la foi. Ils auront beau s'appuyer sur l'étude, le travail et la science ; les emportements des systèmes et les conclusions de la philosophie les conduiront toujours à falsifier sciemment les textes. Il n'y a qu'une vérité dans le monde, c'est la vérité révélée:

(1) M. de Montalembert.

elle éclate à travers les annales des choses humaines. Ceux qui étudient ces annales ne peuvent pas ne la point reconnaître; ils ne peuvent pas l'oublier; ils peuvent la nier. Il n'y a qu'une manière de nier la vérité. L'esprit des ténèbres est l'esprit de mensonge. Il reste le même sous tous les déguisements. Les ornements de style, de grâce, d'esprit ou de talent ne le changent pas, non plus que toute la sagesse et toute la gloire que le monde peut lui conférer.

APPENDICE

I

DES COMMUNES.

Les travaux de M. Augustin Thierry sur le mouvement communal du XIIe siècle ont été de ceux qui ont le plus servi au renom de leur auteur. Nous n'en avons pas parlé dans notre petit volume. Il fallait bien limiter les réfutations. Mais quelque temps après notre publication, un écrivain qui n'est pas à comparer à l'historien de la *Conquête de l'Angleterre*, ayant pris texte d'une nouvelle édition des *Lettres sur l'histoire de France*, pour débiter diverses sornettes sur le clergé et les communes, nous avons essayé de le réfuter dans l'*Univers*. Il nous a paru que cet article de polémique courante, qui s'en prend aux erreurs de M. Thierry à travers les fanfreluches extravagantes de M. Pelletan, ne serait pas déplacé ici. C'est un chapitre ajouté à notre livre.

L'erreur primordiale de M. Thierry dans ses intéressants et très-curieux travaux sur les communes, a été de s'imaginer que le mouvement du XIIe siècle avait fixé en France les premières bases de la société civilisée. M. Thierry, on le sait, ne veut pas que le baptême de Clovis ait créé la monarchie française. Pour lui, la monarchie n'apparaît dans l'histoire qu'en arrière de ce qu'on appelle la féodalité(1), c'est-à-dire après ce qu'on a appelé l'établissement des communes. Amoureux des révolutions, c'est à cette révolution du xiie siècle qu'il veut devoir l'organisation civile et sociale de la patrie. De Clovis à Louis-le-Gros il ne voit qu'une longue période de barbarie. C'est la conquête, avec ses flux et ses reflux. La violence est l'unique loi de ces temps malheureux, tout droit y est suspendu.

Néanmoins, malgré les assertions de l'historien, de Clovis à Louis-le-Gros, il y a eu une société, une société chrétienne : par conséquent il y avait une justice et une autorité. Avec le concours de cette justice, à l'abri de cette autorité, les divers intérêts se combattaient, se contrebalançaient, se soutenaient avec plus ou moins de succès, mais s'agitaient et vivaient. Il serait superflu d'établir cette thèse. Les lois de la société qui vécut en France dès le temps de Clovis, qui subsista avec les Mérovingiens, que domina Charlemagne, que combattirent et divisèrent à l'infini les Normands, ces lois peuvent échapper à l'historien dans leur lettre et même leur esprit ; elles ont varié, elles ont subi des outrages et des transformations ; mais leur existence, leurs liens et leurs forces ne se démontrent pas : c'est de l'évidence.

Il y avait une société ; si confuse et si barbare qu'on

---

(1) Non en avant, mais en arrière de la grande féodalité. *Lettres sur l'histoire de France*, p. 152.

la suppose, il y avait une société; donc il y avait des lois.

Au milieu de ces lois puisées dans les vieilles coutumes des peuples barbares, inspirées par l'ancien droit romain, dressées, définies, pénétrées et appliquées par l'Eglise, la loi qui subsiste, pour ainsi dire, et qu'on retrouve partout, qui se signale dans tous les récits des historiens et dans tous les actes qui nous restent de ces temps reculés, c'est la loi même que M. Thierry supprime et qu'il croit innovée et inventée au XIIe siècle : c'est la loi des communes. Le mot n'était pas créé: il était tout nouveau au XIIe siècle : et il n'eut pas tout d'abord la signification que lui donne notre usage. On comprend sous ce nom aujourd'hui, un ensemble d'intérêts et de charges groupés autour d'un signe qui fut longtemps la paroisse et qui est aujourd'hui la mairie : groupe d'intérêts et de charges compris d'ailleurs dans de plus vastes ensembles, que nous appelons l'arrondissement, le département et enfin l'Etat. L'Etat embrasse tous ces divers corps, dont les plus petits devraient être les unités de l'ordre politique comme la famille est l'unité de l'ordre social. Ces petits corps, que nous appelons des communes, existaient avant le XIIe siècle sans encore porter ce nom. Leur type dans l'ancien monde romain était le municipe.

J'ai dû signaler à M. Pellétan, qui s'y méprenait absolument, la persistance du droit et de l'organe municipal en France ; je puis ajouter qu'on retrouve la trace de cette persistance dans plusieurs des faits consignés dans ce volume même. Saint Grégoire de Tours est notre témoin. Il montre les paroisses de son temps armées les unes contre les autres, ou liguées ensemble pour se faire des guerres dont il se rend l'historien. Il ne donne pas seulement à entendre qu'il y avait une force, un lien, une loi qui unissait et régissait entre eux les habitants de ces paroisses ; il signale dans leur sein le juge, non pas seulement le juge du bourg *burgus*, mais aussi le juge de la cité *civitas* ; ce dernier est un juge plus élevé que ceux des bourgs, qui y semblent ressortir. Ces paroisses, qui ont ainsi des forces à leur disposition et que règle et cimente une justice, ont une certaine prospérité : elles possèdent ou embrassent des richesses qu'on peut envahir, mais aussi qu'elles savent défendre. Leur justice est obligée à bien des compromis. Elle n'applique pas toujours les lois exactement : elle est réduite parfois aux fictions plus ou moins justifiées de l'ancien préteur romain ou aux subterfuges plus ou moins nobles des rois mérovingiens ; mais enfin c'est une justice, et avec son appui, bien que souvent atteinte et blessée, la richesse peut se développer et s'étendre. Il y a des cultures, des commerces, des commerces lointains, même au temps des fils de Clotaire. Saint Grégoire de Tours nous fait connaître la prospérité des vignobles déjà célèbres de notre Côte-d'Or. Il signale la batellerie de la Loire, — cette Loire où Saint-Martin a tant navigué et qu'il a parcourue dans tous les sens ; — cette batellerie semble régulière et paraît organisée. L'historien note le temps de l'arrivage des vins à Orléans et le concours des négociants qui se rendaient dans cette ville faire leurs approvisionnements et préparer des expéditions de tous les côtés. Ce qui se passait sur la Loire devait aussi se passer sur la Seine, sur la Saône et les autres rivières. Ce que l'historien dit du vin, il le dit des huiles. Le commerce s'accuse ainsi de diverses manières dans ces précieux récits de l'historien ecclésiastique des Francs, notre premier et notre grand historien national. Dans ces villes, où M. Thierry ne veut pas voir de communes telles qu'on les définirait aujourd'hui, dans ces villes enrichies par le commerce, les citoyens formaient entre eux divers groupes unis en de certaines circonstances, agissant de concert alors et exerçant une sérieuse influence sur la cité entière. Saint Grégoire désigne entre autres Marseille, qui au temps des Mérovingiens, conservait son commerce méditerranéen et était une puissante et populeuse ville ; il signale dans son sein divers honneurs, *honores* composés de citoyens notables. Ces *honneurs* avaient leurs bannières propres. Comment et à quelle fin étaient-ils constitués ? Quelle puissance exerçaient-ils ? L'historien n'en dit rien. Il les montre intervenant et intervenant puissamment dans les démêlés de l'évêque et du gouverneur.

Tout cela dénote non-seulement une civilisation et un ordre social, mais aussi une vie dans les cités. Cette vie ne s'est pas éteinte sous la puissance de Charlemagne et de ses successeurs. Les documents en sont rares. Mais on n'en est pas réduit au seul raisonnement pour la constater. Au moment où les Normands ont ravagé la patrie, quand leur invasion ne rencontrant plus la résistance de la puissance publique, eût obligé chacun à pourvoir de son mieux à sa défense personnelle ; sous le coup de la nécessité pressante, tous se sont groupés spontanément et se subordonnant les uns aux autres, ont élevé par un effort commun et infiniment répété, les châteaux destinés à servir de protection et d'abri à la population. Dans ce mouvement national tout à fait prodigieux, le sol même de la patrie, la propre terre de France fut pliée à cette loi de vasselage et de subordination répercutée dès lors à l'infini, qui avait fait le lien des bandes de la Germanie et que déjà l'Eglise purifiait et fécondait. Alors apparut au monde l'aurore de cet ordre national et chrétien qu'on a appelé la féodalité, qui éleva notre nation française à un degré de gloire, de puissance, de lumière et de richesse qu'on n'a jamais revu. Quand commença à se manifester ainsi cette belle constitution monastique et chevaleresque de la France ecclésiastique, comme l'avait nommée saint Grégoire de Tours dans un éclair prophétique de génie; dans tous ces petits commencements si beaux déjà et encore si fugitifs de cette renaissance religieuse et politique qu'on démêle à travers les rares documents du xe et du xie siècles, on entrevoit les populations même rurales, *coloni*, groupées sous une magistrature. Ces populations rurales n'interviennent pas seulement à la justice du vicomte et du seigneur sous l'orme, sur les murailles de la ville ou au milieu du pont par leurs hommes, *viri*, que les documents distinguent parfaitement des vassaux, *vassus*, *vassallus* ; elles ont aussi leurs maires, *majores*, qui parlent et agissent au nom de tous. Comment étaient nommés ces maires? qui les instituait? quelles fonctions remplissaient-ils? On l'ignore. On les voit néanmoins apparaître et même se succéder. Un acte (1) du

---

(1) Archives de Marmoutier.

commencement du xe siècle (908) désigne à côté du maire estant en justice, un ancien maire qui avait possédé ce titre et en avait exercé l'autorité, plusieurs et peut-être de longues années avant le jour où il apporte son témoignage.

Si de pareilles indications sont rares, on n'en est pas moins en droit de conclure qu'elles signalent un état général, légal, habituel ; et il est sensible qu'avant la révolution du xiie siècle célébrée par M. Thierry, les populations des villes et celles même des campagnes étaient groupées autour de certaines magistratures paroissiales dont l'histoire ne peut définir expressément les attributions, mais qu'elle est obligée de constater.

Nous tenions à établir ce point. M. Thierry, d'ailleurs, tout en célébrant les mouvements du xiie siècle, ne le conteste pas absolument, du moins il le laisse apparaître dans ses récits et ses déductions. Il note à diverses reprises l'ancienneté et la vigueur des libertés publiques et des franchises, auxquelles il suppose que la révolution du xiie siècle donna une nouvelle énergie. Il constate même que ces anciennes libertés allaient quelquefois plus loin que celles mentionnées dans les chartes de commune ; et il convient que les bourgeois de Dijon, par exemple, avaient eu soin de stipuler qu'ils se réservaient toutes celles de leurs anciennes franchises qui dépassaient les termes de la charte de Soissons qu'ils prenaient pour modèle de leur nouvelle commune. Nous ne voulons pas refaire ici, ni même réfuter l'œuvre de M. Thierry. Ce que nous en disions autrefois, en discutant les légers propos de M. Pelletan, suffira à nos lecteurs.

Univers, novembre 1852.

M. Pelletan vient de publier dans la *Presse* un article sur ce qu'on a appelé le mouvement communal du xiie siècle. Assurément on est libre de ne pas discuter les thèses historiques de M. Pelletan. C'est un avantage, même une grâce pour un feuilletoniste (1) de se soucier médiocrement de la vérité, et de suppléer, comme le seigneur Polonius, par l'abondance des mots à la solidité des arguments comme à tout l'agrément du discours. Néanmoins, au milieu des phrases vides dont s'enivre le faible cerveau d'un homme de lettres, se montrent encore les artifices et les habiletés de sa passion à trier les choses et à accommoder les faits à sa mode.

C'est à l'occasion des *Lettres sur l'Histoire de France,* de M. Augustin Thierry, que M. Pelletan a donné carrière à son génie évaporé, attendri et humanitaire. Il embrasse la cause des bourgeois du moyen âge et veut guerroyer contre leur ennemi. Cet ennemi naturellement, c'est l'Eglise. On sait que M. Pelletan s'entend à la gourmander. En homme habile, et selon les préceptes d'Aristote, il commence par disposer le lecteur en

(1) M. Eug. Pelletan, aujourd'hui sénateur, faisait alors un feuilleton hebdomadaire dans la *Presse.*

faveur des héros dont il prétend porter la cause. Il décrit minutieusement et éloquemment les misères du bourgeois du moyen âge. A son dire, le bourgeois, au xiie siècle, vivait en toute sujétion, taillable et corvéable à merci, toujours taxé, et, par surcroît, volé, outragé et battu par le chevalier ou le *clerc* de la suite de son seigneur. Il est vrai que ce bourgeois ainsi battu et taxé avait des instants de revanche, et qu'à son tour il pillait, volait, emprisonnait et insultait le menu peuple, le petit marchand, le passant, le serf de la glèbe qui venait apporter au marché son foin, son blé, son beurre et son fromage, « si bien que le siècle féodal était tout uniment le « monde au pillage. » *Tout uniment* est facile à dire ; mais ce tableau, qui n'a pas l'avantage d'être neuf, n'est peut-être pas très-vrai.

Si la féodalité était le monde au pillage, comment a-t-elle subsisté si longtemps ? Comment la société s'est-elle développée sous ses lois ? Il y a là un problème qui ferait difficulté pour un homme sensé et judicieux. Il conclurait qu'au milieu des violences dont cette époque abonde, existaient des institutions qu'il ignore et qui donnaient à la société assez d'assiette et de ressort pour qu'elle pût vivre et même prospérer ; car l'Europe, au xiie siècle, jouissait d'une prospérité dont, entre autres choses, témoignent les arts et les lettres.

Un génie transcendant et initié aux mystères de la

Profession de foi du dix-neuvième siècle (1) ne s'embarrasse pas de pareils raisonnements; il ne soupçonne pas combien il est ridicule en faisant des bourgeois du XIIe siècle, qu'il confond évidemment avec les serfs, bien qu'il prétende les distinguer du menu peuple et du petit marchand, les chétives personnes qu'il imagine. Les représentants des anciennes familles sénatoriales des Gaules n'étaient pas aussi dépourvus de richesses et de puissance qu'il plaît à M. Pelletan de le dire; leurs ressources financières, ainsi que le prouve l'histoire de leurs cités et de leurs démêlés avec les diverses puissances féodales, étaient abondantes; il fallait bien qu'ils ne vissent pas « toujours fondre dans leurs mains l'épargne de « leurs travaux. » Ils n'étaient pas non plus tout à fait désarmés; bien avant l'émancipation des communes, ils marchaient à la guerre sous les bannières de leurs paroisses et accompagnés de leurs prêtres.

La commune, même dans le sens qu'on lui donne aujourd'hui historiquement, c'est-à-dire un ensemble de libertés et de garanties assurées à un certain nombre d'hommes vivant dans une même agglomération, n'était pas une chose aussi inconnue avant le XIIe siècle que le suppose M. Pelletan. M. Raynouard a constaté la persistance des libertés municipales dans les Gaules. On reconnaît ces libertés avec évidence

---

(1) C'est le titre d'un des ouvrages de M. Pelletan.

aux VIIe et VIIIe siècles ; l'*Histoire du droit municipal* (1) signale leurs traces à travers l'obscurité des IXe, X^e et XIe siècles. On retrouve partout, à ces époques, dans le Nord aussi bien que dans le Midi, les charges et les autres prérogatives du municipe. M. Raynouard cite notamment Bourges et Reims. Or, la commune de Reims (2) ne date que du XIIe siècle.

Les chartes, qui instituaient ces communes, n'étaient pas, au moyen âge, le symptôme nécessaire de la liberté. Elles pouvaient être abolies sans que les habitants perdissent aucune de leurs franchises. On en trouve la preuve dans l'histoire d'Etampes

Sans aucun doute, les bourgeois, comme les autres hommes libres, avaient à payer des droits différents de ceux des serfs. M. Pelletan peut énumérer ces droits avec complaisance et plus ou moins d'exactitude, il ne parvient pas à prouver qu'ils fussent exercés d'une manière plus vexatoire et plus tyrannique, qu'ils fussent plus humiliants ni plus énormes que ceux supportés aujourd'hui par les habitants des villes sous le nom d'octroi ou de centimes additionnels. Nous ne disons pas ceci pour critiquer les nouveaux impôts ; les anciens, en tout cas, n'excluaient

---

(1) Remarquable ouvrage de M. Raynouard.
(2) M. Thierry, *Hist. de la Commune de Rheims*, constate lui-même cette antiquité et cette persistance des libertés et de la justice municipales dans cette ville.

ni les richesses, ni le faste, ni la puissance des cités.

Ce serait sans doute trop demander à un feuilletoniste de la *Presse* de le renvoyer aux recherches ardues et patientes que de tels sujets pourraient comporter; mais que ne lisait-il le livre qu'il avait sous les yeux, et dont il a voulu entretenir son public? Il y aurait vu que M. Thierry parle souvent des populations nombreuses, industrieuses et riches des puissantes cités qu'il met en scène. Or, si la richesse et l'industrie peuvent exister sans de certaines libertés, du moins ne peuvent-elles pas se rencontrer en dehors des garanties de famille, de propriété et de possession même que M. Pelletan dénie aux bourgeois du XII° siècle? L'état, qu'il a imaginé et qu'il décrit, ne saurait constituer une société quelconque. Ce n'est pas même de la barbarie, c'est de la sauvagerie. C'est, comme il le dit, le monde au pillage. On a bien vu quelque chose, en France, qui ressemblait beaucoup à ce pillage du monde : ce fut le régime de la Terreur. On pourra peut-être voir quelque chose de plus complet vers 1852, grâce en partie aux habiletés du grand parti de l'ordre (1); mais au XII° siècle, il y avait une société véritable, avec des lois variées et diversifiées à

(1) L'échéance de 1852 à laquelle nous faisions allusion, a été, en partie, esquivée, mais non pas tout à fait par l'industrie de ce qu'on appelait le grand parti de l'ordre. Nous avons eu depuis ce temps 1870 et 1871 : la Défense nationale et la Commune; la suite ne se fera peut-être pas attendre.

l'infini, dont on peut ne pas se rendre compte aujourd'hui, mais sous l'empire desquelles le monde vivait et prospérait.

M. Pelletan tient à montrer la misère des bourgeois afin de conclure que « le clergé portait natu-
« rellement secours à l'oppresseur contre l'opprimé...
« Il exerçait lui-même les droits de seigneurie, te-
« nait les bourgeois pour de chétives gens et com-
« battit de toutes ses forces et par toutes ses armes
« l'émancipation des communes. »

Si au XIIe siècle, les principes constitutifs de la société trouvaient assez de garantie pour vivre et se développer, cette époque n'en était pas moins pleine de violences; mais on sait que, partout en Allemagne, en Angleterre, en Italie et en France, la Papauté, les Evêques et les saints étaient souvent depuis déjà plus de deux siècles en lutte contre les empereurs, les rois et les grands. Cela ne prouve pas précisément que le clergé prit le parti des oppresseurs contre les opprimés. La trêve de Dieu, que l'Eglise imposa au prix de tant d'efforts, était à l'avantage du bourgeois, de l'homme riche et du serf, tout autant pour le moins qu'à celui des seigneurs.

Au sujet des communes, qui préoccupait M. Pelletan, un scrupule devait naître dans son esprit. Il est homme de progrès; dans la pensée des hommes de progrès, l'émancipation des communes et l'affranchissement des serfs sont deux mesures identiques, deux degrés de cette même échelle qui conduit l'humanité à la jouissance et à la perfection. Nous constatons cette thèse, nous ne la proposons pas. Sans multiplier les distinctions qui sont évidentes pour l'homme qui aura voulu faire quelque étude historique, il suffit de remarquer que le clergé s'est toujours montré favorable à l'affranchissement des serfs. Personne n'a encore songé à le contester. C'est un fait qui ressort de toute l'histoire : les chartes d'affranchissement en font foi : « Tout « homme, disent-elles, qui, au nom de la sainte et « indivise Trinité, pressé par la harité, aura permis « à un homme de condition servile de s'élever du « joug de la servitude à l'honneur de la liberté, peut « avoir la confiance assurée qu'au dernier jour il re- « cevra l'éternelle et céleste liberté. » *Quisquis in nomine sanctæ et individuæ Trinitatis, caritate compunctus, aliquem ex servili familia a jugo servitutis ad honorem libertatis accedere permiserit, pro certo confidat se in die novissima, perpetua et celesti libertate donari.* (1)

Saint Pierre Damien cite comme une des bonnes œuvres de son ami, saint Rodolphe d'Eugubio, qu'avant son entrée dans un monastère il avait affranchi tous ses serfs. Le même fait est constaté à l'honneur de plusieurs saints.

(1) *Liber de Servis Majoris Monasterii.*

On pouraait donc présumer que le clergé, si favorable à la liberté humaine, exerçait les droits de seigneurie d'une certaine manière qui ne déplaisait pas à tout le monde. Un grand nombre d'hommes préférait le servage à la liberté ; ils trouvaient leur vie et leurs biens mieux défendus et mieux assurés quand ils s'étaient donnés aux églises, et ils choisissaient de vivre sous leurs lois. Ces lois ne leur semblaient pas aussi formidables qu'à M. Pelletan. Il fait bon vivre sous la crosse : c'est un vieux dicton qui a plus d'importance et de vérité historique que bien des dissertations de l'Institut.

La richesse et la puissance se concentraient plus particulièrement dans les villes, même dépourvues de chartes de commune, placées dans le domaine de l'Eglise. Nous ne citerons pas les bourgeois de la *Martinopole*, qui, au dire des historiens, étalaient dans leurs maisons et sur leurs vêtements les étoffes et les fourrures les plus précieuses, et ressemblaient à des princes plutôt qu'à des bourgeois. Mais pourquoi M. Pelletan n'a-t-il pas lu le livre dont il entretient les abonnés de la *Presse* ? Il y aurait vu que le bourg de Vézelay devait sa prospérité, le luxe et l'industrie de ses habitants, leur nombre même à l'abbaye avec laquelle il était en démêlés. Il faut ménager les feuilletonistes, on ne doit pas les conduire au milieu de problèmes trop complexes ; mais, en vérité, est-ce trop exiger de leur demander de lire les ouvrages dont ils parlent ? Sans sortir des *Lettres sur l'Histoire de France*, M. Pelletan n'avait besoin que d'un peu de réflexion pour être amené à des conclusions beaucoup moins absolues sur la conduite du clergé vis-à-vis de l'émancipation des communes.

Très-certainement M. Thierry, quand il déduit ou pose des théories, couvre M. Pelletan ; l'histoire des communes est, aux yeux de l'historien comme à ceux du feuilletonniste, une lutte acharnée entre les bourgeois et le clergé (1) ; et les revendications des premières communes, leurs principes intéressaient, assure-t-il, « une liberté toute matérielle, la liberté « d'aller et de venir, la liberté de vendre et d'acheter, « d'être maître chez soi et de laisser du bien à ses « enfants (2). » Mais quand nous demandons à M. Pel-

(1) *Lettres sur l'hist. de France*, p. 240.
(2) *Ibid.*, p. 246. En parlant ainsi M. Thierry manque matériellement à la vérité historique : il parle de Vézelay. Non-seulement les habitants de ce bourg laissaient leur héritage à leurs enfants, mais à défaut d'héritiers directs, ils pouvaient tester en faveur de leurs collatéraux. Les serfs (*homines*) de l'abbaye qui ne pouvaient tester, laissaient toujours leur héritage à leurs enfants. (M. de Bastard, *Bibliothèque de l'École des chartes*, 3e série, t. II, p. 350.) Si on voulait interpréter ce terme de serfs par celui de fermiers — qui en serait une traduction assez exacte sous certains rapports, — il en résulterait que les hommes de l'abbaye de Vézelay avaient ce que nous appellerions aujourd'hui des baux inaliénables à prix fixe, perpétuellement transmissibles à leurs héritiers directs. Beaucoup de nos paysans du XIXe siècle pourraient envier cette position, dont M. Thierry ne donne aucune idéee.

letan de savoir lire, nous lui demandons de lire intelligemment, de ne pas s'en rapporter avec servilité à la lettre des théories, et de pénétrer le langage des faits. Les faits, que M. Thierry raconte, ont leur éloquence ; et ils contredisent les déductions de l'historien. Au fait de l'intervention du clergé dans l'établissement des communes et de la guerre acharnée qu'il aurait entretenue contre les bourgeois, la contradiction est flagrante.

M. Thierry a traité de l'émancipation de onze communes. Au Mans, l'évêque participait au mouvement de la bourgeoisie; il marchait, ainsi que les prêtres des diverses paroisses, avec l'armée que la commune leva contre Hugues de Sillé, et fut fait prisonnier dans cette guerre. A Noyon, l'évêque Baudry de Sarchainville donna de son plein gré aux bourgeois une charte de commune qui fut ratifiée par le roi de France Louis-le-Gros. A Beauvais, la charte de commune, confirmée par Louis-le-Gros en 1116, s'était d'abord établie tumultueusement; elle donnait aux habitants de la ville des garanties contre les exactions du châtelain, et était appuyée par l'évêque Ancel, homme pieux, de mœurs douces, dit M. Guizot, qui parle aussi des sentiments de bienveillance, d'humanité et de justice de cet évêque envers les bourgeois de sa ville épiscopale dont il était suzerain. A Saint-Quentin, la commune fut octroyée par le comte de Vermandois et jurée par le clergé. Saint-Quentin était du diocèse de Noyon. A Amiens, elle fut donnée gratuitement et spontanément par l'évêque saint Geoffroi. A Soissons, l'évêque et le comte s'entendirent pour la paix du pays et consentirent au nouvel établissement. A Reims, il se fit pendant la vacance du siége. En tout ceci, nous ne faisons que répéter les dires de M. Thierry; hors de ses récits, nous avons emprunté un mot de M. Guizot sur Beauvais.

Selon l'infinie variété du moyen âge, le mot de commune ne représentait pas partout une chose identique. Il était loin surtout de répondre à la pensée qu'il éveille de prime abord dans les esprits d'aujourd'hui. Ainsi que nous l'avons dit, la commune était une association dont les membres jouissaient de certains avantages; le principal et le plus fréquent était le droit d'être jugé et administré par des élus de l'association. Une commune n'embrassait pas nécessairement tous les habitants d'une ville : il n'y entrait pas que des bourgeois, des marchands ou des roturiers; des chevaliers en faisaient partie. En tout cas, elle était toujours exclusive : personne ne pouvait en partager les priviléges sans y avoir été admis par les autres membres. Cette admission s'acquérait au prix de certaines conditions, quelquefois à prix d'argent. La commune formait ainsi, dans les villes où elle était établie, une nouvelle juridiction, qui se croisait et s'enchevêtrait

avec les anciennes juridictions des évêques, des monastères ou des châtelains. On comprend dès lors que beaucoup de contestations eurent lieu entre ces diverses puissances. Les communes n'instituaient, en somme, qu'un droit politique, sur l'utilité duquel, dans le bon gouvernement d'un royaume, toute opinion est permise. Elles étaient animées de cet esprit de corps, jaloux, entreprenant et dominateur qui se retrouve dans toute assemblée politique ; aussi en vinrent-elles bientôt à contester les droits qui s'exerçaient autour d'elles, et, comme le disait Louis VII aux gens de Reims : « Pensant que le droit des égli-
« ses n'est point un droit et que les coutumes éta-
« blies en leur faveur ne sont pas des coutumes,
« vous envahissez par violence les prérogatives et
« les possessions des églises. » Cela était d'autant plus facile aux gens de la commune de Reims que le siége, comme nous avons dit, était alors vacant. Saint Bernard eut recours au pape Innocent II pour lui signaler l'état déplorable où se trouvait cette église et l'engager à presser le Roi de faire promptement élection d'un archevêque. Le saint estimait que c'était là le seul moyen d'arrêter les violences et les entreprises contre les hommes et les droits de la juridiction métropolitaine. Le Pape demanda aussi au Roi de dissiper les compagnies des gens de Reims et de rétablir les choses dans l'état où elles étaient du temps du roi Louis VI et de l'archevêque Renaud.

Rien n'était plus simple qu'une pareille demande; et il était difficile à un autre que M. Pelletan de trouver dans ces lettres de saint Bernard et du Pape Innocent une preuve de l'opposition du clergé à l'émancipation des communes. Il était juste que le suzerain fût présent et intervînt librement à la cession de ses droits, quand l'établissement d'une commune devait les atteindre. Mais on sait comment les beaux esprits du jour raisonnent; il y a longtemps qu'ils sont d'avis que les droits de l'Eglise ne sont pas des droits.

A Cambrai, la commune, établie en l'absence de l'évêque, voulut lui interdire l'entrée de la ville; il n'est pas étonnant que l'évêque y fut opposé : toutefois, il intercéda pour son peuple auprès de l'Empereur. De toutes les communes dont M. Thierry a raconté l'histoire, il resterait donc Sens, Laon et Vézelay pour appuyer la thèse de M. Pelletan. Il ne dit rien de Sens; mais à propos de Laon, il triomphe. Le siége de cette ville était alors occupé par un de ces hommes, trop fréquents à cette époque, n'ayant d'évêque que le nom et traînant dans tous les scandales et toutes les guerres le titre qu'ils déshonoraient. Ces évêques, condamnés et réprimandés constamment par les Papes et les Saints, sont ceux dont la *Presse* est habile à tirer parti. On sait déjà comment ce journal sait employer certains prêtres dont il voudrait imposer la théologie à l'Eglise entière.

Il voudrait aussi reporter sur cette Eglise la responsabilité des méfaits des évêques indignes. A ce titre, l'évêque de Laon, Gaudry, était tel que pouvait le désirer ce journal. L'historien contemporain qui a raconté les aventures de la commune de Laon, dit que les désordres de cet évêque et ceux de ses prédécesseurs furent la première cause des tumultes. En réprouvant leurs scandales, il faut aussi reconnaître que le parti de la commune était loin d'être sans reproche. Les commotions populaires mettent toujours en avant des hommes souillés et perdus qui deviennent l'effroi des honnêtes gens. M. Thierry avoue, en diverses circonstances, que les communes avaient pour défenseurs des hommes de rapines et de violences, des pillards, des meurtriers et des voleurs (1). Il eût été juste d'éclairer ce côté de la question de l'histoire des communes au douzième siècle ; il ne faudrait pas que l'énumération des torts et des tyrannies des seigneurs fît oublier les brigandages des partisans de l'émancipation. Presque partout, même dans les villes où les évêques avaient bénévolement concédé des chartes de commune, elles donnèrent lieu à des violences telles que les écrivains du douzième siècle étaient bien en droit de traiter ces mouvements popu-

---

(1) La commune de Reims notamment était soutenue par un prêtre condamné par les tribunaux ecclésiastiques et déclaré sacrilége. *Lettres sur l'histoire de France.*

laires d'exécrables. Il s'y passa en effet des choses assez semblables aux faits de la jacquerie. Les historiens modernes passent assez volontiers ces détails sous silence ; toutefois quand on veut étayer ses petites rancunes de graves témoignages, il est bon de ne pas s'adresser uniquement à des hommes aussi légers de créance et aussi passionnés que M. Augustin Thierry.

M. Pelletan, il est vrai, dit que cet écrivain est « impassible comme l'histoire : » c'est un éloge qui vient bien à l'appui d'une thèse, mais il est difficile d'en croire quelque chose. On a beau partager les théories de l'historien, il ne faut pas un grand génie pour reconnaître que les faits qu'il raconte contredisent les conclusions que sa partialité prétend en tirer. Nous avons uniquement jusqu'ici relevé les faits que M. Thierry lui-même a été forcé de raconter. Si on voulait recourir aux documents originaux, on en tirerait bien d'autres preuves des contradictions et des erreurs de l'historien. Nous avons rempli tout un volume de ses légèretés, de ses altérations, de ses falsifications et de ses fictions de texte, et nous savons mieux que personne combien nous sommes encore en demeure avec lui.

Nous n'avions rien dit, par exemple, de ce mouvement communal du XIIe siècle, dont il a pris fantaisie à M. Pelletan de parler aujourd'hui. Si les lecteurs voulaient être complétement édifiés sur ce point, il faudrait les renvoyer à un excellent morceau d'histoire que M. Léon de Bastard a publié dans la *Bibliothèque de l'Ecole des Chartes* (1) sur la commune de Vézelay. On y verra comment M. Thierry a imaginé un mouvement politique là où il n'y eut en définitive que pillage des biens et usurpation des droits de l'abbaye, concertés entre le comte de Nevers, quelques têtes folles et plusieurs bandits ; comment tout en constatant la prospérité du bourg de Vézelay, son commerce étendu et la richesse de ses habitants, l'écrivain du xixe siècle leur prête des vues et des rêves politiques absolument gratuits, les gratifie de nationalités que rien ne démontre et que tout contredit ; imagine des consuls dont l'histoire n'a jamais parlé, rêve de robes rouges et de magistrats élus, confond les cardinaux légats du Pape avec l'abbé de Vézelay, crée de sa propre fantaisie un gouvernement qui n'a jamais existé, et se livre enfin à un récit tout aussi imaginaire que celui du cardinal de Retz sur les barricades de la Fronde et le rôle qu'il s'y donne. M. Thierry ne se prête pas de rôle personnel ; mais il en prête à ses préjugés, à ses illusions, à ses opinions politiques ; c'est au nom du libéralisme qu'il crée de la sorte dans l'histoire. Tout ne relève pas d'ailleurs de sa seule fantaisie ; cet écrivain, ce

(1) *Bibliothèque* de l'Ecole des Chartes. Seconde série. Tom. II, p. 339-365.

fondateur d'une école qui se pique de recourir aux documents originaux et aux sources vives de l'histoire, puise certaines de ses assertions dans les contre-sens des traducteurs qui l'ont précédé ; sans se donner la peine de recourir aux textes ou même en en bravant impudemment la lettre, il donne les *cloches* dont parlent les anciens documents pour *la croix et la bannière*; il trouve au xiie siècle des proclamations politiques *affichées sur les murs de Vézelay* (1) et mentionne cent autres belles choses

---

(1) M. de Bastard faisait, à ce propos, la remarque suivante :

« La traduction de M. Guizot (collection des mémoires relatifs à l'histoire de France) était citée exclusivement par M. Thierry dans l'édition de 1836 des *Lettres sur l'histoire de France*; dans les éditions postérieures, ces citations ont été remplacées par des renvois au *Spicilége* de d'Achery, en ajoutant quelquefois un extrait du passage auquel il est fait allusion, sans que pour cela M. Thierry ait relevé une seule des inexactitudes du traducteur, qu'il n'avait pas encore aperçues lors de son édition de 1836, et qu'il n'a pas corrigées dans les suivantes. » M. de Bastard citait un exemple : « On lit dans Hugues de Poitiers (*Spicilége* de d'Achery, tome II, inf. p. 531) : *Accidit autem ut quemdam sub anathemate defunctum ipsi absque sacerdote signa pulsantes sepelirent et ipsum sacerdotem de domo sua ejicerent.* M. Guizot traduit (p. 178) : « Or, il ar-
« riva qu'un homme étant mort sous le poids de l'anathème,
« les bourgeois l'ensevelirent sans l'assistance d'un prêtre,
« portant eux-mêmes les bannières, ensuite ils chassèrent
« le prêtre lui-même de sa maison. » M. Thierry interprète le passage de la sorte : « Un des bourgeois étant mort sous

aussi bien fondées, qui n'étonneront pas, mais qui pourront édifier ceux de nos lecteurs qui ont parcouru le petit volume dont nous parlions tout à l'heure.

« le poids de l'anathème prononcé contre toute la ville, ses « concitoyens l'enterrèrent sans l'assistance d'aucun prêtre « et suivirent le corps jusqu'au cimetière portant eux-mê-« mes la croix et la bannière et chantant l'office des trépas-« sés. » Or, *signa pulsare* ne signifie pas autre chose que *sonner les cloches*. Quant au chant de l'office des trépassés par les bourgeois et à l'accompagnement par eux du corps au cimetière, je n'ai pu trouver, dans l'histoire de Vézelay, ces détails qui servent à M. Thierry à prouver que les bourgeois de Vézelay étaient familiarisés avec l'excommunication. » *Biblioth. de l'école des Chartes*, 3ᵉ série, tome II, page 362.

M. de Bastard constate qu'un des personnages de ces troubles de Vézelay, — où la commune ne fut d'ailleurs qu'un incident, — était natif du petit bourg de Saint-Père, sis au bas du coteau de Vézelay. M. Thierry, qui a voulu faire de ce personnage, Hugues de Saint-Pierre, un étranger venu du midi, a pris soin de retrancher des textes qu'il cite dans les dernières éditions de ses *Lettres sur l'histoire de France*, les mots qui constatent le lieu de naissance de ce héros. Nous ne pouvons reproduire toutes les remarques précieuses dont la *Bibliothèque de l'Ecole des Chartes* corrobore ce que nous avons dit de la manière dont M. Thierry établit et compose ses récits historiques, mais nous voulons au moins nous arrêter à la proclamation politique affichée en 1155 sur les murs de Vézelay. M. de Bastard reproduit un texte du véritable historien de cette ville :

«*Egressi sunt quidam de fratribus* (les moines) *armatæ cum pueris juventutis et fregerunt tabulam impii Simonis et vestibulum domus ipsius quæ contra jus ad contumeliam contradicentium fratrum ædificaverat* (Spicil. II, p. 533).

« M. Guizot a traduit : « Quelques-uns des frères sortirent « alors avec des jeunes gens armés, déchirèrent une affiche

M. Pelletan fait aussi grand cas de quelques paroles de sympathie que M. Thierry a cru devoir prononcer sur les noms, sans aucun retentissement aujourd'hui, des hommes proscrits à l'occasion de cette insurrection de Vézelay qui n'eut presque rien de

« de l'impie Simon et renversèrent la maison qu'il avait
« bâtie pour faire affront aux frères qui voulaient l'en em-
« pêcher ». (Mém. relatifs à l'hist. de France, tome VII,
p. 335). M. Thierry, trompé par cette traduction, s'exprime
ainsi : « En passant devant la maison neuve que Simon, l'un
« des chefs de la commune, faisait bâtir et qui n'était pas
« achevée, ils trouvèrent une proclamation politique affichée
« contre le mur et la déchirèrent ; s'animant par degrés, ils
« démolirent le mur contre lequel cette affiche avait été
« mise et une partie de la maison bâtie, à ce qu'il disait,
« contre tout droit et pour faire injure à l'abbaye. »
« L'affiche de la traduction de M. Guizot, continue M. de
Bastard relevant à son tour les procédés extravagants de la
narration historique de M. Thierry et les provignements de
l'erreur, l'affiche de la traduction de M. Guizot est devenue
une proclamation politique pour M. Thierry, comme Hugues
de St-Pierre, méridional selon M. Thierry, est devenu provençal pour M. H. Martin (*Hist. de France*, T. IV, p. 20). Il
eût été plus naturel et beaucoup moins inexact, de traduire
tout simplement mot à mot : « Ils détruisirent la table de
« l'impie Simon et le vestibule de sa maison. » (Bibl. de
l'école des Ch., 3ᵉ série, t. II. p. 362.)

M. de Bastard explique, en outre, que *l'impie Simon* était
un banquier, un changeur natif de Souvigny, attiré à Vézelay par le grand mouvement commercial de ce bourg ; la
tabula de ce Simon était son comptoir *tabula nummulariorum*, dit un document ; l'établissement de ce comptoir s'était
fait malgré les moines et contrairement à leurs priviléges.

communal. C'étaient là des héros inconnus, auxquels les générations nouvelles devaient de la reconnaissance. Ces proscrits, ces bannis, ces réprouvés de la société du XIIe siècle avaient été les victimes de leur dévouement, etc... M. de Bastard a trouvé dans un vieux manuscrit de la bibliothèque d'Auxerre une liste des habitants de Vézelay; les héros, qu'on vante aujourd'hui, y reçoivent de singulières épithètes : ce sont des comploteurs d'assassinats, des pillards qui ont dévasté des vignes et ruiné des maisons, des voleurs de bestiaux et de farine, etc., etc.

Plus d'une fortune politique et populaire a eu, il est vrai, les mêmes accidents.

II.

SUR SAINT ANSELME.

Le silence que M. Thierry, dans son *Histoire de la conquête*, a gardé sur saint Anselme, nous a paru caractéristique. La nouvelle édition ne pouvait le rompre sans brouiller toute l'économie du livre et en briser la thèse fragile.

Saint Anselme était nommé à deux reprises dans le texte primitif. Une note de la nouvelle édition a reproduit ce nom une troisième fois, et ce n'est pas pour essayer de combler en ce point la lacune du récit. La note de la page 288 du tome I a pour but de corroborer les rectifications que l'historien apportait à ses premiers jugements sur saint Grégoire VII. Les termes de cette note démontrent combien M. Thierry était resté loin de la véritable intelligence de la grandeur et de la vertu de ce souverain Pontife. Le texte porte que toutes les vues de saint Grégoire « tendaient à transformer la suprématie « religieuse du Saint-Siége en souveraineté univer- « selle sur les États chrétiens. » La note, où se démêle comme une maladroite intention de louange, insiste sur cette assertion :

« Les motifs moraux du plan colossal d'ambition « pour la papauté, qui fut l'œuvre de Grégoire VII,

« méconnus par les historiens du dernier siècle, sont
« pleinement appréciés par l'école historique mo-
« derne ; je n'ai pas à en parler ici, et pour ce qui
« touche ce point de vue, je renvoie le lecteur à.....
« la *Vie de saint Anselme*, par M. de Rémusat. »

La louange, en réalité, atteint l'école moderne, et l'un de ses plus piètres représentants. L'estime que M. Thierry dénonce pour M. de Rémusat va de pair avec la confiance qu'il accordait à M. H. Martin et la collaboration qu'il acceptait de M. Renan. Cela ne s'explique pas.

Pour édifier le lecteur sur la valeur historique d'un philosophe de salon, dont le nom s'efface déjà et dont la trace est à peine sensible désormais dans le monde comme dans les lettres, il nous suffit de reproduire l'appréciation suivante du livre que M. Thierry n'a recommandé d'ailleurs qu'en modifiant un peu le point de vue de l'auteur. M. de Rémusat en effet se serait peut-être bien piqué d'être un appréciateur de la papauté, mais il eût tenu à en être un libre appréciateur. MM. Renan et Martin sont aussi de libres appréciateurs.

Univers, novembre 1854.

Saint Anselme de Cantorbéry éveille l'attention de nos contemporains. Sans parler de l'éloquente notice publiée par M. de Montalembert (1), huit ou

(1) In-18 ; Paris, 1844.

dix publications en France et en Allemagne ont traité ces dernières années de la vie et des doctrines du « philosophe du Christ, » comme on le nommait au moyen âge. La plupart de ces travaux témoignent d'une véritable sympathie pour le saint qui en est le héros, et tous proclament à l'envi, selon une autre expression de l'école, que saint Anselme est un « docteur magnifique. » Le métaphysicien, il est vrai, a plus d'excellence à certains yeux que l'humble moine, le thaumaturge et le défenseur des prérogatives de l'Eglise. Toutefois, ces côtés mêmes ne sont pas tout à fait méprisés, et on consent à les envisager avec bienveillance. M. de Rémusat, un des derniers écrivains qui se soient mesurés avec l'histoire et la philosophie du grand Archevêque de Cantorbéry, déclare que « les jours « de justice sont venus pour l'Eglise. Les esprits ne « sont pas enchaînés ni soulevés: le respect n'est plus « servile ni l'indépendance agressive. Le respect et « l'indépendance peuvent se réunir dans une impartia- « lité qu'elle (l'Eglise) ne devrait pas redouter (1). » Et à la fin de son ouvrage, il s'applaudit d'avoir manifesté à l'Eglise « une équité bienveillante, même une véritable sympathie (2). » Les dispositions de l'historien sont donc excellentes et tout à fait dignes

---

(1) *Saint Anselme de Cantorbéry*, tableau de la vie monastique, par M. Ch. de Rémusat. In-8, Didier, 1854; p. 5.
(2) *Id.*, p. 417.

d'éloges ; mais en lisant son livre on s'aperçoit qu'il lui manque quelque chose pour bien comprendre la vie d'un moine, les devoirs d'un évêque et l'enseignement d'un docteur catholique.

Saint Anselme définit lui-même le travail où il s'appliquait : *fides quærens intellectum*. La foi ne se remplace pas par l'esprit. Pour trouver l'intelligence des faits historiques où l'Eglise est impliquée, pour avoir l'explication des devoirs qu'elle impose et des vertus qu'elle provoque, pour saisir enfin les doctrines qu'elle enseigne, il faut que l'esprit humain emploie le principe lumineux qui guidait saint Anselme lorsqu'il recherchait l'intelligence des vérités métaphysiques. Privé de cette lumière surnaturelle, l'esprit a beau être vif et délié, il a beau s'appliquer à marcher droit devant lui, il est dans les ténèbres : son regard ne peut s'étendre et sa clairvoyance ne l'empêche pas de s'égarer. Or, M. de Rémusat, avec toute la *bienveillance* et même la *sympathie* qu'il témoigne à l'Eglise, ne veut rien recevoir d'elle. Il n'entend pas s'instruire à ses leçons : il vient la juger.

C'est un juge aimable d'ailleurs et même galant, qui enveloppe ses décisions dans beaucoup de formules polies. Evidemment il croit s'élever au-dessus des préjugés de son siècle et ne voit pas dans l'Eglise autant de torts qu'on lui en a reprochés. Il a le courage de dire son fait à la raison, et il trouve que,

« depuis la Réforme, elle a souvent pris vis-à-vis de l'Eglise le ton de l'hostilité (1). » A son avis même, Voltaire et Hume, des esprits supérieurs (2), ne sont décidément pas des historiens impartiaux ; mais leur passion, « nécessaire peut-être à toute révolution nécessaire elle-même, servait la liberté (3). »

Ainsi procède toujours cet historien, par manière de bascule. Ce n'est pas une façon nouvelle d'interpréter l'histoire, et tout ce que M. de Rémusat dit du rôle de l'Eglise au onzième siècle semble inspiré des théories de M. Guizot.

L'Eglise a protégé la liberté des peuples : voilà le motif des louanges de ces historiens. Défendait-elle la vérité? Oui et non. La vérité était dans les doctrines du Saint-Siége, on l'avoue ; mais la philosophie éclectique ne l'avait pas encore débarrassée des éléments hétérogènes qui s'y trouvaient confondus. Cette philosophie est encore assez embarrassée aujourd'hui à remplir sa mission. Elle ne met pas en doute le droit de l'Eglise. Le pouvoir spirituel pouvait et devait intervenir dans les affaires temporelles à propos des lois iniques et des guerres injustes; il avait droit surtout de *proscrire la simonie* et de *rompre les liens qui assujettissaient l'Eglise aux pouvoirs politiques par l'usage des investitures;*

---

(1) P. 5. — (2) P. 421. — (3) *Id., ibid.*

et on ne doit pas s'étonner que *le Souverain Pontife ait revendiqué le droit de décider sur les points contestés,* car « quelle autre manière de terminer
« le débat? Qui pouvait prononcer, hormis le juge
« spirituel, quand il s'agissait du titre et du devoir
« des évêques? Ceux qui... ont embrassé la cause
« de Rome sont assurément irréprochables (1), et
« je ne sais, dit avec simplicité M. de Rémusat, si
« Grégoire VII lui-même (!) s'aperçut jamais de son
« ambition (2). » Cependant, on ne peut « voir
« *sans indignation* ce même Grégoire dans la forte-
« resse de Canossa *se complaire insolemment* aux
« humiliations cruelles qu'il inflige à l'empereur
« Henri IV (3). »

Toutefois, selon M. de Rémusat, là n'est pas le grief fondamental de l'opinion du monde contre l'Eglise. La véritable raison de l'hostilité de la raison et du « sentiment universel, » c'est que l'Eglise prétend « renfermer dans sa constitution et repro-
« duire dans sa conduite un caractère de divinité
« qui ne peut appartenir qu'à son fondateur et à
« ses dogmes (4). » M. de Rémusat ne se trompe point. C'est cette *prétention* de l'Eglise qui excite contre elle les philosophes, même les éclectiques qui aimeraient tant à s'accommoder avec tout le monde. M. de Rémusat prend beaucoup de

---

(1) P. 415. — (2) P. 95. — (3) P. 417, 418. — (4) P. 445.

peine pour expliquer à l'Eglise qu'elle n'est pas infaillible, qu'elle est « une pure institution politique, « organisée pour la garde de la vérité divine, char- « gée ainsi d'une cause sainte, mais en elle-même « et dans sa conduite, justiciable du bon sens de « l'humanité comme toute autre puissance consti- « tuée (1). » Eloquence perdue. C'est cependant beaucoup pour un philosophe de confier à l'Eglise le dépôt de la vérité : évidemment il ne saurait aller plus loin. Il ne peut admettre que l'Eglise soit divinement inspirée pour défendre ce dépôt sacré. Rien n'est curieux comme l'argumentation de M. de Rémusat dans le chapitre intitulé : *Les deux Puissances* (2). Il se débat avec un courage de désespéré contre les faits qu'il ne peut s'empêcher d'entrevoir et contre les conclusions où il sent que la logique le mènerait. « L'Eglise, dit-il excellemment, est établie « dans ce monde pour quelque chose qui n'est pas de « ce monde : privilége admirable, et qu'aucune insti- « tution n'a possédé du moins au même degré, mais « qui pourrait bien être au-dessus des forces hu- « maines. Comment soutenir ce nom sublime : une « puissance spirituelle (3) ! » Ce qui jette le philosophe dans ces perplexités, ce n'est pas qu'il ignore l'explication donnée à ce mystère ; mais il la repousse

---

(1) P. 419, 420. — (2) Livre II, chap. I, p. 404-436. — (3) P. 427.

parce que « le miracle de l'incarnation, dit-il, ne s'est fait qu'une fois (1). » Donc, « si l'Eglise a un « corps, ajoute-t-il en brouillant toutes choses, elle « en a les infirmités et les misères (2). »

On ne saurait suivre l'écrivain dans toutes ses déductions à ce sujet. Il y en a de bizarres, il y en a de contradictoires. Ce ne sont pas les contradictions qui l'embarrassent. Il les appelle des inconséquences, et il aime l'inconséquence. Elle est pour lui tout à la fois une preuve de sagesse et un moyen de parvenir à la vérité. S'il était convaincu, autant qu'il le veut bien dire, que l'Eglise est « un mélange de « bien et de mal, de vérité et d'erreur, de justice et « d'iniquité (3), » sans doute il la trouverait plus humaine : il reconnaîtrait chez elle l'inconséquence qu'il aime et qui lui paraît le seul signe d'une vraie philosophie et d'une bonne politique. Il déteste la logique et la vérité ; la logique, parce qu'elle pousse les principes qu'il a embrassés à des conclusions évidemment absurdes, et la vérité, parce qu'elle exige une soumission d'esprit et une docilité de cœur où il ne veut pas s'abaisser. Il est inutile de préciser la qualité des éloges que M. de Rémusat décerne à l'Eglise, qu'il ne veut considérer que « révélation mise à part. » Personne ne peut s'y tromper.

Le gallicanisme que notre historien aime, comme

(1) P. 427. — (2) P. 427. — (3) P. 428.

« métaphysique quelque peu inconséquente et ayant
« le bon sens pour elle, ce qui arrive assez souvent
« aux métaphysiques inconséquentes (1), » le gallicanisme, qui est « une bonne politique religieuse (2), » ne suffirait cependant pas encore à
rassurer « le génie de l'humanité, qui ne trouverait
« plus aujourd'hui protection dans l'omnipotence
« de l'Eglise. » Or, le génie de l'humanité a besoin d'une protection, et il l'a trouvée. « Depuis la
« Réforme et surtout depuis la Renaissance, le spi
« ritualisme s'est sécularisé. La société laïque, en se
« développant, en se complétant, l'a conçu et suscité
« dans son propre sein... Ainsi la puissance du
« clergé a été légitimement ramenée dans l'intérieur
« du sanctuaire. Là, plus restreinte et plus pure, elle
« conserve pour les âmes d'immenses ressources de
« méditation, de réformation et d'apaisement (3). »
Je ne me charge pas d'expliquer les énigmes ; mais
il est douteux que ces paroles soient un gage de
paix entre la philosophie éclectique et l'Eglise.

A travers tous ces compliments et ces protestations
de bienveillance et de sympathie, M. de Rémusat
nie donc l'assistance divine donnée à l'Eglise. Il ne
faut pas s'étonner s'il n'en voit pas le ressort de la
constitution, et s'il ne peut expliquer la politique des
Papes.

(1) P. 412. — (2) P. 413.
(3) P. 436. C'est la conclusion de tout ce chapitre.

Il témoigne d'une même impuissance pour pénétrer les mystères du cœur de l'homme. Il ignore que l'assistance divine est accordée aux âmes pures qui la recherchent. Il pense sans doute que, le miracle de l'incarnation ne s'étant fait qu'une fois, Dieu n'habite pas avec une âme humaine non plus qu'avec son Eglise. On devine comment il peut, armé d'une pareille théologie, entendre la biographie d'un saint. Nous ne parlons pas seulement du don des miracles, de ces bénédictions distribuées par le pontife et qui étaient suivies de circonstances *qu'on aimait à croire miraculeuses* (1), dit M. de Rémusat; je ne dis rien de ces malades et de ces insensés pour qui on on avait demandé à Anselme des prières, et à *qui on croyait* quelquefois que le Ciel *avait rendu la santé et la raison,* ni de tous ces autres *effets produits par l'ascendant moral* du Saint *et que l'esprit du temps aimait à trouver miraculeux* (2).

Les miracles sont souvent un témoignage de sainteté ; mais le vrai miracle de la sainteté, c'est la transformation de l'âme humaine. Si M. de Rémusat sourit discrètement devant ce qu'il appelle des légendes, quoique ces légendes soient attestées par des témoins dont il ne suspecte ni la véracité ni les lumières, il se montre bien autrement sceptique en présence des véritables merveilles de la sainteté. Il ne conçoit pas ce

(1) P. 265. — (2) P. 47.

qu'il y a de divin dans l'âme de saint Anselme. Il ne comprend pas la soumission à la volonté de Dieu, la patience et la résignation imperturbable de l'Archevêque. M. de Rémusat y suppose quelque faiblesse; voyant que son héros ne cherche pas à suivre sa volonté propre, l'historien soupçonne qu'il était *trop faible pour s'aider lui-même en agissant selon ses vœux* (1). Il suppose encore de la maladresse dans les rapports de l'Archevêque avec les rois normands. Saint Anselme *voulait toujours la paix et ne savait jamais comment la faire* (2). Il aurait eu besoin d'un politique habile qui lui expliquât ce que c'était que la *force des choses*, la *marche du temps* et l'*esprit d'un siècle;* car, pour lui, il ne savait pas accommoder sa conduite à toutes ces belles conceptions : « Aussi « doit-on le plaindre d'être monté aux grandeurs de « l'Eglise ; il n'y sut pas trouver de bonheur ni « montrer d'habileté (3). »

M. de Rémusat prend de la sorte son héros en compassion, et trouve « qu'il n'était pas fait pour les choses de la terre. » Le monde même dans lequel vivait le Saint, est fort étrange aux yeux de l'historien. Celui-ci reproche au XVIIIe siècle d'avoir prétendu juger l'Eglise « en refusant de se mettre « sur son terrain et de n'avoir pas voulu s'identifier « aux générations du passé. » Il se flatte d'avoir

---

(1) P. 140. — (2) I. 157. — (3) P. 99.

mieux fait ; toutefois, on peut douter qu'il soit sorti d'un salon de nos jours ou des bancs de la Chambre des Députés pour voir et juger le xie siècle et ses croyances. La vie du cloître ne lui offre que *monotonie chagrine* (1). Elle engendre « des exaltations « tantôt coupables et tantôt maladives qui attestent à « la fois la torture des sens et la faiblesse de la rai- « son (2). » Est-ce là l'opinion du xie siècle sur le cloître, ou celle du xixe ? Il est difficile aux aimables compagnies ou aux esprits sensuels de nos jours de comprendre comment la paix, la joie et le bonheur habitent derrière le mur d'un cloître ; mais l'onzième siècle avait cette intelligence ; et l'historien ne se rend pas son interprète en prenant en compassion les moines de ce temps, non plus qu'en exprimant tant de pitié pour « les souffrances de la « jeunesse mélancolique de nos séminaires (3). »

M. de Rémusat a été homme d'Etat, il ne faut pas l'oublier, et il sait que l'expérience des choses et des hommes sert à comprendre l'histoire. En voulant s'identifier aux générations du passé, il veut aussi interpréter les documents, et sous la lettre des chroniqueurs il cherche à démêler le jeu des passions humaines. Si le prieur d'un monastère ne devient pas abbé, « il devait aspirer au titre d'abbé, dit l'historien ; mais il eut soin de n'en rien laisser voir (4). »

(1) P. 63. — (2) P. 47. — (3) P. 41. — (4) P. 147.

23.

C'est ainsi que les choses se passaient à la Chambre des Députés ; il devait en être de même dans un monastère, car les passions ne changent point. Ce n'est pas à un moraliste de la finesse de M. de Rémusat qu'on pourrait faire croire que des hommes dédaignent de s'élever et méprisent le pouvoir. Il a une théorie prise à la mesure parlementaire, et il l'applique aux hommes du xie siècle avec assurance.

Elle est charmante d'ailleurs, cette théorie, et elle a des ménagements merveilleux pour l'ambition humaine. « On a peine à croire tout à fait sincère cette
« répugnance pour la dignité épiscopale, et cepen-
« dant il serait injuste de n'y voir qu'une hypocrite
« affectation. Il faudrait, pour en juger ainsi, ignorer
« la puissance de la règle monastique sur les esprits
« qui l'ont acceptée, et la singulière faculté que pos-
« sède la nature humaine de s'abuser sur ce qu'elle
« éprouve. On pense aisément avoir rempli les de-
« voirs de son état pourvu qu'on ait gardé les con-
« venances, et l'on se croit effectivement les senti-
« ments dont on a pris le langage. A l'offre d'une
« mission difficile et pénible, Lanfranc fut ému : il
« regrettait son repos et sa liberté. Il faisait les pro-
« fessions reçues de modestie et d'humilité ; il oppo-
« sait ses hésitations à toutes les instances, et il lui
« suffisait d'avoir ainsi parlé pour acquitter sa con-
« science. Qui donc n'a vingt fois refusé le pouvoir

« avec la certitude de l'accepter pourvu qu'on insis-
« tât? et qui n'en a dit assez avant de le prendre pour
« se persuader suffisamment qu'il avait été con-
« traint (1)? » Ces deux dernières affirmations ont
un mérite de naïveté peu ordinaire chez les éclectiques. Toutefois, M. de Rémusat consent à ne pas
appliquer cette théorie commode à saint Anselme.
Il était si maladroit que ses répugnances pouvaient
être sincères (2). Mais un homme habile comme
Lanfranc ne pouvait être que très-satisfait de devenir
archevêque de Cantorbéry. Sur ce personnage
d'ailleurs, comme sur les points généraux de l'histoire, M. de Rémusat suit aveuglément M. Thierry.
Il y aurait donc beaucoup à dire, car M. Augustin
Thierry n'est pas un grand prophète de la vérité.
Cela mènerait loin. Nous ne dirons rien non plus
des fantaisies assez divertissantes cependant de
M. de Rémusat pour expliquer l'état moral et matériel de la France au xie siècle.

Mais saint Anselme n'est pas seulement un personnage historique, un saint moine, un archevêque;
c'est aussi un métaphysicien, et c'est là son titre principal aux yeux de M. de Rémusat. Seulement, le philosophe n'a pas été plus heureux à pénétrer la doctrine du maître, que l'historien à reconnaître la vertu

(1) P. 76, 77.
(2) Rien ne paraît plus vrai que la répugnance d'Anselme,
p. 155.

du saint. Au dire commun des philosophes d'aujourd'hui, saint Anselme était un rationaliste; et on a prétendu donner à sa doctrine le titre bizarre de *rationalisme chrétien* (1). M. de Rémusat, qui connaît la marche du temps et l'esprit du siècle, et qui a assez d'adresse pour s'y conformer, se garderait de contredire cette définition. Saint Anselme est, à ses yeux, le précurseur de Descartes (2). Descartes « n'en
« *serait pas aisément convenu* toutefois ; il ne se con-
« naissait pas de maître, et faisait dater la science de
« lui-même. » Cependant M. de Rémusat et la critique moderne tiennent que saint Anselme a ouvert la voie à Descartes. « Dans un temps où les plus fermes
« esprits se rangent humblement sous le joug com-
« mun....., il sait être lui-même. Avec la foi de
« tous, il a des idées qui ne sont à personne. Son
« christianisme irréprochable est cependant indivi-
« duel (3)... Il a cherché sans le secours de la sainte
« Écriture, et par les simples forces de la raison, ce
« que c'est que Dieu, et il le trouve tel que la foi le
« révèle. Sa prétention est de prouver invincible-
« ment que Dieu est tel et ne peut être autre. C'est
« ce qu'on pourrait appeler une raison *à priori*
« du dogme de la Trinité, c'est-à-dire que si le
« Nouveau-Testament n'avait pas parlé, la raison

(1) M. Bouchitté. *Le rationalisme chrétien à la fin du* XIe *siècle*, 1842.
(2) P. 447. — (3) *Id., ibid.*, p. 8.

« bien inspirée, la raison bien conduite, aurait dû
« tomber sur la notion chrétienne de la divi-
« nité (1). »

On comprend quelle belle machine de guerre la philosophie éclectique essaie de trouver dans la doctrine de saint Anselme. Quel besoin désormais d'une autorité dans l'Eglise? M. de Rémusat avait vraiment trop de générosité de remettre à cette Eglise la garde de la vérité; à quoi bon? En dehors de la Tradition, la raison *bien conduite*, la raison bien inspirée, *doit tomber* sur la vérité chrétienne. Quelle nécessité alors d'imposer un joug quelconque à cette raison?

Il est assez curieux que les éclectiques aient fait choix de saint Anselme pour étayer cette théorie. La déclaration de l'archevêque de Cantorbéry est, en effet, justement célèbre. Le saint docteur a résumé tout son effort philosophique dans ces mots connus de tout le monde : *Fides quærens intellectum.* Si c'est la foi qui cherche l'intelligence, le docteur ne se place donc pas en dehors de la Tradition (2); il n'en appelle pas aux simples forces de la raison. Ecoutons-le : *Non tento, Domine, pene-*

---

(1) P. 55, 56.

(2) Ce n'était pas au XIe siècle une tentative indifférente et simple; elle ne le serait peut-être pas au nôtre, pour un prêtre du moins, que de prétendre retrouver Dieu hors de la tradition. M. de Rémusat, p. 57.

trare altitudinem tuam ; quia nullatenus comparo illi intellectum meum ; sed desidero aliquatenus intelligere veritatem tuam quam credit et amat cor meum. Neque enim quæro intelligere ut credam, sed credo ut intelligam. Il croit donc avant de chercher à comprendre : il croit et il aime. Comment, en effet, pénétrer les mystères de Dieu sans l'aimer? La foi et la charité étaient nécessaires aux études philosophiques du moyen âge. L'humilité aussi leur était indispensable. Saint Anselme n'essaie pas de comparer son esprit à la grandeur de Dieu ; sa philosophie n'a aucun rapport avec la philosophie éclectique, non plus qu'avec la cartésienne. M. de Rémusat n'est nullement fondé à dire que « la méditation pure, la méditation telle que nous « l'entendons depuis qu'elle a donné son nom à un « ouvrage immortel, devait être le principal em-« ploi des heures de solitude (1) » de saint Anselme. Descartes avait raison : s'il n'a pas d'autre précurseur que saint Anselme, il peut dater la science de lui-même. La méditation de saint Anselme, tout grand philosophe qu'il fut, était la méditation d'un bon moine, une prière humble adressée à un Dieu connu, défini, aimé : cette méditation ne ressemble nullement à une recherche de la notion de la divinité dans les profondeurs de la pensée

(1) P. 41.

humaine, dans le silence de l'autorité et en dehors de la Tradition. Il n'est pas nécessaire d'insister sur ce point, et il ne faut pas s'étonner si les philosophes de nos jours ne comprennent point qu'un génie comme celui de saint Anselme, un esprit grand, pénétrant, lumineux, se ravale à ces pratiques d'un simple moine, vive et médite dans l'humilité et ne veuille marcher que dans la voie de la Tradition et sur les traces de ceux qui l'ont précédé. Saint Anselme ne tenait pas en effet à émettre « des idées « qui ne sont à personne ; » il aurait eu horreur du « christianisme individuel » dont le gratifie M. de Rémusat. Il prie son lecteur de ne pas le prendre pour un inventeur de nouveautés et un propagateur d'erreurs ; il n'a rien dit que de conforme aux écrits des saints Pères et à ceux surtout de saint Augustin. Si quelque soupçon à ce sujet pouvait s'élever dans l'esprit, le saint docteur prie de relire les livres sur la Trinité et de juger d'après leur doctrine celle du *Monologium*.

M. de Rémusat n'a pas songé à prendre cette peine. Saint Anselme est un grand philosophe : il ne peut être qu'un rationaliste. C'est là un raisonnement *à priori* que l'expérience ne devrait pas démentir. N'est-ce pas faire l'éloge du Saint et l'éloge de sa doctrine ?

La terminologie de saint Anselme échappe à M. de Rémusat. Quelle est cette intelligence, *intellectus*, que saint Anselme cherche à l'aide de la foi? Le saint la définit : *Inter fidem et speciem intellectum, quem in hac vita capimus, esse medium intelligo.* En sorte, continue le saint docteur, que plus on avance dans cette intelligence, plus on doit s'approcher de *species : quanto aliquis ad illum proficit, tanto eum propinquare speciei, ad quem omnes anhelamus, existimo.* « *Species*, dit M. de Rémusat, est un mot « singulier. Cicéron veut qu'on s'en serve pour rendre « l'εἶδος des Grecs. » Mais Cicéron n'est pas saint Anselme : et voyez la belle cacophonie que, d'après Cicéron, M. de Rémusat trouve dans le discours de saint Anselme. « Comme entre la foi et l'idée l'intermédiaire est l'intelligence que nous saisissons en cette vie, chaque progrès vers l'intelligence nous rapproche de l'*idée* à laquelle tous nous aspirons. » Vraiment, si saint Anselme avait dit de pareilles choses, il ne serait pas grand docteur, et on pourrait presque faire de lui un éclectique. Dans son langage, *species*, c'est la pure vision, la vision de Dieu, qui ne sera accordée aux hommes qu'après leur mort, et à laquelle tous les chrétiens aspirent, *ad quem omnes anhelamus.* Ainsi, l'intelligence dont parle saint Anselme, celle qu'il recherche et dans laquelle il veut avancer, celle que nous acquérons pendant la vie, est un intermédiaire entre la foi et la claire vision de Dieu. Le but où cette intelligence aspire est donc défini. Elle ne s'égare pas dans les recherches de l'*idée.*

Ce but, d'ailleurs, malgré son élévation, est encore modeste. L'intelligence sait qu'elle ne pénétrera pas bien avant dans les splendeurs de cette vérité que la foi lui enseigne, aussi ses désirs sont bornés et elle se contentera de comprendre quelque peu de cette vérité qu'elle croit et qu'elle aime dans son ensemble : *aliquatenus intelligere veritatem quam credit et amat cor meum*.

Cette modestie et cette modération où saint Anselme trouvait la puissance de son esprit ne sont pas le fait de nos philosophes contemporains. Aussi les travaux des docteurs de l'Eglise sont aussi mal compris de nos critiques que la vie du moine et le dévoûment du confesseur. Ce sont là, en effet, des sujets dont on ne peut discuter et raisonner, *révélation mise à part*, comme dit M. de Rémusat : la connaissance et l'amour de Dieu peuvent seuls donner l'explication de ces divers mystères.

FIN.

TABLE DES MATIÈRES.

Préface.   v

LIVRE PREMIER.

Chapitre premier. — Introduction.   1

Chap. II. — Comment M. Thierry aborda l'histoire, et de la nouvelle école historique.   11

Chap. III. — Du récit historique et de la manière dont M. Thierry le compose.   34

LIVRE SECOND.

Chapitre premier. — De la distinction des races.   67

Chap. II. — De la royauté.   114

Chap. III. — De l'Église.   179

LIVRE TROISIÈME.

De la conquête d'Angleterre.   227

§ I. De la conversion de l'Angleterre. — Du pape saint Grégoire et de saint Augustin.   228

§ II. De la conquête d'Angleterre. — Des droits de Guillaume et de ceux d'Harold.   240

§ III. De l'état du royaume et de l'Eglise d'Angleterre. — Le champ de bataille d'Asting.   257

TABLE DES MATIÈRES.

§ IV.	L'archevêque de Cantorbéry Stigand.	272
§ V.	Le bienheureux Lanfranc.	282
§ VI.	De la faiblesse du bienheureux Lanfranc. — Du caractère du roi Guillaume.	306
§ VII.	De la conduite de Guillaume et de Lanfranc à l'égard des moines et des prélats saxons.	326
	Conclusion.	364

APPENDICE.

I.	Sur les communes.	367
II.	Sur saint Anselme.	394

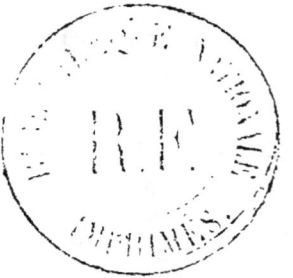

FIN DE LA TABLE.

PARIS. — IMP. V. GOUPY ET JOURDAN, RUE DE RENNES, 71.

De la Révocation de...
ARBINEAU. — 1 vol. in-12.

Le Droit d...
3ᵉ édition, augmentée...
dice. — 1 vol. in-??

La Question de...
par HENRI DE...

Nouveaux Éclair...
1682, d'après les...
SOURCHES, prévôt...
France, et autres docum...
Louis de la Chiesa...

Études et Controverses...

La Saint-Barthélemy...
la religion en France...
caractère, les causes...
des actes de Louis...

Histoire de...
l'Europe...

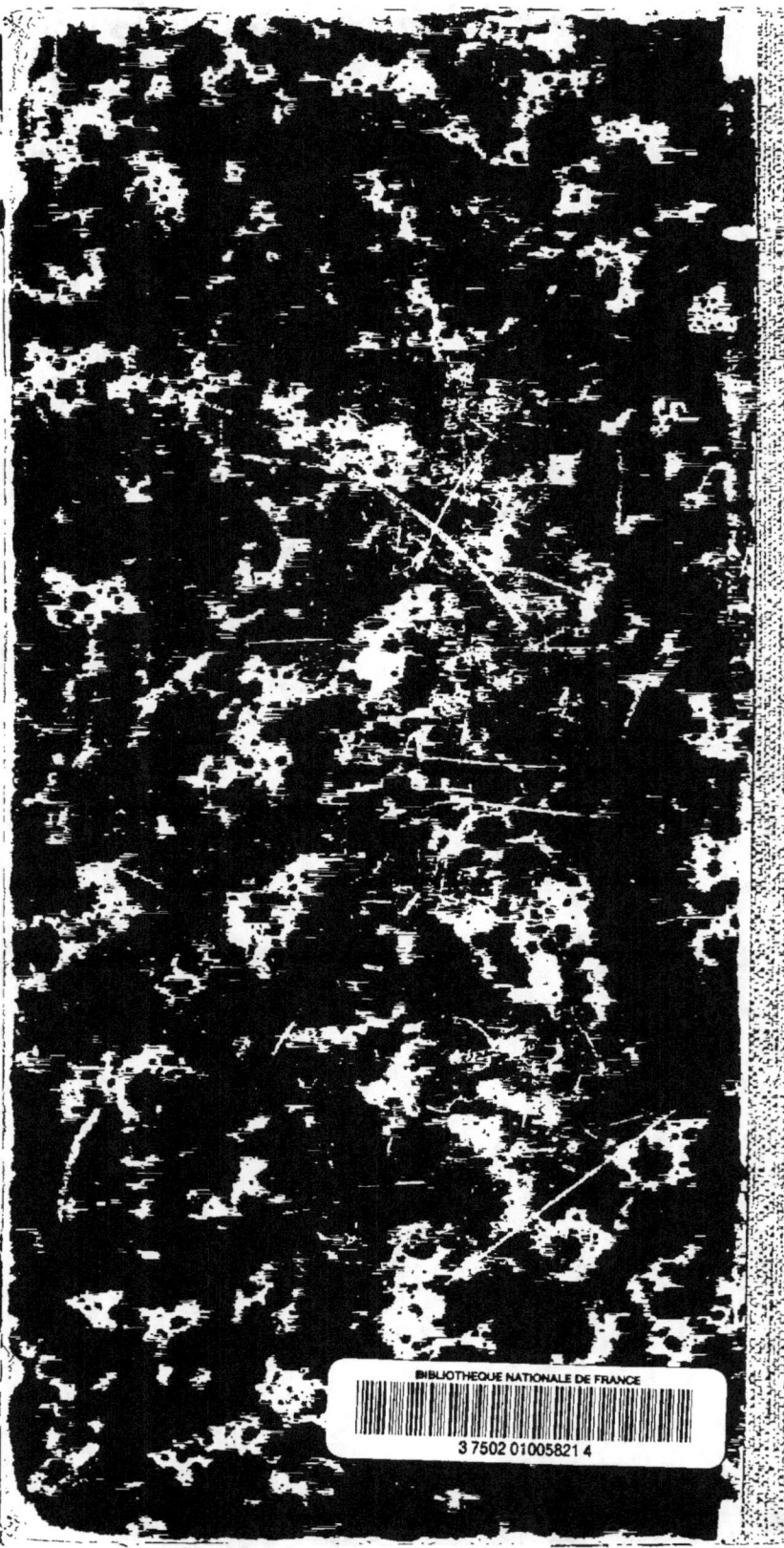

www.ingramcontent.com/pod-product-compliance
Lightning Source LLC
Chambersburg PA
CBHW060517230426
43665CB00013B/1554